## 台湾大事记



## 祖国大陆对台重要文献



## 统计资料

# 目　录

## 综　述

**图书在版编目（CIP）数据**

台湾．2015／全国台湾研究会编．--北京：九州出版社，2016.5

ISBN 978－7－5108－4459－1

Ⅰ．①台… Ⅱ．①全… Ⅲ．①台湾省－概况－2015 Ⅳ．①K925.8

中国版本图书馆 CIP 数据核字（2016）第 131958 号

**台湾 2015**

| | |
|---|---|
| 作　　者 | 全国台湾研究会　编 |
| 出版发行 | 九州出版社 |
| 地　　址 | 北京市西城区阜外大街甲 35 号（100037） |
| 发行电话 | （010）68992190/2/3/5/6 |
| 网　　址 | www.jiuzhoupress.com |
| 电子信箱 | jiuzhou@jiuzhoupress.com |
| 印　　刷 | 三河市东方印刷有限公司 |
| 开　　本 | 850 毫米×1168 毫米　32 开 |
| 印　　张 | 13.75 |
| 字　　数 | 308 千字 |
| 版　　次 | 2016 年 7 月第 1 版 |
| 印　　次 | 2016 年 7 月第 1 次印刷 |
| 书　　号 | ISBN 978－7－5108－4459－1 |
| 定　　价 | 70.00 元 |

# 台湾2015

# Taiwan 2015

全国台湾研究会　编

主　编　周志怀

副主编　杨幽燕　严　峻

台湾对外关系

民进党情况

台湾经济

国民党情况

台湾军事情况

台湾对外贸易与投资

台湾政局

两岸关系

两岸经贸关系

台湾金融形势

台湾当局大陆政策

台湾社会情况

台湾教育

台湾文学艺术

台湾大事记

统计资料

祖国大陆对台重要文献

九州出版社 JIUZHOUPRESS | 全国百佳图书出版单位

# 综　　述

# 2015 年两岸关系综述

倪永杰

**摘　要**:2015 年两岸关系面临道路与命运的抉择,充满了正能量与负能量的较量。“习马会”成功举办,为两岸关系开创历史先河,具有里程碑意义。习近平发表重要对台论述,国台办与陆委会常态化联系沟通机制不断健全完善,两岸经贸合作、文化人员交流平衡增长,维持了两岸关系正确发展方向。蔡英文被迫以“维持两岸现状”回应和平发展的主流民意。民进党在不接受“九二共识”的情况下重新执政,两岸关系前景堪忧。

## 前言

历经 2014 年“反服贸事件”与“九合一”选举的冲击,2015 年两岸关系迎来充满悬念、多变的时刻,处于重要节点,面临道路命运的抉择。大陆积极主动引领两岸关系发展,克服诸多挑战风险,保持两岸关系正确方向,实现稳定发展,造福两岸同胞。特别是实现两岸领导人历史性会面,翻开两岸关系历史新页。

但因台湾政经结构与社会气氛的剧烈演变，民进党两岸政策没有根本调整的情况下重返执政，带给两岸关系重大变数，两岸关系前景尚不明朗。

## 一、演变

### （一）“习马会”翻开两岸关系的崭新篇章，添注两岸关系新动力

2015 年两岸关系最引人瞩目的成就在于实现两岸领导人会面，把两岸关系推向崭新的境界。11 月 7 日，两岸同胞、海内外华人迎来最富悬念、最具震撼力的“两岸时刻”，两岸领导人穿越 66 年历史时空，在新加坡伸手相握，成功会面，牵动两岸，震撼世界。

“习马会”是特定时空条件下两岸关系水到渠成、与时俱进的结果。2008 年以来两岸关系和平发展成果为“习马会”奠定了坚实基础，两岸有关方面为会面进行了长期艰苦充分的准备。在两岸政治分歧尚未彻底解决的情况下，双方发挥中华民族智慧，根据一中原则，就会面性质、身份、场合、内容等做出合情合理定位与周详务实安排，堪称“两岸典范”。两岸双方定位为就是两岸领导人之间的会面，互称“先生”。选择在新加坡举办，最符合两岸关系的实际，也是最可行、最便利双方、没有主客之分的一种安排，充分体现了两岸中国人的智慧。

会面中两岸领导人就两岸关系历史、现实与未来发展、特别是双方关心的重大议题交换意见，增进互信，凝聚共识，规划未来，谋求更大发展。双方围绕和平发展、“九二共识”、同胞福

祉、振兴中华、两岸关系制度化等重大议题广泛、深入交换意见，取得了积极而富有建设性的成果，达成14项共识。[①]马英九提出了包括巩固“九二共识”、致力振兴中华的五点主张，对两岸两会于1992年就一个中国原则达成了“九二共识”进行再确认。习近平提出“四项坚持”，并就台湾各方高度关注、敏感的议题如台湾“国际参与”、大陆军事部署、两岸制度道路差异等作了直接的、明确的、善意的回应。“习马会”后，两岸双方积极落实会面成果，包括“两岸热线”、陆客中转、陆生“专升本”等相继得到落实，增强两岸互信与发展动力。

“习马会”作为两岸最高领导人之间的政治会面，把两岸政治互动关系拉升到最高层级，为两岸关系提供强劲动力，拓宽发展空间，描绘全新愿景。“习马会”增进了两岸政治互信与兄弟情谊，激发中华智慧，克服当前两岸关系遇到的难题，增强发展信心。尽管没有签署协议、发表声明，但两岸领导人会面本身就是巨大成果，解决了最为复杂敏感、长期困扰两岸双方的定位、身份、场合等一系列难题，开创了两岸最高领导人直接会面的先河，具有里程碑的意义。

“习马会”成为两岸关系和平发展制度化的重要一环，成就两岸和平发展制度化架构，具有凝聚中华情怀、创造和平典范、巩固政治基础、维护和平发展、提升制度保障等重大功能，为两岸和平发展注入新动力，塑造新框架，使之不可逆转、不可中断。[②]两岸领导人会面向世界表明，两岸中国人完全有能力、有智慧解决好自己的问题，共同为世界与地区和平稳定、发展繁荣做出更大贡献。

两岸领导人会面获得台湾民意的普遍支持。台湾陆委会的民调显示支持率高达 80%，台湾竞争力论坛为 42.6% 支持，反对 37.5% 。台湾《联合报》民调显示满意比例为 37.1% 不满意 33.8% 。[③]台湾指标民调公司发布的数据是 20.0% 认为对台湾有利，49.6% 认为对大陆有利。而有 73% 支持两岸领导人定期会面，只有 14.5% 反对。总体而言，两岸领导人会面在台湾具有较高的民意支持。

**（二）习近平发表系列对台讲话，引领两岸关系正确方向**

2014 年“反服贸事件”与“九合一”选举以后，台湾政经结构、社会气氛发生深刻变化，两岸关系面临新情况、新问题，难度系数增加，风险挑战增多。中央领导分别透过各种场合、选择各种管道，密集会见台湾客人，发表系列重要讲话，旨在稳定两岸，保持正确方向，增加发展动力。2015 年 3 月 4 日，习近平总书记参加全国政协、民革、台盟与台联联组会发表对台重要讲话，首次提出“决定两岸关系走向的关键因素是祖国大陆发展进步”的重要论断，强调坚持“九二共识”、反对“台独”的重要性。习总书记一席“基础不牢、地动山摇”的发言经媒体报道后引起台湾各界热议。5 月 4 日，习近平总书记会见来访的国民党主席朱立伦，指出“两岸关系处于新的重要节点上，两岸关系路如何走，攸关中华民族和国家未来，攸关亿万民众福祉”。7 月 30 日，在中共中央政治局就中国人民抗日战争的回顾和思考进行第二十五次集体学习中，习近平总书记向海峡两岸史学界发出号召，双方应“共享史料、共写史书，共同捍卫民族尊严和荣誉”。9 月 1 日，习近平总书记在会见前来参加中国人民抗日战争暨世界反法西斯战争胜利 70 周年纪念活动的连战等台湾各界代表人士，告诫两岸同胞要牢记历史，维护抗战胜利成果，携手推动两岸关系和平发展。11 月 7 日，习总书记在新加坡与马英九举行两岸领导人会面，翻开两岸关系历史新页，震惊世界。

习总书记上述 5 次系列对台讲话，具有三项内涵。一是贯穿一条主线。“两岸一家亲，共圆中国梦”，强调两岸同胞骨肉亲情与命运与共，把推动两岸关系和平发展纳入到实现中华民族伟大复兴的“中国梦”的历史高度。二是明确两条底线。坚决反对和遏制“台独”，绝不允许任何势力以任何名义、任何方式将台湾从中国分裂出去。始终把坚持“九二共识”作为同台湾当局和各政党开展交往的基础和条件，核心是认同大陆和台湾同属一个中国。三是展现三个自信。展现两岸关系和平发展的道路自信，指明这是一条维护两岸和平、造福两岸同胞、促进地区稳定、顺应历史潮流的光明大道。展现对台大政方针的政策自信，将保持对台方针政策的连续性，促进两岸关系取得新成就，造福两岸同胞。展现实现民族复兴“中国梦”的目标自信，指出“中国梦”是包括两岸同胞在内的每个中华儿女的梦，两岸同胞要携手同心，为实现中华民族伟大复兴贡献智慧和力量。[5]

习近平对台讲话体现了鉴往知来的历史观、高瞻远瞩的战略观、统筹兼顾的全局观以及以人为本的群众观，显示了大陆方面推动两岸关系和平发展的决心、信心、耐心及诚心。[6]习近平对台讲话成为两岸关系重要节点时期的指路明灯，具有明确方向、引领潮流、增强动力、推动发展的重要作用，对大陆对台工作与两岸关系发展产生了重大且深远的影响。

**（三）两岸事务主管部门常态化联系沟通机制持续运作，两会续签协议深化合作。**

自 2013 年 10 月国台办主任张志军与台湾陆委会主委王郁

琦在印尼 APEC 期间直接会面、互称官衔之后,2014 年王郁琦先后二次来到大陆,张志军亦于 2014 年 6 月顺利赴台参访,两岸事务主管部门之间建立了常态化沟通机制。年内,国台办主任张志军先后与新任陆委会主委夏立言会面四次,特别是 5 月 23 日张志军赴金门举行首次"张夏会"、10 月 14 日夏立言来广州举行二次"张夏会",从而使此一常态化沟通联系机制不断健全完善,为维持两岸关系正确方向及持续发展发挥突出作用,包括促成两岸领导人会面。通过金门与广州二次"张夏会",两部门负责人、相关业务局、处长之间全面深入互动,增进互信,沟通业务,密切配合,共同设定议程,顺应民意,聚焦民生,推动两岸关系克难前行,不断发展。二次"张夏会"达成多项共识,就尽快实现"陆客中转"、台湾加入"亚投行"、加快两岸互设机构、货贸、两岸环境保护协商、深化两岸文化、教育交流合作、加强两岸共同研究抗战历史等议题达成共识,促成福建向金门供水、加强厦金海域环境保护合作等。10 月广州"张夏会"为两岸领导人会面做了精心准备,确保"习马会"的成功举行。因此,两岸事务主管部门常态化机制不断健全完善,为两岸关系稳定与发展发挥特殊作用,也为两岸领导人会面铺设轨道,推动两岸政治关系向前迈进。

年内,海协、海基两会继续发挥谈判协商、服务两岸的功能,于 8 月 30 日在福州举行两会第 11 次商谈,顺利签署了《海峡两岸避免双重课税及加强税务合作协议》、《海峡两岸民航飞行安全与适航合作协议》,从而使两会签署的协议达到 23 项。协议为减轻台商负担、确保两岸航空安全、加强两岸航空合作等产生正面影响,充分体现大陆方面为两岸同胞特别是为台湾民众谋福祉的真诚愿望。两会还针对7年多来两会签署的各项协议执行情况进行回顾,并对相关协议在推进两岸交流合作方面所取得的成果进行系统总结,对两岸关系发展产生重要作用。

**(四)两岸贸易投资平稳发展,经济合作持续深化**

2015年两岸经贸交流合作面临机遇与挑战并存,大陆筹设"亚投行"、"一带一路"战略及"十三五"规划等带给两岸经贸合作重大机遇。但国际经济形势艰困,大陆经济下行压力增大,大陆出台的"60号文"给台资企业带来不小压力。为此,大陆方面积极鼓励台商争取"一带一路"带来的商机,并为台资企业参与"十三五"规划预留空间。大陆采取各种措施鼓励、保护台商投资合法权益,上海、江苏等地出台了保护台商投资的相关法规,在投资、医疗、就学等方面给予"同等市民待遇"。扩大开放台湾居民在大陆申请设立个体工商户,推动有条件的国企、民企和台企为台湾青年实习、就业提供机会。

经过努力,2015年两岸经贸关系摆脱各种不利因素,继续平稳发展。两岸贸易额达到1885.6亿美元,批准设立台资项目2962项,实际使用台资15.4亿美元。大陆资金赴台投资继续发展,核准项目95个,投资金额4.36亿美元。[7]两岸在冷链物流、LED照明、电子商务等产业合作方面取得新进展,中小企业合作稳步推进。大陆积极发挥市场作用,进一步推动台湾农渔产品进入大陆市场。

**(五)两岸交流保持向好势头,纪念抗战及两岸青年、城市、基层交流成为重点**

加强两岸人员往来与各领域交流是两岸关系不变主题,2015年两岸人员往来稳步扩大,两岸人员往来总量985.61万人次，同比增加 4.73%。其中台湾居民来大陆 549.86 万人次，同比增加 2.47%。大陆居民赴台 435.75 万人次，同比增加 7.73%，大陆居民赴台旅游达到 340 万人次，自由行占 130 万人次，均创历史新高，陆客仍是台湾第一大入境旅游市场，为台湾经济提供 2300 多亿新台币旅游收入。[⑧]

大陆实施台湾同胞来往大陆免签注和卡式台胞证，便利台湾民众往来两岸。大陆扩大开放赴台个人游城市和赴台游组团社。大陆航管部门于 3 月间设立 M503 航线，旨在缓解两岸航线拥堵状态，提高飞航安全系数，优化两岸航路，M503 航线成为海峡两岸空中“和平走廊”。[⑨]两岸定期客运航班总班次从每周 840 班增至 890 班，两岸商讨开设“陆客中转”事宜，并于 2016 年初先行开放重庆、昆明、南昌三城市试点。开通福建黄岐至台湾马祖海上直航航线。进一步扩大开放陆生赴台就读“专升本”。

2015 年适逢中国人民抗日战争暨世界反法西斯战争胜利 70 周年，两岸同胞开展各种形式的纪念活动，缅怀先烈，牢记历史，更加深刻体会到两岸是不可分割的命运共同体。

针对岛内局势变化，顺应两岸关系趋势，两岸交流旨在扩大参与面、增强获得感，在增量的同时提高质量。青年交流、城市交流及基层交流成为两岸交流的重要领域，两岸学生、青年交流蔚为风尚，大陆各地设立 21 个海峡两岸青年创业基地和 1 个海峡两岸青年就业创业示范点，不但吸引台湾青年朋友来大陆交流互动，还创造条件让他们留在大陆，就业创业。两岸基层交流继续开展，特别深入到台湾南部的乡村、山区。两岸城市交流掀起新的高潮，“沪台双城论坛”带动两岸交流进入新的阶段。台北市长柯文哲发表了引人瞩目的两岸谈话，从最初的“一五新观点”到“了解并尊重九二共识是两岸关系和平发展的基础”，并定义台北与上海之间的交流“非国际事务”，从而促成“双城论坛”如期举办，围绕社区医疗、“双卡”互通（上海交通卡与台北悠游卡）、智慧城市、青年创业就业、公务人员培训等展开合作，聚焦基层、青年需要，赋予论坛新内涵，取得实际效果，成为两岸城市交流的领先指标。“双城论坛”的成功举办对民进党的两岸政策构成压力，有利于争取柯文哲背后的新兴政治势力支持两岸关系发展，至少没有全部倒向绿营。[10]

**（六）民进党持续“反中”路线，以“维持两岸现状”包装两岸政策**

2008 年以来，民进党对于两岸关系和平发展采取“逢中必反”立场，激烈反对、无理阻挠，带给两岸关系重大危害。2012 年败选后蔡英文承认两岸议题是其重返执政的“最后一里路”，酝酿调整两岸政策，冻结“台独党纲”。但 2014 年 3 月“反服贸事件”、特别是赢得“九合一”选举以后，民进党认为不必转型，持续“反中”、加速“绿化”、赢得“天然独”的年轻世代支持就是其重返执政的“最短一里路”。但是，民进党的种种倒行逆施、“麻烦制造者”的历史记忆、蔡英文“两国论”推手的背景及其与美方缺乏互信的不愉快经历，引起美方高度疑虑与严重关切，美向民进党、蔡英文施压，要求蔡英文赴美“面试”，说清楚其两岸政策。出于缓解美方的压力与选举的需要，民进党、蔡英文趁国民党候选人悬而未定的之际抛出两岸政策调整信息，以模糊的“维持两岸现状”主张抢占中间光谱，争取更多选民支持。

2015 年 4 月 9 日，蔡英文发表了“维持两岸现状”的政策主张，后又在 6 月访美期间、12 月选举政策辩论之际持续说明其两岸政策。“维持两岸现状”成为民进党、蔡英文参选 2016 的两岸政策主张，弥补民进党两岸政策短板，为蔡胜选奠定了利基。

蔡英文声称“维持两岸现状”就是“维系台海和平、持续两岸关系稳定发展的现状”。[11]蔡解释“维持两岸现状”具有四大核心内涵。一是在“中华民国现行宪政体制下，持续推动两岸关系和平稳定发展”。[12]所谓“中华民国现行宪政体制”，按照蔡英文的解释包括：“现行‘中华民国宪法’、‘增修条文’、‘大法官释宪’、法院判决，与‘宪法’及其解释和实践相关的一切。”其中“现行”两字极富悬念，留下“中华民国是台湾，台湾是中华民国”的弹性解释空间。

二是“珍惜两岸交流成果”，但排除“九二共识”。蔡英文多次强调“两岸之间应该珍惜并维护 20 多年来协商和交流互动所累积的成果，在这个坚实基础上，持续推动两岸关系的和平稳定发展”。[13]其中“成果”包括两岸两会签署的协议，但不包括作为两岸和平发展政治基础的“九二共识”。蔡曾声称“九二共识”是选项，但不是唯一选项。

三是“民主”原则与“民意”基础，保持“未来自由选择权”。蔡强调两岸政策必须坚持“民主透明、人民参与，不是黑箱作业，更不是民主倒退”；坚持两岸政策“维持公平正义、是全民共享，不是少数人寡占，也不是权贵垄断”，特别是“要确保台湾人民的选择权”。[14]

四是不否认两岸“九二会谈”事实，但不接受“九二共识”及其核心内涵。蔡英文表示：“民进党没有否认 1992 年两岸会谈的历史事实，也认同双方秉持相互谅解精神，求同存异，希望两岸关系往前推进的这一段协商沟通的经过和事实。”[15]其中关键在于蔡英文不承认“九二共识”的历史事实，也不接受“大陆和台湾同属于一个中国”的核心内涵，只希望相互谅解、继续求同存异。

人们对于蔡英文一方面不接受“九二共识”，另一方面又要“维持两岸现状”高度存疑。其中二大关键，一是维持什么“现状”，是“一边一国”、“两国论”的现状？还是“两岸一中”的现状？是马英九时期和平发展的现状还是民进党时期紧张动荡的情境？二是如何“维持现状”？是“逢中必反”、甚至发动学生搞“反服贸”、“反课纲微调”？还是接受“九二共识”、调整两岸政策、寻求与大陆对话、互动之道？

对于前者，蔡英文只愿秉持相互谅解的精神与求同存异方式，在两岸既有基础上，寻找共同认知，建立互动之道。但绝不承认“九二共识”的历史事实、认同“大陆和台湾同属一个中国”的核心意涵。

对于后者，蔡英文不断承诺民进党两岸政策“有沟通、不挑衅、不会有意外”的“三不原则”，[16]让两岸政策保持“一致性、稳定性与可预测性”，“超越既有国共关系框架，建立常态化两岸关系”，甚至承诺尽快完成“两岸协议监督条例”，处理两岸服贸协议，持续两岸协商，民进党地方执政县市成立“两岸小组”推动城市交流，等等。

由此可以预期，蔡英文未来的两岸政策可能无限接近承认“九二共识”的历史事实，但决不会接受；可以认同相互谅解与求同存异的内涵，但决不会认同“两岸同属一中”的核心内涵。

蔡英文将以 1992 年两岸两会会谈的“过程论”取代两岸双方达成“九二共识”的“结果论”；以求同存异的“方法论”取代“两岸一中”的“内涵论”，不排除以台湾选后的“新民意”否定两岸和平发展成果、否定两岸共同政治基础。[17]

蔡英文“维持两岸现状”的政策绝不是“和陆、融中”，本质上仍是“反中”，实施“柔性台独”、“笑脸台独”路线及不打“台独”招牌的“台独”路线，其两岸政策工具选项就是升级版的“戒急用忍”，体现在：“政治上反中”、“法理上拆中”、“经济上离中”、“文化上去中”及“战略上制中”，以加入 TPP、“新南向”、“新经济”摆脱对大陆的经济连接，附和美国的“重返亚太战略”制衡中国大陆崛起，通过“文史台独”升高“台湾主体意识”，绿化台湾社会，法理上充实“中华民国台湾化”的政治实体。

## 二、特点

2015 年两岸关系处于重要节点，呈现复杂特点，矛盾多发、冲突频仍、风险上升。

（一）两岸关系面临道路与命运的抉择，充满了正能量与负能量的较量。两岸关系面临两种道路与命运的抉择，是继续和平发展、螺旋上升还是倒退回到紧张动荡、痛苦不堪？两岸之间出现向上向前正能量与向下向后负能量的拉扯、冲撞，两岸风险上升，挑战增多，机遇减少，动力削弱，发展降速。两岸关系的质量难以有效提升，两岸关系遭遇到前所未有的困难。在此情境下，两岸各界人士、所有政党、团体无比关注、忧虑两岸关系的前途与命运、现实与未来。国际社会也高度关注，多数希望两岸关系和平发展能够继续，但美国实施"重返亚太政策"，令美方担心国民党继续执政将造成两岸快速接近，影响到美方战略利益。两岸关系有利、不利的因素全面呈现，使两岸关系日趋复杂、多变无常。

（二）大陆积极引领两岸关系发展，实现稳定发展利民目标。随着大陆扩大深化改革，综合实力上升以及国际影响增长，两岸之间实力差距不断扩大，大陆 GDP 已是台湾的 20 倍，广东、江苏等 5 省 GDP 超过台湾。历经反"台独"与和平发展两个阶段，大陆的对台工作更具有战略定力，也更具和平发展的理论自信、道路自信及政策自信。与此相反，台湾沉湎"小确幸"，缺乏自信，对于大陆"既期待又怕受伤害"，在两岸关系中只是倾向于扮演防御角色，希望保持"台湾主体性"与"自由选择权"。一年内大陆采取积极举措应对两岸关系的新情况、新问题，增进政治互信，管控分歧风险，引导舆论民意，鼓励台商、青年、基层民众投身两岸交流中来，分享大陆发展机会。切实保护台胞合法权益，实施台胞证免签与卡式台胞证、开设新航路，扩大参与面，增加获得感，增加发展动力，争取更多台湾民众支持，从根本上保持两岸关系正确方向，防止倒退甚至逆转。

（三）台湾周期性选举对两岸关系产生重大影响，对两岸关系的延缓效应更加明显。每逢选举，两岸关系便成为选举议题而为绿营大肆炒作，导致蓝绿各方的两岸政策由积极转为消极、正面走向负面。2014 年"反服贸事件"与"九合一选举"导致台湾政经结构发生深刻变化，民进党大肆催化"九合一"的"骨牌效应"，对马英九、国民党的"两岸牌"发动全面的清算与"污名化"，台湾社会、舆论弥漫着对两岸关系发展的深层疑虑，抨击马英九“亲中卖台”、“图利财团”、“黑箱操作”、“伤害民主”。同时采取各种手段诋毁两岸和平发展的共同政治基础，不承认“九二共识”及其历史事实，不认同大陆和台湾同属一个中国的核心意涵，特别是不讲清楚两岸关系的一国本质。结果是民进党掌控了岛内两岸政策的话语权，严重打击了国民党的“两岸牌”优势。在“九合一”选举与2016年“二合一”选举中，两岸议题并未如2008、2012年二次选举中那样影响到台湾选民的投票倾向，而是被边缘化，让位于台湾内政经济民生、“转型正义”等议题。选举期间无论马英九、国民党候选人质问蔡英文没有“九二共识”如何维持两岸现状，蔡或模糊应对或逃避，但并没有遭遇选民唾弃，最后还轻松赢得选举，表明两岸议题不能从根本上影响选举结果。选举最后一晚的“周子瑜事件”被民进党、亲绿媒体大肆渲染，成为终结国民党的“最后一根稻草”。客观而言，2016年选举并非对两岸关系和平发展进行投票，蔡英文赢得选举并非是民众接受其两岸政策，但两岸关系和平发展未能帮助国民党候选人再次胜选，不能不说是一种遗憾。[18]

（四）两岸关系面临新情况、新问题，复杂性前所未有。七年来两岸关系和平发展引起岛内外“台独”势力、“反华”势力的集体焦虑、高度紧张与激烈反扑，试图遏止两岸关系发展势头，中断两岸和平发展局面。民进党为夺取执政权“逢中必反”，打着“公民运动”的旗号进行社会动员，催化“台湾主体意识”。经历李、扁“去中国化”教育、具有“天然台独养分”的台湾青年世代积极投身政治运动，运用新媒体解构台湾政治结构，对两岸关系和平发展无感且疏离。第三势力、“白色力量”对两岸关系和平发展多从批判、对抗的角度观察。台湾民意矛盾疑虑增强，

“恐中拒中”、“反中拒统”意识升高，“要尊严、要身份、要参与（国际）、要撤（导）弹、要民主、要公平、要透明、要机会、要红利”、要选择权等多元、多变、多数被少数绑架的民意结构，已经造成“两岸愈交流、民众愈疏离”的现象，也使马英九的两岸政策民意支持度逐渐流失。台湾民意、舆论越来越倾向把岛内的贫富矛盾、世代隔阂归罪于马英九的两岸开放政策。香港“占中运动”进一步刺激了岛内的社会运动，“台独”与“港独”呈现合流迹象。香港“占中运动”进一步刺激了岛内的社会运动，“台独”与“港独”呈现合流迹象。岛内“民运”、“法轮功”、“藏独”、“疆独”等敌对势力不甘寂寞，试图干扰两岸和平发展，国际反华势力蠢蠢欲动。毫不奇怪，两岸关系和平发展到一定历史阶段必然会出现上述种种新情况、新问题，岛内外“台独”分裂势力、国际反华势力难以容忍两岸密切交流直至统一，是本性使然，所以会从中作梗、阻挠，企图阻断两岸和平发展的进程，遏止中国崛起。但两岸中国人有智慧、有能力应对这些复杂局面，继续推动两岸关系和平发展。

（五）两岸关系外部环境趋于复杂，不利因素上升。2015 年美、日等国际势力对于两岸关系和平发展的态度发生变化、趋于复杂，防范心理日趋明显，反制措施越来越多。美方既乐见两岸关系继续发展，希望分享更多的两岸“和平红利”。又担心两岸越走越近、越来越紧密，大陆对台湾的影响有朝一日超越了美国对台湾的影响，损害美国的战略利益，因此美国出手进行战略预防。于是美方高官越来越强调“亚太再平衡”中的台湾元素，提出对美国台海政策再“概念化”，说穿了就是打“台湾牌”。主要是拉拢台湾、向民进党、蔡英文示好，提升台美关系、加强台美军事、战略安全合作，督促台湾加入 TPP，降低对大陆的经济依赖。对于“习马会”，美方明赞暗防，特别是在南海议题上，美方施压马英九，要求澄清“U”形线，防止两岸南海联手。与美国的台海政策有所不同，日本安倍政府一面倒地实施“联台制华”、离间两岸政策，扶植民进党。日方试图制定“与台湾关系法”，结成台日军事同盟，为“反服贸”、“反课纲微调”提供幕后经费、物资支持等等。[19]国际社会对于两岸关系和平发展的有利因素还会继续发展，但不利因素远超过人们想象，必须谨慎以对。

## 三、两岸之殇：“冷和平”

民进党全面执政已然到来，两岸关系前景蒙上浓重阴影，两岸进入“冷和平”甚至“冷对抗”似已不可避免。[20]从有利因素而言，一是大陆掌握两岸关系的主导权，具有战略定力与战略自信，对台政策的针对性、有效性将发挥更大的优势。二是民进党难以抗拒和平发展的主流民意，蔡英文也难以违背，只能“维持两岸现状”。民进党上台不得不面对经济高度依赖大陆的现实，难以违逆两岸和平发展的强大民意，难以抗拒和平发展的历史潮流，否则将付出沉重代价，直至丢失执政权。三是民进党保留施行务实两岸政策的空间，民进党内部温和、务实的力量、声音有所成长，民进党的县市长、地方基层将对民进党高层的“反中”措施产生部分牵制作用。四是国际社会两个“不希望”。美日等国不希望两岸关系发展太快、走得太近、两岸紧密依赖融合，但美日也不希望两岸关系走向对抗冲突，重回 2000—2008 年台海紧张动荡的局面，台海成为国际热点，影响美日的自身战略利益。

但从不利因素而言,民进党上台严重威胁两岸关系和平发展。蔡英文迄今拒不接受“九二共识”及其历史事实,也不认同“大陆和台湾同属一个中国”的核心内涵,只愿意秉持相互谅解、求同存异的精神与方法,寻求互动之道,建立共同认知。但迄今为止尚未提出为大陆接受、认可的替代说辞,令人怀疑其稳定两岸关系和平发展的诚意与举措。一旦两岸基础不牢,必然会地动山摇。两岸出现“冷战”(Cold War)的概率较低,但“凉战”(Cool War)已不可避免。[21] 多数预估,两岸关系陷于“冷和平”不可避免,甚至短期、有限的“冷对抗”很有可能发生。两岸关系瞬间降温,由热转冷、由快转慢,由密切转为疏离,情感由浓转淡,甚至出现局部冲突摩擦、停滞反复,两岸荣景不再。另有观点认为,国民党执政,两岸关系好不到哪里,也坏不到哪里,因为两岸政治分歧难以化解,两岸关系一定会遇到“天花板”。如果民进党执政,两岸关系不是大坏,就是大好,关键看大陆如何引领两岸关系继续和平发展。就让人们拭目以待吧。

**注释:**

① 郑国强:《夏立言:继续推动马习会共识》,台湾《醒报》2016 年 2 月 15 日。

② 倪永杰:《两岸超稳定架构浮现》,台湾《中国时报》2015 年 11 月 11 日 A14 版。

③ 数据引自台湾《联合报》2015 年 11 月 9 日。

④ 高映竹:《倪永杰:习马会留下的十大悬念》,香港中国评论网 http://www.crntt.com/doc/1040/5/1/0/104051096.html? coluid = 93& kindid = 15731&docid = 104051096&mdate = 1221003832，最新检索日期 2016 年 2 月 17 日。

⑤ 郁川虎：《继往开来，行稳致远——十八大以来习近平总书记对台讲话之要点、特点和亮点》，北京《统一论坛》（双月刊）2015 年第六期，总第 160 期。

⑥ 同上。

⑦ 相关数据参见查文晔、齐湘辉：《国台办：2015 年两岸关系取得六大进展》，引自新华网 http://news.xinhuanet.com/2016-01/27/c_1117911727.htm，最新检索日期 2016 年 2 月 18 日。

⑧ 李锌铜：《2015 年陆客观光财 2300 亿》，台湾《旺报》2016 年 1 月 12 日，A11 版。

⑨ 倪永杰：《建构两岸空中和平走廊》，台湾《中国时报》2015 年 3 月 4 日，A15 版。

⑩ 倪永杰：《柯 P 能，蔡英文能吗？》，引自台湾《旺报》2015 年 8 月 7 日，D2 版。

⑪ 管婺媛、朱真楷：《蔡：维持两岸现状，不挑起对立》，台湾《中国时报》2015 年 4 月 10 日，A4 版。

⑫ 叶素萍：《蔡英文在华府：维持两岸和平稳定发展》，台北“中央社”2015 年 6 月 4 日华盛顿电。

⑬ 叶素萍：《蔡英文在华府：维持两岸和平稳定发展》，台北“中央社”2015 年 6 月 4 日华盛顿电。

⑭ 丘采薇：《蔡英文：我的维持现状和马“总统”不同》，台湾《联合报》2015 年 12 月 25 日。

⑮ 邹景雯：《蔡英文：九二历史事实，推动两岸关系》，台湾《自由时报》2016 年 1 月 21 日，A1 版。

⑯ 蔡浩洋、戴惠禹：《选后不挑衅，蔡提两岸互动 3 原则》，台湾《旺报》2015 年 12 月 23 日。

⑰ 王玉燕:《上海台研所:两岸同属一中应成共同认知》,台湾《联合报》2016 年 1 月 24 日,A13 版。

⑱ 陈斌华、陈键兴:《不畏浮云遮望眼——且看如何看待台湾"大选"投票结果》,新华网 http://news. xinhuanet. com/tw/2016 - 01/16/c _ 1117797534. htm,最后检索日期 2016 年 2 月 20 日。

⑲ 王秀中:《倪永杰:台湾陷于美日战略陷阱后果严重》,香港中国评论网 http://www. crntt. com/doc/1040/2/9/7/104029717. html? coluid = 93&kindid = 15350&docid = 104029717&mdate = 1204002949,最后检索日期 2016 年 2 月 20 日。

⑳ 倪永杰、张笑天:《冷和平:两岸之痛》,香港《中国评论》杂志 2015 年第 11 期,总第 215 期。

㉑ 倪永杰:《交流是王道,两岸莫入冷和平》,台湾《联合报》2015 年 9 月 16 日,A14 版。

(作者单位:上海台湾研究所)

# A Review of Cross - Strait Relations in 2015

By Ni Yongjie

**Abstract**: Cross - Strait relations were at a critical crossroads, filled with both positive and negative factors. From the positive perspective, apart from the groundbreaking meeting between Xi Jinping and Ma Ying-jeou, President Xi offered new proposals on developing cross – Strait relations; the communication mechanism between mainland's Taiwan Affairs Office of the State Council and Taiwan's Mainland Affairs Council was further enhanced and institutionalized; economic, trade, cultural and people-to-people exchanges across the Strait experienced balanced growth along the right track. From the negative perspective, although Tsai Ing-wen came to adopt the stance of trying her best to "maintain the status quo across the Taiwan Strait" under the pressure of mainstream public opinions in Taiwan for sustaining peaceful development of cross – Strait relations, which may not be optimistic while the DPP has returned to power without acknowledging the "1992 Consensus".

# 2015年两岸经贸关系综述

单玉丽

**摘　要**:2015年两岸经贸合作取得新进展,尤其是经贸合作制度化进一步推进,合作平台作用更加彰显;产业合作持续深化,金融合作稳定增长,中小企业投资环境进一步改善,民生保障事业取得实质性突破;两岸人员往来如火如荼,青年创业受到高度重视。然而由于台湾岛内政治生态发生重大变化、世界经济复苏乏力以及大陆进入“十三五”发展新阶段,两岸经贸关系前景如何,尚有待观察。

2015年是“两岸和平发展共同愿景”达成10周年、《海峡两岸经济合作框架协议》(ECFA)签署5周年,也是“两岸关系处于新的重要节点上”的一年。盘点过往的一年,不难看到,两岸关系克难前行,各项交流合作成效不俗,特别是举世瞩目的“习马会”,开辟了两岸关系发展新前景,成为2015年两岸关系的最大亮点。展望未来,由于台湾再次政党轮替,而以“台独”为党纲的民进党始终不承认以“一个中国”为核心的“九二共识”,两岸关系发展的共同政治基础受到挑战,两岸合作的制度化机制面临考验,加之两岸经贸合作中出现的新情况、新问题,以及台湾自身经济社会面临的诸多困扰等,都将对持续深化两岸经贸合作产生不利的影响。

## 一、两岸贸易投资乍暖还寒,产业合作空间进一步拓展

### (一)两岸贸易投资双双下挫

受世界经济不景气等因素影响,2015 年两岸进出口贸易总额下降 4.9% ,绝对值为 1885.6 亿美元。其中,大陆对台出口 449 亿美元,大陆自台进口 1436.5 亿美元。[①]与此同时,台商投资大陆也出现较大幅度下滑。全年大陆共批准台资项目 2962 项,较上年增加 644 项,但实际使用台资仅 15.4 亿美元,较上年下降 23.76% 。在陆资入岛方面,经大陆相关主管部门核准的赴台投资企业、项目 95 个,投资金额 4.36 亿美元。[②]

两岸贸易投资下挫的原因是多方面的:一是受国际经济格局变化以及全球经济低迷的影响,特别是美欧等台商产品最终市场因次贷危机和欧债危机而萎缩,美国“再工业化政策”等,使两岸产品在传统市场上的压力进一步增大。[③]二是大陆经济进入新常态,在努力推动要素投入结构、排放结构、产业结构、区域结构、增长动力结构等方面的转型过程中,创新驱动尚未成为推动两岸经贸关系发展的主动力,传统生产要素对两岸合作的驱动力弱化,经济增速放缓。三是受政治因素制约。2014 的“反服贸运动”,民进党不仅迫使执政党接受对两岸服贸协议“逐条审查”,而且还以“两岸协议监督条例”来制约其他两岸协

议的商签,对两岸经济领域,特别是服务业的相互开放造成了诸多障碍。

**(二)台资中小企业发展空间更加广阔**

鉴于两岸中小企业升级转型的迫切需要,2015 年大陆加大了对台资中小企业的扶持。一是继续为中小企业搭建交流合作平台。如在 ECFA 经济合作委员会下增设中小企业合作工作小组,以更好惠及两岸中小企业和基层民众。“两岸企业家峰会”聚焦中小企业,2015 年 5 月 21 日至 22 日在高雄召开“两岸中小企业合作创新发展论坛”,为中小企业交流合作搭建平台。二是继续对台商实施税收优惠政策。2015 年 5 月 11 日,《国务院关于税收等优惠政策相关事项的通知》(国发[2015]25 号)明确规定,各地与企业已签订的合同,优惠政策继续有效,对已兑现部分不溯及既往,这些规定适用于台资企业。三是进一步扩大和放宽台湾居民在大陆申请设立个体工商户的行业领域、地域范围及经营条件。自 2011 年年底,大陆本着首先让台湾同胞分享大陆发展机遇的真诚愿望,首批开放台湾居民在北京、上海等 9 个省市以及在大陆设立的海峡两岸农业合作试验区和台湾农民创业园内,申请设立个体工商户。截至 2015 年 11 月底,台湾居民在大陆已设立的个体工商户达到 3500 多个。为进一步鼓励台湾居民到大陆创业,大陆决定自 2016 年 1 月 1 日起,进一步扩大和放宽台湾居民在大陆申请设立个体工商户的政策规定。开放领域从零售业和餐饮业 2 项,扩大至广告、包装服务、服装及家庭用品批发、文具用品批发等 24 项;开放地域在原有 9 省市基础上新增加 17 个省、自治区、直辖市,达到 26 个;经营条件方面,取消对从业人员不超过 10 人和营业面积不超过

500 平方米的限制。[④]这些政策措施将为台湾基层民众提供更多创业机遇和发展空间。

**（三）民生保障事业合作取得实质性进展**

为保障人民健康、增进民众福祉，一年来，两岸在推进知识产权保护、食品安全、医药卫生、农产品检疫检验等方面合作取得良好进展，两岸双方还在核电安全、气象、地震监测等领域建立了业务联系机制，致力于合作预防和化解风险灾害。2015 年更具突破性成效的是，福建为金门供水、供电迈出了实质性步伐。金门资源短缺，产业单一，寻求与福建合作历来是金门的重要诉求。在两岸有关方面的共同努力下，2015 年 7 月 20 日福建与金门签订了供（购）水协议。根据协议，该工程输水线路总长约 27 公里，总投资 3.8 亿元人民币。工程设计供水规模为每日 3.4 万立方米（未来将扩至 5.5 万立方米），通水后福建将按计划供水量每天 24 小时连续供水。工程在 2015 年 10 月开工，预计 2016 年年底实现试通水。[⑤]继供水协议后，福建与金门在民生领域再次进行实质性合作。如 7 月下旬，福建上市公司“福能集团”与金门“协成兄弟”签订了供电意向协议书。根据协议书，福能集团和协成兄弟将共同成立售电公司，由福能集团控股，铺设厦金海底电缆等设施，开发金门离岸海上风电项目为金门供电。

**（四）金融领域合作稳定成长**

随着两岸产业合作空间的扩大，金融领域合作稳定持续发展。在大陆设立分支机构的台湾银行数量增加，空间布局进一步扩大，业务运作互动良好。2015 年 4 月，台湾彰化银行福州分行揭牌，这是继以往台湾合作金库、彰化银行、华南商业银行福州分行和台湾第一银行厦门分行入驻福建后的又一成果。7月份台湾土地银行获准在武汉设立分行，中国银监会核准该分行营运资金为人民币10亿元。7月底，厦门启动对台跨境人民币贷款业务。台商集聚的苏州市对台跨境人民币业务量增长迅猛，上半年对台跨境人民币收支结算量达552.5亿元，增长163.6%。[⑥]截至2015年9月底，台湾办理人民币业务的岛内外汇指定银行（DBU）和国际金融业务分行（OBU）分别为68家和59家。2015年台湾人民币存款量出现了先扬后抑态势，上半年走势良好，虽然7月底之后台湾人民币存款余额出现连续5个月下滑，但至2015年12月底，台湾银行业累计人民币存款仍达3193.78亿元，虽然不及预计的4000亿元，但仍较上年的3022.67亿增长5.66%。[⑦]

## 二、两岸经贸合作制度性建设向前推进，合作平台作用进一步彰显

### （一）两岸制度性协商取得新成果

一是海协会与海基会签署新的合作协议。2015年8月25日，两岸两会领导人在福州举行第十一次会谈，签署了《海峡两岸避免双重课税及加强税务合作协议》和《海峡两岸民航飞行安全与适航合作协议》，后者于2015年12月31日正式生效。协议对进一步加强两岸交流合作，规范和完善工作机制，进一步降低企业经营成本有着积极的影响，受到业界和舆论的充分肯定与欢迎。至此两岸共签署23项协议，生效21项。

二是两岸经济合作委员会第七次例会成功举办。2015年1

月,两会在台北举行了两岸经济合作委员会第七次例会。会议评估了 ECFA 早期收获实施成效,回顾了第六次例会以来货物贸易、服务贸易、投资、争端解决、产业合作、海关合作六个工作小组的工作进展情况,以及经贸社团互设机构的情况,讨论后续协议的商谈进程,并决定新成立两岸中小企业合作工作小组。为全面回顾和总结自 2008 年以来两岸协议执行成果,2015 年 11 月 30 日海协会与海基会在台北召开会议,盘点了各项协议执行取得的丰硕成果,再次呈现了各项协议普惠两岸民众的客观事实。

**(二)“第十届两岸经贸文化论坛”延期而至**

始于 2005 年的“两岸经贸文化论坛”每年举行一次,至 2013 年已举办九届,2014 年因岛内局势紧张,论坛搁浅。在两岸共同努力下,第十届论坛于 2015 年 5 月 3 日在上海召开,就未来两岸关系发展提出九方面政策建议:继续推动经济融合发展,提升两岸经济合作制度化水平;继续支持大企业良性发展同时,积极为中小企业合作搭建平台;加强两岸农渔业合作,增加电商通路,帮助台湾农产品拓展大陆市场;更多关注两岸基层民众的感受,使之从两岸和平发展中受益;扩大两岸青年交流规模,为两岸青年学生就学、就业、创业创造条件;深化两岸文化、影视产业的交流合作,探讨分类逐项商签交流合作协议;深化两岸教育交流合作,商签教育交流合作协议;推动研究尽快解决大陆旅客在台湾中转和便利两岸同胞往来的问题;建立沟通平台,探讨台湾参与“一带一路”建设、区域经济合作和亚投行的方式等问题。论坛的举行进一步稳固了两岸经贸交流的制度性平台,有效推动了两岸经贸合作的深化。

### (三)“紫金山峰会”力促两岸产业对接

“紫金山峰会”是两岸企业家最具影响力的交流合作平台，自2008年7月成立以来，峰会的含“金”量越来越高，已成为两岸层次最高，最具权威性、开放性、互动性和务实性的企业家盛会，是继两岸经贸文化论坛、两岸两会商谈、海峡论坛之后的又一个两岸重要交流平台。2015年11月两岸企业家紫金山峰会在南京召开，两岸与会者达成多项共识，发表了《2015两岸企业家紫金山峰会共同倡议》。该倡议着眼于振兴中华民族经济、增进两岸民众福祉这一目标，以中小企业、青年和基层民众为重点，就加强经济发展战略对接、完善合作平台载体、拓宽合作领域、发挥智库作用等方面提出八项共同倡议，凸显了该平台对两岸关系发展的前瞻性、务实性，成为两岸经贸关系制度化、机制化的重要标志，有效促进了两岸产业合作，提升了合作成效。由于每届峰会不仅有对宏观环境的把握，而且专业性强，主题都紧扣两岸企业家关注的热点、难点问题，契合两岸经贸关系发展之需要，被台湾企业界视为“一个指标性的平台”，参会人数众多，讨论热烈。

## 三、两岸人员往来如火如荼，青年互动成为两岸交流的新亮点

伴随着两岸经贸文化的交流合作日益深入，2015年大陆继续推出有利于两岸人员往来的政策措施，包括开通客货运输航线，进一步开放大陆赴台个人游城市，增设“海峡两岸交流基地”，实施台湾居民往来大陆免签注并推出卡式台胞证等，有力

促进两岸人员往来不断创新高。2008 年以来的七年间,两岸人员往来规模翻了一番,2014 年达到 940 余万人次;2015 年再创新高,全年两岸人员往来总量 985.61 万人次,同比增加 4.73% 。其中台湾居民来大陆 549.86 万人次,同比增加 2.47% 。大陆居民赴台 435.75 万人次,同比增加 7.73% 。[8]

在开放大陆赴台个人游方面,自 2008 年 7 月大陆启动居民赴台团队游、2011 年 6 月开放大陆居民赴台个人游以来,不断扩大开放城市。2015 年新增 11 个赴台个人游试点城市和 6 个两岸航点,进一步便利了两岸同胞往来。[9]几年来,赴台个人游共 5 批次开放 47 个城市,大大促进了大陆居民赴台旅游的迅猛发展。据统计,7 年多来,大陆居民赴台旅游累计有 1300 万人次,自 2012 年起大陆已成为台湾第一大入境客源市场。据估计,2015 年大陆游客为台湾创造了约 2310 亿元的外汇收入。[10]在增设"海峡两岸交流基地"方面。自 2009 年 12 月 17 日在山东台儿庄设立首个海峡两岸交流基地之后,至 2015 年 6 月,海峡两岸交流基地已经达到 43 家,为两岸同胞在交流往来中回顾历史、品味文化、畅叙亲情提供了更多的选择。在交通运输方面,两岸已开通 71 个空运客运航点,每周 890 个客运航班、84 个货运航班往返两岸,年运送旅客已突破千万人次。累计完成海上客运量(含福建沿海—金马澎航线)超过 1080 万人次。[11]此外,大陆还全面推行卡式台胞证,从 2015 年 7 月 6 日启动试点工作至 9 月 29 日,已签发卡式台胞证 23.8 万张,[12]使台湾居民来往大陆更加便捷,在大陆停留、居留更加方便。

两岸青年互动是 2015 年两岸人员往来的一大亮点。鉴于台湾青年在台就业难、压力大,大陆鼓励台湾青年投身到"大众创业,万众创新”的热潮中。6月8日至11日国台办在上海、杭州、福州等地举办了两岸青年创业就业考察座谈活动,之后北京、天津、江西等地相继举办以两岸青年创业、创新为主题的交流活动。2015年几乎在两岸所有大型和重要论坛及相关活动中,青年互动都是重要议题。如上海、台北“双城论坛”的主题是“城市发展与青年自主创业”;第七届“海峡论坛”主题为“关注青年、服务基层”,两岸青年社团、企业家、学生代表超过1000人参加了各项青年活动。12月22日,国务院台办在北京召开鼓励台湾青年来大陆就业创业交流会,并在台资企业集聚地和地方台协授牌新设8个海峡两岸青年创业基地和1个海峡两岸青年就业创业示范点,[13]这些举措大大推进了两岸青年的交流交往。

## 四、2016年两岸经贸关系展望

2016年两岸经贸关系,前景充满变数。

首先,受台湾政党轮替的影响,两岸关系和平发展大局将面临考验。2016年1月16日,台湾领导人选举尘埃落定,民进党候选人蔡英文以领先国民党候选人朱立伦308万多票当选,“立委”选举也以国民党惨败告终。尽管两党轮替执政在台湾已成常态,但由于在此次同时举行的“立委”选举中,民进党获得68席“立委”,在“立法院”实现单独过半,同时掌控了台湾的“行政权”与“立法院”,加上掌握13个县市的执政权,台湾将出现民进党“完全执政”的情况,这一结果不仅极大改变了台湾政党政治格局,对岛内的政治生态产生重大影响,而且以“台独”

为党纲的民进党始终不承认以“一个中国”为核心的“九二共识”，动摇了两岸合作的共同政治基础，两岸业已形成的顶层设计机制与模式面临严峻挑战，未来两岸关系和平发展成果如何维护、两岸合作制度化建设如何持续，包括国台办与陆委会、海协会与海基会之间的常态化沟通机制将难以为继，两岸相关部门之间的沟通协调机制也将受到严重影响乃至停顿，两岸已签订的各项合作协议的执行毫无疑问将会放缓；两岸如何共同参与区域经济合作，大陆“为台湾地区参与‘一带一路’建设做出妥善安排”如何破题等等，都成为难上加难的问题。

其次，大陆进入“十三五”发展新阶段，对两岸关系既有机遇也有挑战。2016 年大陆开启“十三五”建设，正在实施的“一带一路”重大战略以及自贸区建设、中国制造 2025、互联网 + 计划、“大众创业，万众创新”等一系列经济发展规划与举措，将给两岸经贸合作带来很多的机遇和很大的发展空间。但与此同时，由于在新的发展阶段中，传统生产要素对两岸合作驱动力的弱化以及大陆加快结构调整和发展方式转变，也会给两岸合作带来挑战。在大陆进入新常态情形下，两岸需要对经济合作模式、产业合作方向和重点进行适时调整；对产业结构、产品结构进行升级转型；企业的市场营销策略、区域目标等也需要做相应的转换。尤其是广大的中小型台资企业正面临着大陆传统要素优势弱化、自身研发能力严重不足、人才短缺、后继乏人，投资风险增加，以及两岸部分行业、产品竞争加剧等难题，这些都是新常态下两岸经贸合作中急需解决的问题。蔡英文历来主张通过平衡且多元的经贸战略，让台湾在经济上保持“自主”，以确保台湾民主不受“外力”的影响，确保政治上的自主性，如今蔡英文胜选，她势必会尽最大可能贯彻这一主张，借机向台商喊话，极力推行其所谓“新南向政策”或鼓噪台商返台投资，这将大大增加两岸经贸合作的难度。

第三，世界经济复苏乏力，不利于两岸经贸合作的持续发展。联合国及国际货币基金组织等机构对2016年世界经济前景总体判断为审慎乐观。世界银行预测，面对多项周期性和结构性不利因素，全球经济增速在2016—2017年将只有“小幅度改善”。国际货币基金组织（IMF）总裁拉加德提醒，2016年全球经济增长将“令人失望且不平稳”。总体上看，2016年世界经济仍将呈现复苏乏力态势，主要原因有四：其一，全球贸易低增长局面难以得到根本扭转。受全球需求不旺、世界经济增长从主要依靠制造业转向主要依靠服务业、全球价值链扩张趋势放慢、国际贸易谈判进展缓慢等因素影响，预计2016年全球贸易增长将持续低迷，贸易保护和竞争性汇率贬值的风险将会增加。其二，国际直接投资将保持基本稳定，但难有大幅扩张。而与此同时，汇率和资本流动的波动性也会上升。其三，金融市场风险加大。由于新兴市场与发展中经济体的政府债务负担持续加大，同时，全球非金融企业债务水平进一步升高，成为全球金融市场中新的脆弱点，因此，普遍认为2016年将是全球金融市场比较动荡的一年。其四，发达经济体走势不一，新兴经济体增速下滑，由于货币政策取向的差异，美国经济增速面临下调压力，欧元区和日本有望保持弱势向上，而新兴市场国家的经济增长仍将面临多重考验。2015年12月，美联储启动近10年来的首次加息，为全球经济带来不确定性，新兴市场国家因此面临的资本外流、货币贬值和股市动荡等压力将会日益加大。[14]两岸都是外向型经济体，严峻的外部环境无疑将困扰两岸经贸合作的进一步深化。

基于上述，展望 2016 年，两岸经贸合作存在较大困难和压力，但两岸只要在坚持“一中原则”、反对“台独”基础上，秉持“两岸一家亲”理念，坚持为两岸同胞谋福祉，进一步加强经贸合作，不断创新合作模式，继续推动有利两岸经贸关系发展的政策措施，坚持不懈，铢积寸累，定能滴水穿石，云开雾散，为两岸关系开创新的未来。

**注释：**

① 《海关总署：2015 年两岸、内地与香港贸易额均下降》，http://business. sohu. com/20160113/n434408728. shtml。

② 《国台办新闻发布会辑录》（2016 - 1 - 27），http://www. gwytb. gov. cn/。

③ 《专家解读当前两岸经济关系：进入前所未有瓶颈期》，朱磊：《正视两岸经济关系瓶颈期，开拓两岸经济合作新领域》，econ. taiwan. cn/trad…2015 - 8 - 3。

④ 《国台办新闻发布会辑录》（2015 - 12 - 16），http://www. gwytb. gov. cn/。

⑤ 周琳：《金门自大陆引水计划供（购）水合同昨日签订》，《福建日报》2015 年 7 月 20 日。

⑥ 《苏州对台跨境人民币业务量首超香港》，http://www. gwytb. gov. cn/lajm/lajr/cop/。

⑦ 《离岸人民币：台湾 12 月底人民币存款月增 0. 48% ，中止连五月下滑》，www. mw801. com/home/. . . 2016 - 1 - 15。

⑧ 《国台办新闻发布会辑录》（2016 - 1 - 27），http://www. gwytb. gov. cn/。

⑨ 《国台办主任张志军发表2016年新年贺词》, www. taihainet. com/n… -2015-12-31。

⑩ 《台旅游业:2015年大陆游客为台创2300亿观光收入》, http://www. gwytb. gov. cn/xuan/201601/t20160112_11363435. htm。

⑪ 吴济海等:《两会协议执行成果总结会在台北举行》, http://news. 163. com/15/1130/18/B9MILMBV00014SEH. html。

⑫ 《国台办新闻发布会辑录》(2015-9-30), http://www. gwytb. gov. cn/。

⑬ 《国台办新设海峡两岸青年创业基地和创业示范点》, www. taiwan. cn/l… -2015-12-23。

⑭ 《国际货币基金组织:2016年世界经济形势展望》, finance. people. com. cn/n…2016-1-20。

(作者单位:福建省社会科学院台湾研究所)

# A Review of Cross - Strait Economic and Trade Relations in 2015

By Shan Yuli

**Abstract**: New progress was made in the cross - Strait economic and trade cooperation in 2015, especially in institutionalizing economic and trade cooperation and enhancing cooperation platforms. Industrial cooperation continued to be deepened, and financial cooperation maintained the momentum of steady development. Investment environments for small and medium-sized enterprises were further improved and a breakthrough was made in improving livelihood; people-to-people exchanges were in full swing and the young entrepreneurship was highly encouraged across the Taiwan Strait. However, due to a drastic change in Taiwan's political ecology, weak global economic recovery and a new phase of development initiated by the Mainland's Thirteenth Five – Year Plan, the prospect for the cross – Strait economic and trade relations remains to be seen.

# 2015年台湾当局大陆政策综述

北京联合大学 刘红

**摘 要**:2015年间,国民党执政当局大陆政策的要点,是在大陆的积极配合下,在“九二共识”基础上,减少“太阳花事件”带来的干扰,恢复2008年以来和平发展的节奏和进程。在与大陆正常对话、协商、交流和合作的同时,双方联手,成功举行“习马会”,成为两岸关系演变的里程碑。从总体上看,该政策有积极进取的一面,也有消极保守的一面,特别是该政策的岛内的不利氛围和因素没有减弱,制约了政策的落实,影响了实施效果。

2015年间的国民党执政当局大陆政策,在立场、内容及执行上,继续保持2008年以来的定力和部署,在与大陆正常对话、协商、交流和合作的同时,双方联手,成功举行“习马会”,不仅成为年度政策的亮点,也成为两岸关系演变的里程碑。当然也要看到国民党执政当局大陆政策运作的岛内氛围和条件,依然纷杂和沉闷,政策自身的消极面也没有消失。

## 一、政策背景:岛内氛围不理想

观察国民党执政当局大陆政策,有积极进取的一面,也有消极保守的一面,两面性的存在,固然与执政当局自身存在的问题有关,也与所处的政治、社会和民意背景不理想有关。

### (一)"台独阵营"的恶搞

国民党执政当局大陆政策在岛内的主要障碍和干扰,是民进党为主体的"台独阵营"的存在和活动,根本原因是蓝绿阵营大陆政策基本立场和核心内容的严重对立。民进党大陆政策的政治基础是"台独党纲"、否认"九二共识",重点是与大陆争夺两岸关系的主导权,图谋改变两岸关系发展的正确方向,把两岸交流扭曲为"一边一国式"的交流。因而,民进党的大陆政策成为"台独"的重灾区,否认"九二共识"成为"台独路线"在大陆政策上的集中体现。在政治论述上,民进党方面声称,国民党执政当局的大陆政策带来台湾依赖大陆的后果,只有先走向国际,通过国际再走向大陆,增加台湾经济对抗大陆的能力。在政策宣传上,民进党编造称,12 寸晶圆体投资南京等台商投资大陆行为和大陆紫光收购矽品、南茂科技等股份的举措是掏空岛内高科技产业,两岸经贸和帮助台湾发展是财团和权贵图利,造成岛内贫富差距扩大;两岸签署的租税、民航协议,马英九赴新加坡与习近平会面是黑箱作业;陆资正在"悄悄侵入台湾稻田",大陆通过"一条龙"方式控制台湾旅游业。民进党的攻击和抹黑,对国民党执政当局的大陆政策造成很大的伤害,也为两岸交流带来不小的阻力。

### (二)社会思潮的制约

台湾主流民意认为,没有“九二共识”就没有稳定的两岸关系,和平发展是两岸关系发展的正确道路,大陆是两岸关系正常发展的主导力量,两岸经贸和大陆市场是台湾经济调整、转型和升级的重要动力。但是也要看到,由于民进党方面的恶搞、攻击和抹黑,由于某些媒体和舆论的误导,由于国民党执政当局大陆政策的消极内涵,使得社会思潮中出现一股不正常的倾向。以“太阳花事件”为标志,针对国民党执政当局的大陆政策与两岸关系和平发展,社会有些负面和消极的情绪开始流行和加重。如“台独执政无害论”在2015年间出现加剧迹象,部分民众和舆论看不到“台独”的危害,忽视了没有“九二共识”带来的后果,甚至相信“民进党执政不会影响两岸关系”的宣传。7月间的“反课纲调整事件”则是典型案件,一次必要、而且是迟来的纠正“文化台独”、端正台湾中学教育方向的正义、正当和正常的举措,遭到“台独背景”的一些学生的反对。9月间,大陆出于便利、安全和高效考虑启用台胞卡式证,“台联党”带着一些人上街闹事。这些动乱事件,在社会上产生较大的负面影响,严重干扰了国民党执政当局大陆政策的部署、执行和效果。

### (三)当局的执政困境

谈及国民党执政当局大陆政策,其执政任期进入扫尾期是最重要的背景。特别是民进党一方面因为执政党任期结束的来临,对执政党的进逼和压力加大,另一方面因为“九合一选举”大胜而综合实力上升,蔡英文上台执政的信心大增,两者造成执政党的运作空间和决策能力受到挤压。特别是“2016选举”贯穿2015年,国民党执政当局的决策能力受到很大牵制,无论是公共政策，还是大陆政策，在决策和执行时都与执政党的选情和候选人的辅选要求密不可分，力求政策的社会效果最大化和选情的最好化，实际操作上的难度很大。随着执政任期的缩短，马英九的政治声望也跌到最低，社会舆论和各界对于国民党执政没有政绩、马英九执政无能的批评声趋于激烈，马英九执政进入无作为期，陆委会与国台办负责人会面取得的成果，“两会协商”签署的协议，在实际工作中全面落实有一定难度；两岸交流势头不减，台湾方面热情不足，在交流状况上，台湾方面的重点都在维持现状，而不是取得重大进展。台湾方面的无作为，成为重要节点两岸关系的基本特征。也要看到，尽管进入无作为期，执政当局能够把换届选举前的空窗期变成两岸关系发展的战略机遇期，使得 2015 年大陆政策出现新的亮点和新的进展。

从相关条件和氛围看，国民党执政当局大陆政策的不利氛围和因素没有减弱，制约了政策的落实、实施和效果。

## 二、政策亮点：成功举行“习马会”

2015 年台湾当局大陆政策的重点，是从对台湾负责、对和平稳定的两岸关系负责、维护来之不易的和平发展成果的高度，面对可能出现的政党轮替、蔡英文推行“隐性台独”给两岸关系带来的冲击和危害，思考如何构建两岸关系的政治机制，如何夯实和平发展的政治基础。按照这一战略设计，两岸成功举行“习马会”。

### （一）为两岸关系和平发展的长远布局

面对执政地位的可能改变，国民党执政当局珍惜 2008 年以来和平发展的大好局面，与大陆积极协商，在大陆的积极配合下，推动实施重大战略举措的战略机遇期的到来。7年多来，两岸交流已经遍布两岸的各个地区各个领域各个行业并且已经取得丰硕成果，两岸经贸、文化和人员往来等各项交流发展之快已经达到空前程度，两岸对话已有定期举行的国共经贸文化论坛、海峡论坛等各种论坛，有半年一次、轮流在两岸举行的机制化的“两会协商”，有陆委会与国台办负责人的定期会晤，在此基础上，两岸关系长远发展与和平发展大局的维护，需要两岸采取重大战略部署。如果提升交流层次？如何巩固政治基础？如何设立新的交往准则？如何开创新的局面？也就是说，经过30余年的发展，两岸关系到达了一个新的高度，和平发展取得一系列重大突破，这就需要两岸站在历史、文化、道德、政治和战略的高度，就实现中华民族的伟大复兴，做出重大抉择，完成历史性的超越。特别是台湾“2016选举”可能导致政治变天、换党执政的结果，如果蔡英文胜选上台，因其坚持“台独党纲”、否认“九二共识”，很难实现两岸间的重大政治上突破，因而马英九任期的最后阶段，成为完成两岸重大政治战略的最佳机遇期。

**（二）两岸领导人在新加坡会面**

2015年11月7日下午，两岸领导人习近平、马英九在新加坡香格里拉大酒店会面。“习马会”回顾了两岸交流的发展过程和两岸关系的历史性变化，肯定了和平发展取得的丰硕成果，总结了两岸交流和合作的经验和启迪，阐述了推进两岸关系和平发展的政治主张。会面时，习近平指出，两岸领导人见面，翻开了两岸关系历史性的一页。历史将会记住今天。他希望，两岸双方共同努力，两岸同胞携手奋斗，坚持“九二共识”，巩固共同政治基础，坚定走和平发展道路，保持两岸关系发展正确方向，深化两岸交流合作，增进两岸同胞福祉，共谋中华民族伟大复兴，让两岸同胞共享民族复兴的伟大荣耀。马英九表示，两岸领导人会面，握着两岸的过去与未来，也握着中华民族振兴的希望，深具历史意义。因此，他就维系两岸和平繁荣现状提出“五点主张”。第一、巩固“九二共识”，维持和平现状。“九二共识”是两岸推动和平的共同政治基础。第二、双方应持续降低敌对状态，并以和平方式解决争端。第三、扩大两岸交流，尽速处理目前两岸尚未结案的议题，以创造两岸双赢。第四、在陆委会、国台办首长之间设立热线，以处理紧急与重要问题。第五、两岸人民同属中华民族、都是炎黄子孙，应互助合作，致力振兴中华。

**（三）台湾执政当局维护“习马会”成果**

作为两岸关系发展的里程碑，“习马会”以两岸领导人会面方式，肯定“九二共识”，把这一当年两岸机制的决定，上升为两岸最高级的政治决定。同时如何面对处于重要节点的两岸关系，提出了各自的、但目标相同的主张，已经成为当今两岸关系的行动纲领。为了维护“习马会”的成果，全面回击“台独阵营”的抹黑和攻击，马英九方面指出：蔡英文批评“习马会”背离台湾现状、看不见“中华民国”的存在，蔡迄今都不愿承认“九二共识”存在的事实，才是真正背离7年来两岸的和平繁荣现状；蔡英文真的尊重民主价值，为何不让马英九到“立法院”报告新加坡之行？蔡英文真的“反黑箱”，为何不让马英九去报告真情以便打破黑箱？蔡英文的自我矛盾举措，才是对民主价值的最大讽刺与伤害。马英九自己也站在第一线，数度召开记者会，亲自说明“习马会”的意义。他说设定“马习会”的目标，可以说大致上都达成了，第一，希望建立一个公开透明的监督过程，第二，在两岸之间建立领导人对等尊严的互动模式，第三，以零意外，巩固与美方高层互信，两岸共同向全世界传递和平讯息，获得了三赢的结果，这些都是对台湾非常有帮助的发展。同时，为了落实"习马会"的成果，台湾当局与大陆有关方面联手，在年底前后启动两岸热线电话、"货贸谈判"和"陆客中转"，为马英九执政最后阶段的大陆政策添加新的一页。

## 三、政策要点：交流、协商是主题

2015 年间，国民党执政当局大陆政策的要点，是在大陆的积极配合下，在"九二共识"基础上，减少"太阳花事件"带来的干扰，恢复 2008 年以来和平发展的节奏和进程。

### （一）鼓励民间交流

继续推动两岸民间交流，是国民党执政当局的基本思路和方针。马英九表示，"九二共识"是两岸推动和平的共同政治基础，正是因为双方共同尊重"九二共识"，才能获致丰硕成果与和平荣景，让两岸关系处于 66 年来最和平稳定的状态。两岸目前已不再处于过去的冲突对立，双方致力"以对话取代对立、以和解替代冲突"，在双方建构的"制度性协商"之下，达成了两岸和解与合作，持久推动两岸交流与合作。海基会董事长林中森也表示："两岸关系的发展不能考虑任何党派利益，一定要基于两岸全体人民的最大利益来考量，要在'九二共识'的基础上持续推动，互利双赢，为两岸人民谋求更多福祉。"

深入开展两岸民间交流，是两岸的基本主张，在大陆的积极推动下,国民党执政当局也是持开放的态度,因而两岸各类交流取得重大进展。尤其是人员交流快速发展,都在鼓励增加青少年交流。郝龙斌表示,增进两岸年轻人的认识非常重要。青年是两岸的未来,也是未来两岸关系发展的关键。朱立伦表示,两岸的交流必须不断传承,让新的世代用它的创新,对两岸未来的发展做出更多的贡献。在这些背景下,年内两岸交流与合作成果丰硕。两岸贸易总额 1885. 6 亿美元,台湾对大陆顺差达到 1092 亿美元;大陆批准台资项目 2962 项,实际使用台资 15. 4 亿美元;陆资赴台投资项目 95 项,投资金额 4. 36 亿美元。台湾居民来大陆 549. 86 万人次,同比增加 2. 47% 。大陆居民赴台 435. 75 万人次,同比增加 7. 73% 。年内,两岸还以各自方式纪念中国人民抗日战争胜利暨台湾光复 70 周年。两岸有关方面加强沟通,共同打击犯罪,处理两岸企业权益纠纷和涉及两岸民众的重大突发事件,努力维护两岸同胞权益,维护两岸交流往来的健康秩序。

在民间论坛中占有十分重要地位的国共经贸文化论坛,5 月 3 日在上海举行第 10 届。次日,习近平总书记在北京会见率团参加论坛的中国国民党主席朱立伦时指出,大陆始终把坚持“九二共识”作为同台湾当局和各政党开展交往的基础,国共两党应坚持对两岸关系的正确认识,旗帜鲜明反对一切损害两岸关系政治基础的言行,绝不能让来之不易的台海和平和两岸关系和平发展成果得而复失。本届论坛距上届一年半,是“太阳花事件”之后第一次举行,国民党执政当局十分重视,改变 6 年来由国民党荣誉主席出席的习惯,由主席朱立伦带队。朱立伦指出,文化跟经贸两项工作是海峡两岸人民最关切的,也是最需要的议题。国民党是一个负责任的政党,不担忧任何的指控,不担忧任何的批评,随时检讨,随时改进,一定为历史负责,为下一代负责,让两岸关系继续勇敢向前走。第10届论坛与"习朱会"在"九二共识"政治基础上,夯实了政治交往的深度和广度,为未来的两岸关系走向把舵。

年内,两岸民间各类论坛十分活跃。对于京沪津渝等各地的民间两岸论坛、特别是第7届海峡论坛,台湾当局均持鼓励和支持态度。6月4日第7届海峡论坛开幕时,中共中央政治常委俞正声出席并致词,指出大陆将始终如一地支持两岸同胞交流,坚决维护两岸关系和平发展进程,坚决反对"台独"分裂势力的阻挠破坏。国民党执政当局极为重视此次论坛,委派副主席郝龙斌与会。郝龙斌在会议期间指出,两岸民众通过积极沟通、交流、交往,明显化解了两岸之间的隔阂。唯有民众接触、沟通、认识与了解,才有和平稳定的两岸关系;两岸民众是两岸关系发展的最有力推动者,两岸民众对两岸关系和平发展的期待和追求,必能使两岸关系行稳致远;希望参与海峡论坛的两岸人士各抒己见,提出对两岸交流的看法,使这一平台发挥最大功能,不断拓宽两岸交流的深度和广度。论坛期间,大陆宣布对台湾居民来往大陆免予签注,适时实行卡式台胞证,搭建两岸青年就业创业新平台,拓宽两岸经济合作共赢新渠道等政策,得到台湾当局和各界的高度欢迎。

**(二)举行"两会协商"**

继续两岸两会协商,是国民党执政当局大陆政策的重点之一。"太阳花事件"的发生,引起两岸对于两岸关系如何走的思考,两岸交流和合作的一些议题、安排和节奏出现一些调整,但"九二共识"是两岸关系和平发展的政治基础,和平发展道路是两岸正确的选择，两岸关系虽遇波折但仍砥砺前行，和平发展稳中有进，双方交流与合作不断取得新成果，所以两岸两会在时隔一年半之后，8 月 25 日，在福州举行第 11 次两会协商。海协会会长陈德铭与台湾海基会董事长林中森，签署了《海峡两岸避免双重课税及加强税务合作协议》、《海峡两岸民航飞行安全与适航合作协议》。协议前者将有效消除重复课税、降低相关企业与个人税收负担，有利于促进两岸相互直接投资、密切两岸经济关系。协议后者将有利于完善民航飞行安全管理、降低民航企业经营成本、深化两岸民航交流合作。对于“福州协商”，台湾当局的态度明确，前来参加会议的海基会董事长林中森表示，目前两岸关系是多年来最好的，不会因为台湾“反服贸学运”、香港“占中”等事件受到冲击，也不会因为台湾“九合一”选举结果受到影响，两岸交流、协商和服务工作会持续正常进行。在此过程中，海基会会向台湾业界、立法机构以及全社会做更多沟通和说明，争取更多支持。

**（三）陆委会与国台办负责人会晤机制化**

早在 2014 年 2 月，双方主管两岸关系事务部门间常态化联系沟通机制已经建立。双方负责人会晤机制化，是国民党执政当局大陆政策的又一重点。为了更好地构建机制框架、充实机制内容、发挥机制功能，国民党执政当局于 2015 年 5 月 23 日邀请国台办主任张志军再度访问台湾，前往金门参加与陆委会主委夏立言的会面。10 月 14 日，国民党执政当局委派夏立言主委前往广州，再度与张志军主任会面。两度见面，先后形成“推进两岸制度化协商、尽快完成两会相关议题商谈并签署协议、加强两岸经济交流合作、扩大深化两岸青年和基层民众等各领域交流”、“继续推进两岸货贸协议和环保协议商谈、推进两会互设办事机构议题商谈、推动已签协议尽快生效实施、营造更为公平和有效的投资环境、两岸参与区域经济整合、大力加强两岸青年交流”等多项共识。双方一致重申，坚持“九二共识”，反对“台独”，排除干扰，不走回头路，维护台海和平稳定。对此，夏立言表示，在金门举行会面，特别能彰显共同促进及维系两岸和平稳定、正确路线的正面效益，对两岸良性互动、务实面对彼此、增进双方互信与化解歧见，具有深刻意涵。他说，两岸关系的和平稳定发展，绝对经得起民意与历史考验，当前绝大多数台湾民众希望维持和平繁荣的台海现状，两岸得之不易的成果，需要双方共同悉心呵护。

## 四、政策倾向：立场显现两面性

国民党执政当局大陆政策的中心思想是要发展两岸交流和合作，推进两岸对话和协商，促进两岸融合和认同，加快两岸往来正常化和制度化。与此同时，从政治上看，一方面坚持“九二共识”，推动两岸交流，能够反击“台独阵营”的攻击和抹黑，一方面大陆政策中的消极因素较为明显，不仅影响政策的效果，而且也带来一些负面效应。

### （一）反对“隐性台独”

为了顺利贯彻大陆政策，国民党执政当局为其保驾护航做了不少工作。执政当局为了宣传大陆政策，针对蔡英文 6 月在美国和在选举关键时刻集中宣扬的“维持两岸现状说”，多次反击，揭露“维持现状说”的虚假性。马英九方面质疑道，蔡英文如果真的重视“中华民国”的存在，为何认为“中华民国是流亡政府”？蔡英文参选“中华民国”“总统”，竞选场合却连一面“中华民国国旗”都看不到？当民进党自称“长期捍卫中华民国”时，为何会让大多数人吓一跳？针对蔡英文大陆政策的“空心”和“模糊”，国民党执政当局认为蔡英文大陆政策在模糊的掩饰下，是“台独”的本质。国民党执政当局认为，如果蔡英文胜选、民进党执政，“隐性台独”必将对两岸关系和平发展产出重大冲击和破坏；蔡英文宣扬的“维持现状”和“中华民国现行体制”论述，违反“一中宪法”，是“中华民国是台湾，台湾是中华民国”的翻版。国民党执政当局认为，蔡英文否认“九二共识”，导致其要维持的“一致的，可持续的，可预测的两岸关系”的大陆政策缺乏可行性。

国民党执政当局反复强调和平发展是两岸间的正确道路，马英九多次强调正是因为国民党执政，才有了两岸间的和平，两岸联系才有了长足的发展，两岸交流才取得如此多的成果，“回顾过去 7 年，我们的政策不但是正确的，而且应该持续下去，不论是哪个政党执政”，“两岸关系的发展其实给台湾带来很多机会”。国民党执政当局反复指出，“九二共识”是两岸和平的桥梁，是两岸关系和平发展的保障。为了反击“台独阵营”对于马英九和国民党“亲中卖台”的抹黑和攻击，国民党执政当局根据一系列数据和实情，反复强调两岸经贸对于台湾经济发展的重要性，对大陆出口对于台湾企业调整、转型和升级的重要性，农产品对大陆单方面出口对于台湾农业生存和拓展的重要性。

**（二）“对抗意识”固化**

国民党执政当局大陆政策的消极面也显而易见。大陆政策的基本立场是"一中各表"。马英九当局反复解释和强调,"两岸关系发展的基础是在'中华民国宪法'架构下,依据'一中各表'及'九二共识'的原则,加上'不统、不独、不武',维持台海现状";"'中华民国'是一个主权独立的国家,大陆并不能代表我们2300万人民,我们的前途由我们自己决定"。马英九在一些重要场合多次表示,"九二共识"的确存在,就是1992年海峡两岸就"一个中国、各自表述"达成共识。换言之,双方都接受一个中国的原则,但对一个中国的含义,可以各自口头表述。"对北京而言,'一中'是指中华人民共和国;对我们而言,'一中'则是指中华民国。双方立场、认知都不同,但双方都不否定对方的存在,也不否定各自表述的方式。"在这前提下,马英九方面将两岸定位为"一国两区",认为在可预见的未来,"统一或独立都是不可能的",台湾目前情况应该"维持现状,不追求立即统一与永久分离"。而维持现状就是维持"不统、不独、不武"。与此同时,出于西方自由民主价值观及反共意识形态,台湾当局反复声称,"'中华民国'已经成为一个受国际社会尊敬的民主'国家'",台湾完成了"大步迈向'优质的民主'"的"政治实验","我们关心大陆的人权发展,就是因为这是我们珍视的核心价值,也是测量与接近两岸距离的重要指标",时常批评大陆的政治体制和意识形态,强调"三民主义"的作用,而且特别强调要推动大陆"民主化"。

在两岸交流实际工作中,台湾当局大陆政策中的消极面,不时露头。如对于民进党的恶搞,特别是对于民进党在"立法院"内阻挠"两岸协议监督条例"通过的等干扰两岸交流的行为,缺乏足够的抗争勇气和斗志,缺乏有效的抗争设想和艺术。如对年内大陆为改善两岸航空条件采用新的航线、正式取用台胞卡式证件等有利于台湾、有利于广大台胞的举措，无端进行批评。如在台湾加入亚洲基础设施投资银行的名称、创始成员等问题上，如在台积电宣布 12 寸晶圆体生产线投资大陆、大陆紫光公司收购台湾矽品和南茂科技等公司股票时，国民党执政当局一些要员和民意代表发表一些无益于两岸关系的谈话。此类事甚多，反映了台湾当局大陆政策的局限性。

## 五、政策影响：重要节点新选择

2015 年，对于国民党执政当局大陆政策来讲非常重要。得不到选民支持的国民党执政当局，面临严峻的、十分不利的选举局面。作为执政亮点的大陆政策，因为“台独阵营”的可能执政而面临被中止的严峻考验。因而，为了维护和平发展大势、交流交往大潮，年内的国民党执政当局大陆政策，重在为处于重要节点的两岸关系进行新的战略布局。

### （一）两岸关系和平发展道路正确

2015 年的国民党执政当局大陆政策的继续执行和新的进展，集中表明和平发展是发展两岸关系、实现和平统一的必由之路。2008 年以来，两岸关系和平发展取得的经验和成果表明，面对复杂的台海局势，大陆能够准确分析和把握台海形势，坚持两岸关系前进的正确方向。大陆关于两岸关系和平发展的战略、方针、政策及其投入，符合两岸关系发展规律，符合两岸同胞的根本利益，符合台湾发展的基本要求。不论台湾局势如何变化，大陆的对台实力、政治、政策和工作优势，大陆对于两岸关系的主导权，大陆推动两岸关系发展、推进和平统一进程的战略构想不会变；不论台湾局势如何变化，坚持“九二共识”、反对“台独”这一两岸关系和平发展的前提和基础不会变；不论台湾局势如何变化，推动两岸交流与合作、关心台湾同胞福祉的这一基本出发点不会变。大陆为两岸交流、合作、对话和协商所作出的努力和贡献，两岸关系和平发展的丰硕成果及发展势头，为国民党执政当局大陆政策的确立和执行提供了极好的政治氛围、操作平台和战略纵深。双方坚持“九二共识”，累积政治互信，加强协作与合作，共同承担应尽的责任和义务，确保两岸关系和平发展沿着 2008 年以来的轨道继续前进。

**（二）两岸交流、合作取得新的进展**

进入 2015 年，国民党执政当局大陆政策面临严峻考验。自 2014 年 3 月“太阳花事件”之后，“台独阵营”干扰和破坏两岸关系和平发展的图谋和手段，更加富有欺骗性和煽动性，两岸关系遇到一些困难和挫折，处于重要节点的两岸关系面临是进是退的抉择。回答只有一个，那就是和平发展潮流不能倒退，两岸交流成果不能得而复失。在 2008 年以来确立的“九二共识”、累积的政治互信的基础上，国民党执政当局大陆政策与大陆对台政策拥有共同的任务和目标，能够排除干扰，克难前行。一是迈出新步伐。过去多年来两岸政治对话没有进展的局面被打破，年内实现两岸领导人会面，确立起两岸对话渠道与平台的新模式；作为两岸政治基础的“九二共识”，由两岸领导人会面的方式，完成最高级的政治认定；两岸领导人一起面商和平发展的战略规划和重点工作，开创了两岸关系管理的新形式。二是推进机制化。重点是在大陆的积极配合下，恢复 2008 年以来和平发展的节奏和进程，陆委会与国台办负责人进行两次对话和第 11 次“两会协商”。三是取得新进展。签署两项新协议，启动两岸货贸谈判，开始大陆向金门供水工程，同时就下一步的各项重点工作提出了具体要求。应该说，作为执政收尾年，2015 年国民党执政当局大陆政策取得了很多成果。

**（三）现行大陆政策重在战略布局**

观察 2015 年的国民党执政当局大陆政策，面临的现实是，执政走向最后阶段，选情稳中有升的蔡英文和民进党胜选“2016 选举”概率很高，也就是说，随着政党轮替的将完成，“台独执政”和“隐性台独”已经成为两岸关系和平发展大局与国民党执政当局大陆政策的主要威胁。面对“隐性台独”的威胁，2015 年执政当局大陆政策的重点和任务就是，与大陆携手，完成两岸关系和平发展的战略布局。主要有：由“习马会”肯定“九二共识”，确立两岸领导人会面机制，两会福州第 11 次协商签署两个协议并提出新的协商议题，双方主管两岸事务机构负责人年内两度对话以强化对话机制，在以往 21 项协议基础上再加两个租税和飞航协议，进而不断完善双方交流、合作和融和的大框架。也就是说，经过 2008 年以来的和平发展实践证明，也为两岸主流民意所接受，更与国际“一个中国格局”相适应，坚持“九二共识”、两岸领导人会面、陆委会与国台办负责人会晤机制、“两会协商”、落实 23 个协议等，已经构成台海的基本现状，这也成为蔡英文能否“维持现状”的指标，战略布局的作用和意义在此。国民党执政当局在两岸关系上的战略布局，指明了两岸关系和平发展的工作方向、重点和任务，核心就是肯定“九二共识”，蔡英文当局愿否拆除“隐性台独”威胁的关键也在此。

**（四）政治上的局限带来政治困境**

从2015年度的运作情况看，国民党执政当局大陆政策具有很多积极内涵，并且也取得很大成绩，不过也要看到其政治局限性较为明显，消极因素也不少。

如马英九方面一直强调“中华民国”的存在。由于“台独势力”的煽动，以及“台独阵营”推进的“国家建构运动”的蔓延，马英九方面过分强调“‘一中’则是指中华民国”，模糊了关于“一中宪法”的政治论述，也为“台独势力”所用，成为“中华民国是台湾，台湾是中华民国”、“现行中华民国宪政体制”的掩护词。马英九方面的“中华民国”，加上蔡英文“台湾是中华民国”，造成了民众“国家认同”的混乱。

如马英九当局一直强调“不统、不独、不武”，维持台海现状。其中，“不独、不武”是为了与“台独阵营”和“台独政策”相区别，一方面得到大陆的信任和减少美国方面的担心，一方面争取岛内泛蓝阵营和主流民意的支持。问题是“不统”则让“不独、不武”和“维持现状”失去了重要的方向和核心，造成国民党政治论述的空心化，而且“维持现状”也被蔡英文方面接过去，成为“隐性台独”在两岸政策的主要表述。

如针对社会上对于两岸交流和合作的不了解和误解，国民党执政当局该引导的引导不够，在很大程度削弱了两岸关系和平发展红利的经济和社会效益。针对“台独势力”对于两岸交流和合作的抹黑和污蔑，国民党执政当局该批判的批判不够，在相当程度上造成“台独执政无害论”的流行。国民党执政当局对于大陆政治体制、意识形态和对台工作的不当言论，不仅客观上加大两岸的隔阂,也对两岸交流与合作带来了不利影响。

综上所述,2015 年,国民党执政当局大陆政策是有一定成效的。尽管国民党将要下野,只要继续坚持承认"九二共识"、反对"台独"、推进两岸交流与合作为主体的大陆政策,就是台湾要和平要稳定要发展主流民意的集中代表,就能为两岸关系和平发展做出独到的贡献。

# A Review of Taiwan's Mainland Policies in 2015

By Liu Hong

**Abstract**: Ma Ying-jeou administration's mainland policy in 2015 focused on reducing the disruptions brought about by the "sunflower event" and restoring the tempo and progress of peaceful development since 2008, on the basis of the "1992 consensus" and with the cooperation from the mainland. Joint efforts across the Strait have brought a successful meeting between Mr. Xi and Mr. Ma, while conventional dialogues, consultations, exchanges and cooperation continued. In general, Ma's policies have both positive and negative sides, especially when unfavorable conditions in the island blocked the implementation of such policies.

# 2015 年台湾政局综述

王治国

**摘　要:**2015 年台湾各政党围绕“总统”与“立委”选举展开激烈争夺,岛内政局延续了“国守民攻”的发展态势。国民党难以摆脱下滑轨道,民进党上升势头强劲,两岸政策调整步伐缓慢。

2015 年是台湾政局即将发生重大质变的过渡年。年内,台湾政局发展主轴紧紧围绕 2016 年“总统”与“立委”两项选举展开,且在岛内社会浓厚的变天氛围下,呈现出“国消民涨、第三势力抢进”态势。展望 2016 年,民进党若重新上台后,势将利用执政资源大力推行“柔性台独”路线;国民党内部矛盾恐将激化,短期内再起困难重重。

## 一、“国守民攻”的选举态势主导岛内政局发展

### (一)“总统”选举“国下民上”趋势明显

2015 年围绕“总统”竞选的激烈缠斗主要在民进党、国民

党、亲民党三党之间展开。民进党最早确立候选人，于 4 月正式提名党主席蔡英文参选，并于 11 月宣布由“中央研究院前副院长”陈建仁出任竞选搭档组成“英仁配”。国民党提名过程一波三折，原本已于 7 月“全代会”提名“立法院副院长”洪秀柱参选，但因洪选情迟迟无起色，又于 10 月召开“临时全代会”废止洪的提名，改征召党主席朱立伦参选，并于 11 月宣布由前“劳委会主委”王如玄出任竞选搭档组成“朱玄配”。而亲民党于 8 月正式提名党主席宋楚瑜参选，并于 11 月宣布与民国党主席徐欣莹组成“宋莹配”。

选战开打后，整体选举形势呈现“民进党稳定领先、国民党力守基本盘、亲民党极力抢进”的态势。造成此情况的主要原因包括：一是选战大环境继续朝着“有利于民进党、不利于国民党”的方向发展。国民党背负着沉重的执政包袱，继 2014 年“九合一”选举后，岛内期望政党轮替、“反马反国民党”的社会氛围依然浓厚。二是“团结的民进党对内斗的国民党”。民进党在“九合一”大胜基础上，冲击 2016 年大选的气势与士气高涨，党内分歧暂时缓解、整合顺利；而国民党内利益、权力与路线斗争加剧，削弱了政党整体战力；同时宋楚瑜执意参选，造成泛蓝分裂，更加剧国民党困境。三是民进党选战策略优于国民党。民进党不仅成功塑造出蔡英文“理性温和”形象，而且采取“回避两岸、主攻内政”的策略，以“维持两岸现状”、坚守“中华民国现行宪政体制”等论调大大降低岛内选民特别是美国的疑虑。而国民党不仅未能发挥“两岸牌”、“经济牌”、“危机牌”对选情的拉抬作用，而且“副手牌”王如玄更深陷“利用军宅买卖不当牟利风波”，使国民党选情雪上加霜。

### （二）“立委”选举呈现“国减民增、小党抢滩”态势

年内，在内外环境诸多有利因素刺激下，民进党早在1月底即启动“立委”提名作业，党内参选热情高涨且整合过程较为平顺，尤其是“不分区”提名大打“形象牌”并强化与社会联结，广受岛内各界好评。反观国民党，受整体大环境的不利影响，党内怯战拒战氛围浓厚，造成传统优势选区恶性竞争，中南部艰困选区无人问津，特别是不分区“立委”提名不仅未纳入专业领域人才，而且不顾社会观感执意将“立法院长”王金平等政治老人放入安全名单，留给外界“政治分赃”印象。此外，国民两党之外的第三势力政党参选“立委”的热情高涨，共计25个政党推荐区域“立委”，18个政党角逐不分区“立委”，均创下历届新高。整体选情呈现“国减民增、小党抢滩”态势。

## 二、国民党对台湾政局的影响力持续削弱，党内斗争加剧

### （一）马英九当局执政困境加剧

自2014年“九合一”选举国民党惨败后，马当局几乎丧失了对台湾政局的掌控能力。一是马英九“彻底跛脚”。马英九的领导权威与社会民望跌入谷底，“国安会秘书长”金溥聪、“总统府秘书长”杨进添、陆委会主委王郁琦等“马金体制”核心成员等纷纷离职，马的政令出不了“总统府”、党政无法同步，甚至事关马政治体面的“监察委员”补提名人事案亦无法通过。马英九本人甚至被新任台北市长柯文哲举报在兴建“大巨蛋工程”时存在违法图利行为，尽管最后因查无实据而结案，但马的

社会形象与声望再次遭受重挫。二是施政困境难以化解。在内外环境不利的情况下，马任命的毛治国“新内阁”举步维艰，拿不出让岛内民众有感的施政绩效，岛内社会贫富差距继续拉大、青年失业率居高不下、民众实际薪资严重倒退、食品安全事故频发等岛内民众高度关心的问题迟迟无法解决，社会的不满与怨气持续升高。“行政院主计总处”预估全年台湾经济增长率由年初公布的3.78%经三次下修到1.06%；《中国时报》12月底民调显示民众对马当局施政的不满意度更高达71.5%。三是行政团队分崩离析。年内，执政团队内部辞职、怠工、权斗、“投敌”现象日益严重。“交通部长”、“文化部长”、“科技部长”、“行政院秘书长”、“国发委主委”、“飞安委主委”等诸多政务高层大量换人，执政团队凝聚力与施政能力不断削弱，引发了更加强烈的社会民怨。四是国民党地方县市也问题不断。新北市粉尘爆炸造成数百人伤亡、苗栗县财政危机濒临破产等，也严重冲击国民党政党形象。

**(二)国民党领导权分裂、内斗加剧**

2014年“九合一”惨败后，国民党逐渐形成了“马英九掌行政、朱立伦管党务、王金平领立委”的“三头马车”新权力格局。朱立伦自1月以高达99.61%的得票率接任党主席后，虽一度展现明快作风推动党务改革，包括将党内决策重归中常会、改组国民党智库“国家政策研究基金会”并亲自兼任董事长、设郝龙斌与黄敏惠两名专任副主席、对中央党部高层进行人事调整、为王金平党籍案解套等。但朱作为国民党“史上最弱党主席”，仍无力从根本上统合国民党及泛蓝阵营。一是国民党庞大僵化的官僚体制难以改变。国民党机器庞大，从上到下盘根错节，改革阻力相当大。一年来,朱立伦的党务改革效果相当有限,该党仍留给外界“机制陈旧、老化、生锈”、“官僚气息浓重”、“无法及时准确反映社会变迁与民意脉动”等印象。二是党内高层矛盾重重。“马王矛盾”历经近十年的起起伏伏,根本无法化解。朱立伦本人从党内初选的怯战惧战,到后来逼迫原国民党“总统”候选人洪秀柱退让,不仅使“朱洪心结”浮上台面,而且加剧了党内大佬对朱“时时事事精算”的疑虑。三是地方桩脚与泛蓝基本盘松动流失。在缺乏政经资源挹注的情况下,地方实力派分离倾向明显,云林张派代表张嘉郡拒绝为国民党参选“立委”,新竹徐欣莹家族、新北李鸿钧家族等更是退党,一度引发党内“跳船潮”。泛蓝支持者对国民党的民怨仍未完全出尽,而国民党推动“柱下朱上”的粗暴行为更引发深蓝传统支持者的强烈不满。四是泛蓝阵营形同虚设。民国党等新泛蓝政党纷纷成立,并与亲民党、新党等传统泛蓝政党合纵连横,共同抢食国民党“总统”及“立委”选票,尤其亲民党更与民进党关系暧昧、“反马批国民党”的声浪不断。

**(三)国民党虽稳住既有大陆政策,但“本土化”倾向进一步显现。**

2014年“九合一”选举惨败后,国民党大陆政策也呈现“党政分离”状态,其诠释权分别由马英九与朱立伦共同掌控。一方面,总体上国民党一年来仍能稳固大陆政策既有方向,坚持“九二共识”、反对“台独”的政治立场。特别是马英九在11月“习马会”上强调“九二共识”是“海峡两岸在1992年11月就‘一个中国’原则达成的共识”,以及朱立伦在4月“习朱会”上提出“1992年在两岸共同努力下达成了两岸同属一中的‘九二共识'"并随后将"九二共识"列为国民党政纲,进一步明确和强化对"九二共识"核心内涵的认知。

另一方面,国民党大陆政策仍存在"台湾本土化"倾向的风险。特别是党内"亲陆倾统"色彩鲜明的洪秀柱"总统"候选人资格被废止,并被指责"与国民党长期以来的主张有所落差,与台湾主流民意有所偏离",均显示党内"亲陆派"与"本土派"的较量已落下风,未来国民党"台湾本土化"倾向将进一步突显。

## 三、民进党在蔡英文主导下上升势头强劲,党内世代交替加快

### (一)民进党气势继续上涨,打击国民党力度增大

年内,民进党在 2014 年"九合一"选举大胜的基础上,其综合实力、夺权信心和斗志持续上扬。为实现 2016 年全面执政的最高目标,党内派系矛盾与权斗大幅缓解,在区域、不分区"立委"提名以及"副总统"人选等重大利益分配问题上,党内协调过程相对平顺;而党内"基本教义派"对蔡英文两岸政策的策略性调整也持"不反对甚至默许"的立场,这些都大大增强了党内凝聚力与战斗力。

与此同时,民进党对外加大力度打击和削弱国民党。一是继续杯葛马英九当局施政,包括在"立法院"延宕"高铁财改案"、"食品安全法"、"长期照顾法"等一系列经济民生改革方案的审议实施;煽动学生对马当局课纲微调案发起激烈抵制抗议等。二是利用即将胜选的气势加紧对国民党社会基础的"绿化",包括大举进军原属蓝营势力范围的农渔、水利会系统;频

频在台北、桃园、新竹、宜兰等地拔桩;策动国民党籍前新竹县长郑永金、苗栗市长邱炳坤倒戈等。三是猛烈抨击国民党“总统”候选人朱立伦,包括极力炒作国民党“换柱”是朱洪不当利益交换、朱立伦家族涉嫌“漏报财产”与“贪腐弊案”、朱的副手王如玄炒作军宅等。

虽然民进党部分执政县市也深陷重大争议,包括台南市长不进议会受弹劾且处理登革热疫情不利、台中市捷运发生重大事故、彰化县成为“黑心食品”生产大县等,但并未改变岛内民众对民进党的好感度高于国民党的状况。据台湾指标民调12月底数据显示,岛内民众对民进党好感度为43.8%,对国民党的好感度仅有23.7%。[①]

**(二)蔡英文对民进党掌控力增大**

蔡英文凭借带领民进党在2014年“九合一”选举中的出色表现,其党内领导核心与泛绿共主地位更加夯实,特别是4月正式确立“总统”候选人身份后,其对民进党的掌控力大幅增强。年内,蔡全面主导党内区域与不分区“立委”提名,安插了大量亲信,尤其将苏嘉全列为不分区政治组第一名,更为其随后掌控“立法院”提前布局。与此同时,蔡强势主导了民进党“内政”、“外交”尤其是两岸政策走向,使民进党两岸政策调整带有越来越明显的“蔡英文色彩”。

此外,随着一年来党内谢系、苏系、游系、“绿色友谊连线”、“一边一国连线”等传统派系的进一步衰落,“英派”因蔡英文掌权而跃升为党内最显赫势力,再加上新潮流系凭借长期经营仍是党内最具战斗力的派系,民进党内政治生态逐渐形成了“英派强势主导、新系实力不坠、其他派系式弱”的新态势。

**（三）党内世代交替步伐进一步加快**

继 2014 年“九合一”选举民进党胜选，台中市长林佳龙、桃园市长郑文灿、彰化县长魏明谷、屏东县长潘孟安、基隆市长林右昌、新竹市长林智坚等党内中生代开始大规模走上台面后，2015 年民进党内权力生态进一步年轻化。苏嘉全、吴钊燮、林全、林锡耀、段宜康、郑丽君、陈其迈、罗致政、洪耀福、刘建忻、林锦昌、林德训等中生代及青壮世代进一步挤入权力中枢，黄重谚、施克和、李厚庆等新生代也有序步入接班梯队。与此同时，在蔡英文的主导下，谢长廷、苏贞昌、游锡堃等大佬均被排除在“立委”提名之外，“美丽岛世代”、“律师世代”影响力更加式微。

**（四）两岸政策开始向“中华民国宪政体制”靠拢，但并未改变“台独”本质。**

“九合一”选举大胜客观上大大减轻了民进党在 2016 年“大选”前对两岸政策进行实质调整的压力，但由于“九合一”选举是岛内民众要“教训马英九”、“惩罚国民党”的结果，并非是认同民进党的“台独”主张。因此，为让岛内民众相信和放心其有能力处理两岸关系，以追求选票最大化，民进党一年来在两岸政策上的姿态渐趋积极，逐渐向“中华民国宪政体制”靠拢的态势明显。一是上半年仍维持了“模糊回避”策略。上半年由于离选举间隔较久，为避免过早亮出底牌，蔡英文及民进党仍延续了之前淡化和回避两岸政策的策略，并提出了内容模糊空洞的所谓“三个有利”、“三个坚持”和“维持现状”的论述，并反复声称以此作为其处理两岸关系的原则。二是进一步接受“中华民国体制”。经过党内较长时期的内部讨论，蔡英文在 6 月访美期间首次正式提出了“遵循中华民国现行宪政体制”的新论述，开始明确“台湾共识”要与“中华民国宪政体制”相联结的政策调整方向，企图兼具维持“台湾主体性”与保留模糊一中的想象空间。三是虽不承认但不再公开反对“九二共识”。年内，蔡英文虽仍未承认“九二共识”，但摒弃了2012年“大选”前公开反对的做法，转而先后采取了回避、以“三个有利”和“三个坚持”模糊回应，以及在“总统”候选人辩论中提出“承认九二会谈历史事实”、“九二共识也是选项”等论述的方式，意图在不承认“九二共识”核心内涵的情况逐步找到替代方案。

值得注意的是，民进党在蔡英文主导下的两岸政策虽不同于陈水扁时期推行的“激进台独”路线，但并未改变其“台独”核心理念。其所提出的“现行宪政体制”只是“代表台澎金马2300万人民的第二共和”，[②]是要推行以“中华民国是台湾”为核心的“柔性台独”路线，企图谋求“和而求独”。

## 四、第三势力纷纷抢进争夺发展空间

### （一）第三势力迎来难得发展机遇

近年来，受诸多因素的综合作用，国民党与民进党两大党以外的第三势力迎来了极为有利的发展机遇期。一是岛内民众厌倦了蓝绿恶斗的政治生态。自2000年首次政党轮替以来，国、民两大党为了在选举中赢得执政权无所不用其极，不断操弄“统独对立”、“族群矛盾”、“阶级对抗”及“世代分歧”等议题，使得台湾社会的冲突与裂痕难以弥合，引发越来越多民众的不满。据指标民调2015年追踪民调显示，台湾民众全年的政党立场倾向，国民党仅在 16% —22% 之间，民进党也仅有 25% —30% ，倾向中立的则超过 34. 1% ，显示仍有相当多民众对两党不满或不信任。[3]许多民众都渴望能有形象清新、没有历史包袱的第三势力出现，这为第三势力的发展提供了坚实的民意基础。二是全球性“公民运动”为台湾第三势力的发展营造了有利的社会氛围。随着全球左派政治意识抬头，“公民意识觉醒运动”也深刻影响了台湾社会的发展轨迹，使岛内近年来兴起了新一轮的社会运动风潮。“洪仲丘事件”、“太阳花学运”、“反核四运动”、“反课纲运动”等社会运动风潮云涌，不断增大了第三势力的社会影响力，为其进一步的生存与发展累积了重要力量。三是台湾选举配套制度的修改为第三势力发展降低了制度门槛。总体看，台湾“总统”、“区域立委”、地方县市长等重要选举，仍属于“单一选区选举”，仍有利于国、民两大政党。但在配套制度层面，2014 年底“立法院”通过“政治献金法”第 19 条修正案，将政党政治献金抵税门槛从 2% 得票率下调至 1% ；2015 年 1 月“立法院”更通过“公职人员选举罢免法”第 43 条修正案，将政党补助款门槛下调至 3. 5% 。这些都为第三势力提供了更多的生存与发展空间。四是移动新媒体的普及大大降低了第三势力的社会动员成本。缺乏基层组织系统与大量资金的支持，一直是第三势力无法与国、民两党竞争的最大短板。但随着 FACEBOOK、LINE、微信等移动新媒体在岛内的大量普及并逐渐成为民众特别是青年人获取信息与相互沟通的主要方式，岛内社会运动与选举的动员方式逐渐由传统的依靠组织系统与大资金投入的媒体宣传，转向移动新媒体领域的创新运用与激烈争夺，为第三势力缩小与两大党在组织动员上的差距创造了条件。

(二)第三势力小党纷纷乘势而起,动作频频

在2014年底"九合一"选举诸多政治素人赢得县市议员选举特别是柯文哲当选台北市长的刺激下,2015年台湾第三势力争夺政治资源的气势与信心进一步膨胀。一是新兴的第三势力小党纷纷成立。不仅有源自绿营的时代力量、社会民主党、树党等,也有来自蓝营的民国党、军公教联盟等。其中最具影响力的当属"时代力量"与民国党。"时代力量"主要源自2014年"太阳花学运"的班底,成立之初即受到绿营支持者以及青年人的青睐,在第三势力各小党中一直独占鳌头。民国党起家于新竹县,党主席徐欣莹原为国民党籍新竹县"立委",后为扩大该党在全台的社会影响力,选择出任亲民党主席宋楚瑜参选2016年"大选"的副手。二是老牌第三势力小党积极布局。在国民党整体实力持续下滑、诸多领域出现权力真空的背景下,亲民党、新党、"台联党"、无党团结联盟等原有的第三势力小党纷纷积极抢进,都分别提出了自己的区域与不分区"立委"参选人,亲民党更是众多小党中唯一推出人选参选"总统"的政党。三是第三势力各小党加大联合与合作力度。除了亲民党与民国党共同推举"宋莹配"参选"总统"选举,绿党与社会民主党组成了"绿社盟"共同提名"立委"候选人,"台联党"也与时代力量在数个选区相互整合。

(三)未来发展仍面临诸多变数

虽然当前台湾第三势力声势高涨,但基于其自身及岛内政治环境的结构性问题,未来发展前景仍存在变数。从外部环境看,第三势力尚无力突破台湾蓝绿二元政治结构。虽然当前台

面上的第三势力各政党及政治团体都打着“超越蓝绿”的旗号，在社会运动中也可以某项议题不分蓝绿地动员民众参与，但一旦涉及体制内的权力与利益争夺，目前的第三势力各政党及政治团体都不可避免地披上蓝绿色彩。比如最具影响力的时代力量与民国党，其选民基础仍主要分别来自于深绿民众与国民党传统支持者。从自身内部看，第三势力仍无法摆脱内部成分复杂、矛盾重重的困境。当前台湾的第三势力仍是一个松散的群体概念，内部山头林立，各有主张，谁也不服谁，整合困难极大。即使同属蓝营或同属绿营的政党组织也存在较大矛盾。2015年11月10日，“时代力量”不顾同样来自绿营的绿社盟的反对，坚持吸纳台北市“立委”参选人林少驰入党，与同选区的绿社盟参选人陈尚志竞争，打破了当时“第三势力各党不在同选区相互竞争提名的默契”[④]。

## 五、台湾社会解构主义思潮继续蔓延，但担心未来两岸关系生变的民意增多

### （一）岛内解构主义社会思潮泛滥

一年来，随着台湾“左翼社会思潮”与民粹主义的蔓延，岛内社会传统的秩序与结构正逐渐被解构。对内，主要表现为政治层面强烈地反对现行体制、反对官方、反对传统蓝绿二元政治结构；经济层面“轻发展重分配”，带有强烈的“反商仇富”心态，更强调“环保”、“福利”、“共享”、“公平”甚至“平均主义”；社会层面具有严重的“阶级对立”、“世代矛盾”等心态，社会对抗情绪浓厚，等等。

对外，主要表现为“恐中拒统”心态进一步显现。在“台湾主体意识”急速膨胀以及“台独”势力恶意抹黑下，一年来台湾民众对两岸关系发展的质疑、敌视等负面情绪更加突显，比如台湾民众反对通过新《国家安全法》、批评连战出席“九三阅兵”活动，尤其是青年学生不惜采用激进方式发起“反课纲微调运动”等事件，均显示出台湾民众强烈的“恐中拒统”心态。

**（二）担心两岸关系生变的民意升高**

由于不承认“九二共识”的民进党极可能赢得 2016 年“大选”，“台独”重新执政风险大增，台湾部分民众对未来两岸关系发展的担心逐渐显现。据台湾竞争力论坛在“大选”前的民调显示，若民进党重新执政后坚持不接受“九二共识”，有 28. 8% 的人认为两岸关系将倒退，21. 3% 认为两岸关系会停滞，合计有 50. 1% 的人担心两岸关系生变。[5]台湾指标民调也显示，65. 7% 的台湾民众认为，若民进党赢得“大选”，选后有必要与大陆进行政治谈判。[6]

## 六、2016 年台湾政局将产生结构性翻转

2016 年“总统”与“立委”两项选举国民党双输，民进党拿下执政权，且成为“立法院”第一大党并赢得过半席次。蔡英文成为“台湾第一位女总统”，并将同时掌控行政与立法权，真正实现全面执政，台湾政坛将进入“蔡英文时代”。民进党有可能进一步加快世代交替与权力重组，若处理得到有可能步入新的上升期；并有可能推出更有欺骗性和迷惑性的新两岸政策论述，为尽快稳固执政权。国民党继 2014 年“九合一”惨败后再次遭

受重挫,整体实力大幅下滑。党内围绕败选责任、权力重组、政治路线等问题的矛盾将更加激烈,短期内更难以累积东山再起的信心与实力。亲民党、时代力量、柯文哲等“第三势力”可能在台湾政坛中扮演更为重要的角色。民进党重新执政,台湾社会“去中国化”甚至“去中华民族化”的进程可能加快,民粹化程度可能加深,岛内民众认同混乱、民粹横行的局面将更难改观,“恐中拒统”民意氛围将持续增强。

**注释:**

① 《台湾民心动态调查、2016 选前封关民调》,台湾指标民调 2015 年 12 月 31 日,http://www.tisr.com.tw/?p=6266#more-6266。

② 《黄嘉树:蔡英文的“维持现状”是偷换概念》,环球网 2015 年 8 月 5 日,http://taiwan.huanqiu.com/article/2015-08/7194595.html。

③ 《截至 2015 年 12 月底,民众政党立场倾向追踪分析》,台湾指标民调 2016 年 1 月 5 日,http://www.tisr.com.tw/wp-content/uploads/2016/01/TISR_PID_Tracking_201601.pdf。

④ 《绿社盟轰时代力量破坏第三势力默契》,台湾《联合报》2015 年 11 月 10 日。

⑤ 《竞争力论坛民调:5 成担心绿执政两岸生变》,中国评论新闻网 2015 年 9 月 23 日,http://www.zhgpl.com/doc/1039/4/1/6/103941689.html?coluid=93&kindid=15870&docid=103941689&mdate=0923181847。

⑥ 《台湾民心动态调查、大选与两岸关系》,台湾指标民调 2015 年 7 月 30 日,http://www.tisr.com.tw/?p=5632#more-5632。

# A Review of the Political Situation in Taiwan in 2015

By Wang Zhiguo

**Abstract**: In 2015, Taiwan's political parties had fierce competition over the "presidential and legislative elections". The political situation featuring the KMT on the defensive and the DPP on the offensive continued. It is difficult for the KMT to reverse its decline, while the DPP maintained its momentum of expansion. As a result, cross – Strait relations will witness slow adjustments.

# 2015 年国民党综述

金　奕

**摘　要**:2015 年是国民党拼“总统、立委”选举的关键年。在大环境不利的情况下,国民党军心涣散,党的改革无法满足民众期待,党内高层矛盾难解,派系内斗严重,让蓝营支持基础不断溃散。虽然“习马会”和“习朱会”在一定程度上提振了士气,但国民党自身错误不断,即使“柱下朱上”也无法提振选情,难以挽回败选的命运。

2015 年是台湾选举年,岛内政局围绕“总统、立委”“二合一选举”展开。在大环境不利的情况下,国民党上下弥漫着失败主义情绪,党的改革无法满足民众期待、“总统”候选人难产、党内矛盾引发出走潮,虽然“习马会”和“习朱会”在一定程度上提振了士气,但国民党自身错误不断,其支持度始终无法拉近与民进党的距离,注定了败选的命运。

# 一、国民党面临的大环境不利，台湾社会充斥着"换人做做看"气氛

1. 岛内民众对马当局八年执政高度不满，支持基础溃散。国民党重新执政后，虽然两岸关系和平发展，两岸经贸关系的密切缓解了台湾因全球经济不景气而面临的困难，但经济复苏有限，财政与分配恶化，债务大幅增加，赤字占 GDP 比率攀升，税收占 GDP 比重屡创新低。2015 年台湾经济增长率仅为 1.06%，居四小龙之末，出口同比下降 10.6%，[①]制造业持续衰退，占优势的面板业下降 9.0%。经济低迷，造成青年失业率上升、分配不公、贫富差距持续扩大、社会治安恶化等一系列社会问题，但马当局的改革政策无论在完善配套措施、争求各方意见方面，还是在政策出台时机点、遇到问题及时调整方面都存在严重问题，油电双涨、征收证所税等都引发社会强烈反弹。特别是针对军工教的年金改革等，大大伤害了传统蓝营支持者，甚至令其一部分脱离国民党，成立军工教党，使国民党当局的执政满意度一直在 10% 到 20% 之间徘徊。在此情况下，国民党的支持基础严重削弱。2014 年底的"九合一"选举，国民党遭到前所未有的大挫败，选前执政 15 个县市，选后仅剩新北及其他 5 个县市。国民两党得票率出现重大逆转，民进党县市长选举得票率为 47.6%，国民党得票率仅 40.7%，[②]创下地方选举得票率新低。

2. 岛内意识形态八年来绿化明显，蓝绿基本盘逐渐发生逆转。受岛内长期"去中国化"影响，加之国民党执政后在教育领

域没有及时拨乱反正，导致岛内所谓“台湾主体意识”高涨，认同“台湾人”的比例从1992年的17.6%上升至当前的60.6%，认同中国人的比例则从1992年的22.5%下降至当前的3.5%。[③]特别是年轻世代思想观念已发生重要变化，他们只关心台湾，追求“小确幸”，“两岸一国”观念日趋模糊，30岁以下年轻人认同“两岸一国”的仅4%，认为“两岸不是一个国家”的高达74%，成为所谓“天然独”的一代。[④]“台湾优先”、“台湾价值”、“台湾精神”、“台湾路线”等观念不断蔓延，“中华民国（或台湾）是一个主权国家”、“台湾前途由2300万台湾人民决定”等民进党主张的意识形态得到越来越多人认同。因此，国民党的两岸政策主张在台湾民众“被统一”的集体焦虑下，其支持者越来越少，蓝绿基本盘此消彼长，国民党对民进党不再拥有所谓优势。

3. 国民党失去话语权，新媒体几乎完全被绿营掌控。由于国民党执政后搞所谓政党退出媒体，导致新闻媒体迅速被绿营占领，一些原来亲蓝或中立的媒体绿化严重，电视评论和报刊充斥着批评国民党的言论和内容，甚至有相当一部分是造谣中伤，但越是谩骂国民党越有收视率，国民党诸多政绩也被淹没在骂声中。一场“九合一选举”让外界见识到新媒体的巨大力量，特别是国民党不擅长对新媒体的经营，早在2014年8月，民进党就通过“Google好问”平台让网友提问，只要提问议题的联署数达到一定数量，就由党部主管或党主席回答问题，只要联署超过一万人便可成为议案，排入民进党中常会。国民党“政策会粉丝专页”1月31日在Facebook上线，该专页运行不到24小时就被网友检举“散布不实言论”遭停权。因此年轻人喜爱的新媒体完全是绿营的天下。在极不友善的媒体环境中，国民党任何良好举措都会遭到歪曲和质疑，而任何问题和失误都会被无限放大，形成动辄得咎的被动局面。

2015 年台湾选出的年度汉字是“换”字，充分体现了民众期盼“换人做做看”的心情。但是国民党并有认识到问题的严重性，不但没有锐意改革，自身问题反而层出不穷。

## 二、朱立伦推动党内改革效果不彰

2014 年底的“九合一选举”国民党大败，马英九引咎辞去国民党主席一职，国民党进行党主补选。新北市长朱立伦作为党内最具民意基础，及最有威望的政治明星，主动站出来承担带领国民党逆转胜的使命，受到党内外的一致肯定。1 月 17 日，朱立伦以 19.6 万票、99.61% 的得票率当选国民党新任党主席，⑤创下国民党主席开放直选以来的最高得票率，可谓众望所归。朱当选后既推出一系列改革措施，希望扭转国民党所面临的不利形势。

1. 进行人事调整。朱立伦提名郝龙斌与嘉义市前市长黄敏惠为专任副主席，“行政院秘书长”、前新北市副市长李四川任国民党秘书长，“立委”黄昭顺和卢秀燕，以及新北市党部前主委江政彦 3 人任副秘书长。国民党“立委”赖士葆接任国民党政策会执行长，组发会主委苏俊宾留任，文传会主委由林奕华接任。这波人事调整，着重在四方面下功夫：一是注重任用“行政”和“立法系统”人士担任党务要职，加强党与“府、院”间的协调合作；二是兼顾各方利益，增进党的团结和谐；三是注意任用有民意基础的人士，提升国民党的民意基础；四是全面大换血，促进党的世代交替。同时，进行了人事大裁减，取消了荣誉主席、副主席职位，副主席由原先的六、七位之多减至仅两位专任，重组后的智库人事“至少砍一半”。

2. 进行党务改革。一是停止了马英九时期每周二举行的中山会报，党的决策权力回归中常会，有助于提升、发挥党的作用，但接受马英九邀请，每周一进入“总统府”参加“党政会报”。二是不再聘马任荣誉党主席。朱立伦称，所谓“荣誉”只是一个尊称，加上党章并没有明文规定荣誉主席的职务或职衔，因此回归党章制度，尊称马为“前主席”，但并没有明确取消连战、吴伯雄的荣誉主席，可谓与马进行切割。三是着手处理党产问题。针对一直为社会诟病的党产问题，朱在首度主持的中常会上表示，将请律师王如玄、“立委”廖正井邀集公正人士，尽速重新检视党产及财务状况。四是重组智库。为强化智库功能，朱立伦规定智库董事长由党主席亲自兼任；智库定位是党的智库，要对党的理念、方向和关注的公共议题建构理论基础并进行论述，亦能培养党内论述和选举的优秀人才，尤其应掌握时代脉动，如对新兴科技和新兴选民之因应提出预测和规划，更应与时代脉动结合、回归制度化。

3. 解决党内争议。国民党内最大的争议是马王之争，造成拥马派与拥王派高度对立。为缓和党内矛盾，国民党考纪会决定不重新处理王金平党籍案，不再向法院提出诉讼，“立法院长”王金平“党籍上诉案”将自动取消。党务人士指出，由于国民党主席易位，原提上诉的前主席马英九与律师团相应解除委任关系；若朱立伦不重新委任律师，王金平“党籍上诉案”将遭法院驳回。这将被认为是王金平案“落幕”，是党内认为最好的解套方式，一方面兼顾马王立场，维系考纪制度，符合朱“尊马挺王”的基调，避免马王之争继续扩大；另一方面也借此“立威”，建立未来中常会决策模式，巩固领导地位。

4. 对“立委”提名进行改革。过去，国民党“立委”提名长期由地方党部主导，地方党部主持协调或初选后提报名单。党主席指派的“中央提名审查委员会”甚少表达异议，在多数情况下充当橡皮图章。朱立伦针对此次“立委”选举大幅调整提名规则，中央党部在收紧提名权同时更强调策略的运用。成立“立委辅选策略委员会”负责党内“立委”提名，任命副主席郝龙斌为召集人，成员包括副主席黄敏惠、党秘书长李四川、“总统府”秘书长曾永权、“行政院”秘书长简太郎、“立法院副院长”洪秀柱、中评会主席团主席廖了以，掌控“立委”实质提名权。这一改革一是注重团结，避免实力悬殊的党内竞争者进入初选做不必要厮杀影响团结；二是弹性选择策略，在艰困选区与泛蓝或人民团体合作，争取利益最大化。

5. 改革并未给国民党带来重大改变。比如，朱立伦虽然希望强化党的领导，其人事调整意在保证党与“行政”、“立法”之间的协调联系，但由于朱立伦是国民党史上“最弱党主席”，无论威望、资源、人脉都较为欠缺，无力掌控党籍“立委”，也无法影响马当局决策，朱提出的政策建议，如：修改“公司法”等并未获得马当局支持，最后只能沦为党内重大事件的“裁判”角色。再如，8月26日，国民党行管会主委林佑贤在中常会上报告党产处理状况，在合法党产的第二阶段处理目标中，将重新评估现有办公厅舍是否留存；对于闲置房地，除了未来将出售一部分外，还会优先偿还中投公司负债，其余的将适时捐出给“中华民国”、地方政府或出借给公益团体。这一结果并不符合民众的期待，国民党党产的处理仍未做到透明化和公开化。另外，朱所提的培养和提拔青年世代也只具形式，在“立委”提名过程中仍首要考虑平衡派系利益，更缺乏长期培养计划。

因此，朱立伦的改革虽在初期赢得一些喝彩，在 2 月 7 日的台湾第 8 届“立委”补选中，国民党拿下 5 席中的 2 席维持平盘，但是由于受主客观条件限制，朱的改革在落实上不尽如人意，也没能改变国民党的形象，逐渐令支持者失望。

## 三、上演“换柱”戏码，国民党上下怯战难与绿营相抗

由于国民党对 2016 年“二合一选举”普遍没有信心，有实力参选“总统”和“立委”选举的“A 咖”纷纷避战，使党内弥漫失败主义情绪，为败选埋下伏笔。

1. 党内“A 咖”怯战激洪秀柱“抛砖引玉”。在参选“总统”问题上，由于胜算不大，所以党主席朱立伦、“立法院长”王金平和“副总统”吴敦义等实力派人物均不愿放手一搏主动参选，而是希望通过党中央征召为自己解套，将个人损失降至最低。朱立伦不主动表态的原因是，自己已经宣称要“做满”新北市长任期，并且带职参选将受到质疑，征召可解决自己的政治诚信问题；王金平担心马英九和深蓝支持者对自己的反弹，征召可通过党中央摆平深蓝，也可在败选后继续保有不分区“立委”身份；吴敦义在民调和资金上都十分欠缺，征召可解决参选的合法性

及竞选经费问题。对此，党内不断呼吁“大咖”承担责任，据传国民党64席“立委”中有将近40位签名要求征召朱参选，“立法院副院长”洪秀柱称，“逼急了我会率先跳出来参选”。4月3日，洪宣布投入国民党“总统”初选，外界解读为“抛砖引玉”，给予其有勇气、敢承担的积极评价。5月16日，国民党“总统”初选领表连署截止，完成登记的只有“立法院副院长”洪秀柱和前“行政院卫生署长”杨志良。由于杨志良连署份数不够失去竞选资格，因此洪秀柱成为唯一参选人，但国民党仍想通过征召解决参选人问题，规定洪的民调必须高于30%才可获得国民党提名，被外界称为“防砖条款”。6月14日，洪秀柱以过46.2%的平均支持率，突破30%的“防砖”门槛。⑥

2. 洪秀柱饱受党内外批评遭“换柱”。7月19日，国民党召开19次“全代会”第3次会议，正式确定洪秀柱为2016“大选”候选人。但洪在党内初选胜出后，一直饱受来自党内外的两面攻击。一方面党内挺朱和挺王势力不满洪弄假成真，要拉洪下马，特别是洪发表“一中同表”的两岸政策说帖后，一些人大肆批判洪秀柱破坏党的政策路线，会使国民党“新党化”；一些“立委”参选人也以此为借口退选或退党。另一方面，民进党攻击“一中同表”就是“一国两制”，是国民党逐渐往统一光谱移动，并抹黑洪“掌掴学生”，攻击洪秀柱父亲是“抓耙子”（内奸），指责洪“学历造假”等。在内外夹击下，洪秀柱的支持度由开始的40%下降到15%左右，党内换柱呼声四起。10月7日，国民党召开中常会，朱立伦直指洪秀柱的两岸政策与国民党长期以来的主张有落差，也与台湾主流民意有所偏离，中常会无异议通过28位中常委要求召开临时全代会讨论如何“凝聚团结”

的提案，10 月 17 日，国民党举行临时全党代表大会，全部 1607 名党代表中有 981 人出席，其中 812 名党代表举手赞成废止洪秀柱的提名资格，正式征召国民党主席朱立伦为新的 2016 年“大选”参选人。

3. 朱立伦接棒难止跌势。从国民党临全会看，近 40% 的党代表以缺席表达对“换柱”的不满，国民党此举虽稳住了部分“本土派”，却招致深蓝支持者的强烈反弹，朱立伦参选后民调虽小幅上扬，但始终落后蔡英文 10 个百分点以上。之后发生的一系事件使国民党形象进一步受到损伤。一是为获得地方派系支持，国民党再次为王金平修改“不分区立委提名办法”，将 2011 年修订的“王金平条款”，即“‘不分区立委’有特殊贡献、党有需求且任‘立法院长’者，得提名连任二届”，改为“‘不分区立委’且任‘立法院长’，连任届数不受限制”，为王金平续任国民党“不分区立委”解套。二是为平衡派系利益，国民党“不分区立委”安全提名名单的政界人物，年龄偏大，老人居多，南部居多。王金平列为安全名单第 1 名，虽然成就了王金平的个人政治利益，却影响到选民观感和国民党未来革新与发展。“不分区立委”提名本来是国民党一次凝聚政党力量、加强人才储备与培养，争取社会支持的难得好机会，然而不但党内抗议声不断，外界也批评国民党的名单与民进党相差甚远，无法争取到中间选民。三是朱立伦副手王如玄陷入倒卖军宅获利案，虽然王捐出买卖所得，但对选举仍造成伤害。因此，朱立伦的支持度始终徘徊在 20% 左右，与蔡英文有近 20 个百分点的差距。⑦

## 四、党内矛盾丛生，国民党现出走潮

虽然国民党危机重重，但是党政高层并未因此警醒，党内矛盾始终无法解决，难以形成团结向上的气势。在大环境不利、选情堪忧的情况下，一些人纷纷跳离国民党这艘危船。

1. 马、王、朱互不信任，“府、院、党”各自为政。虽然国民党拥有“行政”、“立法”优势，但分领“府、院、党”的三巨头互不配合。首先是马王之争，国民党停止对王金平“撤消党籍案”的上诉后，马英九和王金平并未借此契机缓和关系，挺王派和挺马派的对立依然严重，党籍“立委”数度宣示“要走自己的路”，“行政院”原本列为重大法案的“两岸服贸协议”、“两岸协议监督条例”及“自由经济示范区特别条例”等案，国民党“立法院党团”决定不优先审理；而马也成为王不敢表态参选“总统”的最大阻力，“行政”与“立法”部门之间对抗一直没有得到缓解。其次是马朱矛盾，马英九对停止起诉王金平反应强烈，痛批是“乡愿、和稀泥”，对朱立伦的决定表示失望，还取消了二人原定共同出席的活动，朱立伦也未出席在“总统府”举行的党政会报，朱与马切割的做法，导致在国民党拼选举过程中，“行政院”没有投入多少行政资源。再次是朱王裂痕，朱立伦虽然公开表示不承接王金平党籍案，却不愿主动到法院撤告，令挺王“立委”抱怨不断。而王金平更消极证实，朱任党主席后双方只通过一次电话；在“不分区立委”问题上，党中央开始未将王列在第一名，王金平便以“没有名分去辅选”为名停止辅选活动，国民党中央对“立法院”系统的影响力有限，无法推动党的政策。在此情况下，党内拥马、拥朱、拥王派相互掣肘，虽占有执政优势，却难以形成合力。

2. 党在危机关头船员纷纷弃船。国民党选情艰困，一些人眼见当选无望便选择放弃或跳船。一是退选。虽然现任“立委”选区通常被视为优势选区，党内有意角逐者众多，但此次共有多达 7 名现任“立委”未提交参选意愿书，包括蔡正元、林鸿池、谢国梁、徐志荣、张嘉郡、翁重钧及杨应雄，其中多人是老牌“立委”。已被征召角逐彰化县第 3 选区“立委”连任的郑汝芬，7 月 1 日又退出国民党的征召与提名。二是退党。1 月 27 日，国民党“立委”、中常委徐欣莹宣布退出国民党。3 月 18 日民国党成立，徐欣莹担任第一届党主席，声称会推出 10 席以上“区域立委”参选人。6 月 29 日，前党籍“立委”张硕文发表退党声明，代表亲民党到新北市三重选区参选“立委”。30 日，“立委”张嘉郡表示，自己因被国民党拖累和不满洪秀柱的两岸政策，将思考退党问题。

3. 少数党籍“名嘴”炮轰国民党遭开除。在国民党深陷危机时刻，一些党籍民名嘴为上节目赚收视率，攻击国民党不输绿营。1 月 29 日，资深媒体人周玉蔻因指控马英九收受顶新集团 2 亿元新台币政治献金遭国民党开除党籍处分；7 月 15 日，国民党考纪会因党籍“立委”纪国栋、前“立委”张硕文、前台北市议员杨实秋、现任市议员李庆元、中央委员李柏融屡次在政论节目攻讦国民党，开除 5 人党籍。

国民党内矛盾重重，人心浮动，极大削弱了党的战斗力，也让支持者越来越丧失信心。

## 五、坚持“九二共识”的两岸政策主张，“习朱会”成为最大亮点

2015年“两项选举”过程中，国民党的两岸政策遭到民进党全面歪曲和抹红，如污蔑“九二共识”就是“一国两制”，攻击大陆“让利”只图利大财团，指责马当局“亲中”使台湾“主权”受到威胁，导致“两岸牌”在选举中的作用大减。但是，国民党坚信两岸政策是其强项，坚持“九二共识”的立场毫不动摇。

1. 国民党坚守“九二共识”及两岸和平发展的立场。朱立伦当选国民党主席后，习近平总书记第一时间向朱发出贺电，朱也回电致谢称，“过去6年多来，国、共两党在‘九二共识’的基础上，积极推动各层面的交流合作，已为两岸和平发展开创历史新局，建立了良性互动模式，积累互信基础”，期盼两党“继续扩大交流，创造互利双赢，促进两岸永续和平与繁荣”，[⑧]表明国民党新任党主席在两岸政策上坚持“马规朱随”。7月19日，国民党召开19次“全代会”第3次会议，将“胡连五项愿景”和“九二共识”列入党纲，表示将坚守“中华民国宪法”，并在“九二共识”的基础上，推动两岸和平发展的大陆政策。国民党强化“胡连五项愿景”及“九二共识”，有助于同民进党的两岸政策做区隔，也有助于巩固两岸关系和平发展的大方向。

虽然洪秀柱在党内初选时提出更为积极的两岸论述，即“一中同表”和签署“两岸和平协议”，党内出现路线差异，引发党内外反弹。7月11日，洪秀柱回归国民党政纲，表示将巩固深化“九二共识”，共创台湾未来稳定和平环境，国民党的两岸

政策重新得到统一。

2. “习朱会”产生积极影响。5 月 4 日，率团参加第 10 届“两岸经贸文化论坛”的国民党主席朱立伦在北京人民大会堂与中共中央总书记习近平会面，这是朱立伦担任党主席以来首次访问大陆。“习朱会”是国共领导人睽违 6 年首次会晤，开启两党新一届领导人实质接触序幕。岛内舆论认为，会晤“加温”国共关系，再度强化国共互信。会面达成两岸关系巩固传承与深化发展两大目标，习、朱两人共同回顾胡锦涛、连战以来两党平台与承先启后作用。

3. 国共交流持续开展。4 月 25 日，国民党智库、国家政策研究基金会与中共中央台办所属海峡两岸关系研究中心共同举办“两岸关系和平及展回顾与展望、纪念两岸和平发展共同愿景 10 周年研讨会”。国民党副主席郝龙斌率党副秘书长卢秀燕、“立法委员”徐志荣等来大陆与会。郝龙斌表示，十年来两岸关系实现大发展，国共两党对后代子孙的重大责任就是维系两岸和平持续发展，使两岸发展达到双赢、互利与共赢的境界是今后国共两党共同努力的愿景。⑨8 月 30 日，国民党前主席连战赴京参加纪念抗战胜利 70 周年活动，并于 9 月 1 日与习近平总书记会面。除此之外，两岸还共同举办了一系列纪念抗战胜利的活动，说明国共两党在民族大义面前立场一致，互相信任、持续交流的基础牢固。

总体而言，国民党虽然刚经历 2014 年“九合一选举”大败，但仍未跌至谷底。2015 年国民党不但没有兴利除弊，锐意改革，反面内斗不断，与民意越来越远，种下了 2016 年两项选举的败因。

**注释:**

① 《经济日报》2016 年 1 月 8 日。

② 《自由时报》2015 年 10 月 6 日。

③ 《苹果日报》2015 年 3 月 10 日。

④ 《当前台湾民意现状分析》:《台湾周刊》2015 年第 32 期。

⑤ 《联合报》2015 年 1 月 18 日。

⑥ 《中央日报》2015 年 6 月 15 日。

⑦ 《各大民调显示“大选”态势依旧》:《台湾周刊》2015 年第 49 期。

⑧ 《联合早报》2015 年 1 月 18 日。

⑨ 《中国评论》2015 年 4 月 22 日。

# A Review of KMT in 2015

by Jin Yi

**Abstract**: The year 2015 is a crucial year for the KMT for securing "presidency" and "legislative seats". Under generally adverse circumstances, the KMT demoralized and disintegrated, could neither offer reform solutions which might satisfy the general public, nor could they solve conflicts among high-ranking party officials and sections, resulting in the gradual collapse of the Pan – Blue Coalition. Although the Xi – Ma Meeting and the Xi – Chu Meeting helped boost morale to a certain extent, the KMT through a series of errors and mistakes, could hardly escape its destiny of total failure in the campaign even with the replacement of Hung Hsiu-chu as "presidential candidate" by the KMT Chairman Eric Chu.

# 2015 年民进党情况述评

陈　星

**摘　要：**随着蔡英文地位的巩固，民进党的权力结构调整基本完成。2015 年民进党的活动主要围绕着 2016 年的选举展开，加强社会渗透和强化选举动员是其活动的核心内容。两岸论述方面民进党力图保持守势，以免冲击选情。不过随着民进党全面执政，如何处理两岸关系将成为该党的重大考验。

2015 年民进党的发展相对平稳。经过 2014 年"九合一"选举大胜以后，蔡英文在党内的地位更加稳固。由于派系整合已经完成，年轻世代纷纷向蔡英文靠拢，传统派系领袖已不能形成有力挑战，蔡英文顺理成章成为民进党 2016 年"总统"选举候选人。在 2016 年最高领导人选举动员过程中，民进党利用宋楚瑜和国民党的矛盾进一步裂解泛蓝，同时强化对青年群体和社会的渗透，这些因素累积起来，促成了民进党 2016 年初"二合一"选举的胜利，成功从国民党手中抢回了执政权。

## 蔡英文党内权威的加强与派系的弱化

经过几年整合,民进党的权力结构进入相对稳定期,蔡英文地位日渐巩固,党内已经没有派系和个人有意愿去挑战蔡的领导地位。2014 年发生的“太阳花学运”是民进党内权力结构调整的重要转折点,经过这次事件的冲击,以谢长廷和苏贞昌为代表的“律师世代”基本上退出了民进党权力运作的中心舞台,随后他们的派系也被蔡英文收编,传统派系的势力逐渐式微,而以蔡英文为首的新派系则逐步壮大。目前党内只有以蔡英文为中心的派系和“新潮流系”较有实力,“苏系”和“谢系”由于派系领袖手中缺乏政治资源而进一步萎缩,其派系成员也在政治洗牌中不断聚拢到蔡英文旗下。

蔡英文党内地位的加强导致了民进党内权力结构的调整,随着派系结构变化,民进党权力运作的派系色彩逐步淡化。蔡英文在进行民进党内结构调整的过程中,一直在极力淡化派系色彩。一方面蔡在党内并没有派系基础,而且党内传统派系给蔡英文制造过不少麻烦,蔡英文消解党内派系结构的过程与自身地位加强的过程相伴相随;另一方面蔡英文通过对选举的经营、对民进党的改造以及对民进党价值与论述的重构等方式建构起自己的党内权威,派系的存在对这种权威显然是一种潜在的威胁和挑战。在蔡英文政治权威无人能够挑战的情况下,党内派系的弱化与其权威的加强是一体两面的关系,对于蔡英文而言委实没有经营派系的需要。

权力结构的变化意味着民进党内资源分配结构发生了深刻

变化,传统上的“派系共治”资源分配模式严重弱化。在党内不分区“立委”提名问题上,蔡英文强调不考虑派系因素,而只是从专业角度去考量,提出了一份“最不民进党的名单”,在34位参选人当中,只有20位是现任的党员,甚至在名单最前面的8位参选人,只有1位是现任党员,2位是再入党,而有5位从来就没有加入过民进党。[①]这种提名结果最起码说明了一个问题,即蔡英文已经基本掌握了党内资源分配的主导权。不分区“立委”名单出炉后,苏贞昌等人并没有大动作反弹,从一个侧面说明蔡英文弱化派系的行为在党内已经得到了认可。当然,随着民进党上台执政,是否会以蔡英文为中心形成“侍从型”派系,是值得持续观察的问题。

随着蔡英文党内地位的加强,民进党内外大都认为围绕着蔡英文已经形成了新的派系。不过蔡英文对这种说法却相当不以为然,强调:“我是现任党主席,也是总统候选人,党里每个人都是英派!”[②]对于党内权力重组后外界解读“英系”渐成形的说法,蔡英文受访时回应称,“有点像在编故事”,[③]断然否认了所谓“英系”的存在。不过不可否认的是,围绕着蔡英文展开的资源分配一定会在某种程度上具有排他性,从这个意义上认为以蔡英文为中心形成了新的派系并没有什么不妥。这种资源分配的排他性特征也为未来民进党内的派系斗争埋下了伏笔,民进党执政后蔡英文与“新潮流系”之间的矛盾可能会上升,民进党的派系结构将会进一步调整。

蔡英文在巩固自身地位的过程中,尤其注意传统派系的反扑。自2014年“太阳花学运”以来,以苏贞昌、谢长廷为代表的传统派系势力进入了加速分化瓦解的过程,蔡英文通过世代交替的方式完成了派系重组，不过蔡对传统派系的死灰复燃却一直保持高度警惕。3 月份陈水扁的儿子陈致中恢复党籍后不久投入高雄第九选区"立委"选举，民进党中央迅速做出反应，发言人徐佳青爆料出陈水扁收建商几十亿的黑幕，并质问陈致中："你对台湾的贡献是什么？那你凭什么？"[④]同时其他派系也趁火打劫，"谢系"派出陈信瑜、"菊系"派出赖瑞隆参选，形成激烈的竞争局面。后来在各方压力下，陈致中不得不退出"立委"选举。整体来看蔡英文对这些传统派系领袖保持着高度尊重，然而对于他们东山再起的企图则给予坚决打压。

党内传统派系领袖对蔡英文的策略自然心知肚明，只不过形势比人强，对蔡英文的强势无可奈何而已。蔡英文完成党内"总统"初选登记当天，扁民间医疗小组成员郭正典也花新台币 100 元领表，给外界以"代表扁出马挑战蔡英文权威"的想象空间，在民进党内引起了强烈反弹。段宜康在脸书上说："要我忍住不骂人也可以，但我可忍不了多久。"扁子陈致中很快通过网络表达不认同的立场，声称郭正典领表一事他跟陈水扁事前完全不知情："我们也不能接受，不能赞成，不能认同，在这里清楚表达我们的立场。"[⑤]显然在蔡英文气势正盛的时候，党内传统派系领袖无人愿意背负"不顾大局"的指责撄其锋芒。在这种情况下，民进党内的权斗烈度逐渐减弱，9 月召开的党代会一改过去权力纷争的传统，会议正式开始 14 分钟后就宣布结束。[⑥]在蔡英文的强力统合下，民进党将几乎全部资源迅速投入了选举动员。

## 加强社会渗透

民进党政治版图不断扩大与其社会渗透的加强密不可分。在与国民党的长期斗争中，民进党逐步认识到型塑“民意”的重要性，故很早就开始了系统的话语建构并形成了以引导民意为核心的政治行为取向。民进党加强社会渗透的方式多种多样，大体上包括：通过话语建构形成有利于自己的舆论氛围；加强情感联结以争取民众在情感上的认同；策划并控制社会运动等。社会渗透的目标在于全面瓦解国民党的政治动员系统，逐步增加民众对民进党的认同感，并将这种认同感转化为对民进党的政治支持。

民进党在青年群体渗透方面着力尤深。在选举动员过程中，民进党青年部推动了“英派革新、青年斗阵”活动，招募“英派”青年，招募对象锁定在外地、都市工作的年轻人，“希望让他们认识家乡，提升选举关注度”。民进党青年部并规划“英派进乡团”活动，让年轻人到各地、故乡辅选，安排选区“立委”向年轻人介绍选区特色，让年轻人有机会到街头宣讲民进党或民进党“总统”参选人蔡英文已发表的既定政见。⑦民进党针对青年群体展开培训，内容包含组织行动、网络工具的运用技巧及模拟提案等。民进党青年部表示，一系列的培训课程结束后，将会安排学员就地辅选。⑧对民进党来说这次选举无疑成为培育青年梯队的重要场所，这也反映出民进党对青年群体工作的重视。从2016年初的选举结果来看，民进党的社会渗透对一百多万“首投族”产生了较大影响，他们的选票大部分流向了民进党，这是民进党能够以较大优势战胜国民党的重要原因。

民进党加强社会渗透的另一个重要方面是因应网络时代沟通渠道变化带来的挑战。台北市长柯文哲显然是利用网络进行政治动员的个中翘楚,“无论说什么都会成为新闻”。这种情形给民进党造成了非常大的压力,使其不得不调整与社会沟通的方式,加强沟通效率。蔡英文就任党主席后,不断宣示要“开放民进党”,“加强与社会的沟通”,共同形成公共政策。2014 年 8 月民进党透过“Google 好问”平台让网友提问,“只要提问议题的联署数达到一定数量,就由党部主管或党主席回答问题”。2015 年 2 月民进党内“总统”提名初选前后,蔡英文开启“Open DPP”计划,表示“只要一万人在网络联署,便可向中常会提案,让网民参与民进党决策。”[⑨]上述行为具有很强的态度展示意义,即要向台湾社会宣示“尊重民意”的姿态,增加民众认同感。

民进党社会渗透成功与否的关键在于能否营造出该党需要的社会氛围并得到民众的呼应,其核心在于通过一系列符号建构和社会氛围营造拉高政治人物的人气。当年的“小猪扑满”就是一个例子。在民进党的传统动员手法中,小额募款方式被长期沿用,并取得了一定效果。小额募款主要针对普通民众和中产阶级,目的在于通过这种方式加强价值诉求宣传并加强与捐款者的情感联结。据 2015 年 9 月 17 日蔡英文公布的募款进度,自 5 月 25 日至 8 月 31 日期间,蔡共募得 7566 万 4121 元。[⑩]绿营媒体甚至夸张地声称“蔡英文的万元募款餐券一出即销售一空”,[⑪]尽管实际情况可能会有出入,但民进党这种小额募款的动员方式确实给国民党造成了比较大的压力。

加强与所谓“第三势力”合作是民进党强化社会渗透的重

要方式。“太阳花学运”以来,“第三势力”和“公民力量”等成为台湾政坛上的热络词汇,也是民进党主要的合作对象。在这次“立委”选举中,蔡英文明确提出要与“第三势力”寻求合作空间,“民进党与很多希望参与立委选举的社会力量,都有可合作空间,只是要坐下来谈一谈寻找这些空间”。[12]不过这里所谓“第三势力”却并非传统意义上的“中道力量”,而是自2014年以来新崛起并与民进党具有密切关系的政治势力,其中以“时代力量”最为典型。“时代力量”与社民党系由“太阳花运动”后的公民组合演变而来,与民进党本来就有扯不断的关系,可以认为是民进党的外围组织。按照台湾媒体的说法,“太阳花学运”中的“第三势力”和民进党,原本就是“表”和“里”的关系。[13]这些所谓“第三势力”的诉求既不平和也不中道,不过是民进党进行社会渗透和政治动员的一个工具而已。

民进党的社会渗透是全方位的,从意识形态建构、舆论营造到选区服务,已经构成了一个比较立体的系统,其主要目标在于按照自己的需求培养社会潜意识,培植民众对民进党的亲近感,进而以此为中心全面瓦解国民党的支持基础。2016年选举民进党的胜利与这种社会渗透的成功有着密切关系。这次选举意味着传统的政治板块和蓝绿对立的政治结构均发生了根本性变化,其根源在于台湾民众政党认同的意识结构发生了剧烈变化。从这个意义上说,到底是民众政治行为取向规范了政党行为取向,还是政党塑造了民意的基本样态,是值得进一步深入探讨的问题。

## 选举策略与政治动员

民进党2015年的活动主要围绕着2016年初的“二合一”选举展开。在胜选的刺激下,民进党许多内部问题被掩盖起来,党内各个派系显示出空前的团结,[14]党内几乎所有资源都被整合到政治动员中来。自2014年底的“九合一”选举大胜之后,民进党的气势快速上涨,国民党的气势则迟迟无法有效提升。民进党的政治动员正是在此背景下展开,整体上来看民进党的选举策略与以前相比已经呈现出较大差异。这种情形的出现反映了“蔡氏政治风格”在民进党内已经占了上风,自2008年以来蔡英文对民进党政治文化改造的影响正逐步显现出来。

在选情看涨的情况下,民进党不再用传统的人身攻击进行政治动员。利用人格谋杀进行政治动员是民进党选举操作的一贯手法,以前每次选举中都或多或少存在,不过这次却基本上没有看到这种选举手段出现。当媒体传出国民党准候选人洪秀柱曾经罹患癌症时,民进党发言人郑运鹏表示“佩服洪秀柱的毅力,也祝福她平安健康”。同时蔡英文认为“选举不应该在个人健康上面做文章”,并要求所有团队成员在选举期间要谨守这样的基本原则。[15]民进党这种选举风格的转变与蔡英文一直以来对该党“理性选举”的要求有关,同时民进党自年初以来选举气势一直较高,也没有必要通过人格谋杀的方式激起对立以争取选票。

民进党在这次选举中刻意显示出“温和”与“中道”的政治立场,尽量与激进势力保持距离。由于胜选概率较高,民进党采取了相对温和的路线，尽量避免挑动蓝绿对立的议题。连战参加完大陆阅兵回到台湾时仅有“台联青年军”到场抗议，民进党并未派人参加，这种做法显然是要与“台独基本教义派”划清界限，并希望争取中间选民的支持。[16]不再挑动蓝绿矛盾的关键原因有两个，一是民进党经过长期的基层经营和社会渗透已经取得了对国民党的优势，事实上已经没有必要再用激烈对抗的方式进行政治动员；二是从历史上看这种激烈对抗的方式效果不好，引起的民间反弹也很大。民进党放弃这种动员方式既要显示自己的“理性”，同时也不想给选情不好的国民党炒作族群对立的机会。

与“第三势力”结盟是民进党选举策略中的重要一环。民进党既以“第三势力”控制了社会运动的基本方向，同时又甩掉了激进的包袱，这个包袱则被所谓“第三势力”捡了起来。在民进党的设计中，与“第三势力”的结盟要形成“分进合击”的效果，按照林义雄的说法就是要“整合在野势力让中国国民党在立法院不过半”。[17]而“第三势力”对自己的定位及利用价值也相当明白，2016 年的“二合一”选举伊始，“时代力量”就提出了“让国民党在国会不过半”的基本诉求。[18]民进党则投桃报李，“礼让”出十一个选区作为回报。与“第三势力”结盟对蔡英文而言是收益丰厚的生意，除了上面说到的好处外，未来执政后还可以此为平台收编社运力量，[19]既减少来自民间的掣肘，又可以加强蔡英文的党内权威。

岛内政策议题是民进党这次选举中主打的议题之一。2015 年 8 月蔡英文在桃园市给“后援会”授旗时提出了安心住宅计划、食品安全计划、社会安定计划、年金永续计划、治安维护计划等五大社会安定计划，作为竞选的主要诉求。[20]在整个竞选过程中，岛内政策方面的诉求是民进党着力最深的部分。一般而言两个主要政党在岛内政策诉求上的差异并不大，在以往的选举中很难产生区隔效果。民进党这次对岛内政策诉求的论述针对岛内对马英九“执政无能”的失望情绪进行设计。当然对于马英九的执政绩效到底如何评价是个仁智互见的问题，笔者认为“马英九执政能力很差”相当程度上来说是台湾岛内建构出来的话语，话语建构的参与者蓝绿皆有。这种政治话语影响了台湾的社会意识，进而影响了选民的投票取向，给民进党操作岛内政策议题提供了空间。

继续追打国民党的“党产”，全面破坏国民党形象是民进党选举策略的另一个重要面向。“党产”问题一直是国民党的包袱，这次选举中民进党依旧紧咬不放。绿营媒体《自由时报》称根据“内政部”公布 2014 年政党财务决算报告，国民党申报的“账面”资产总计 255.7 亿元，2014 年“财产信托管理收入”就有 10.2 亿多元，九年来靠着投资事业挹注党库的经费收入累计更高达 145.8 亿余元。民进党发言人郑运鹏说，“这样的党产只要存在一天，政党间就无法公平竞争，金权政治就无法根绝。”[21]在揪住“党产”议题不放的同时，民进党极力炒作国民党的“黑金”形象，蔡英文认为“黑金是国民党留在台湾最坏的政治文化”，“改革黑金是最重要的事，一定要做”。[22]在选举动员中蔡英文一直强调“国民党是全世界最有钱的政党，这次选举是国民党的政权保卫战，他们会把所有的党产投入这次选举。”[23]这种文宣持续不断加深了民众对国民党的负面观感，是国民党政治支持不断萎缩的重要原因。

民进党选举动员策略选择与该党长期对基层的经营与对社会的渗透是分不开的。民进党在一定程度上扩大了基层民众对该党的认同,同时又基本上掌握了岛内的话语权,压缩了国民党等政治势力的话语空间。上述二者相加,构成了民进党对国民党的优势,使这次选举成为没有悬念的竞争。这次选举之所以比较冷,原因即在于岛内均认为两个主要政党选情差距过大,民众参与热情下降。这种情形在台湾岛内政治中还是第一次出现,反映了岛内政治生态与政治心态已经发生了巨大变化。

## 两岸论述的模糊与清晰

在蔡英文的选举动员话语中,两岸关系其实处于非常边缘的地位,这是蔡英文有意为之的结果。由于蔡英文目前并没有能力解决两岸议题,同时党内对于两岸议题的分歧仍然存在,蔡英文选前也没有动力去碰触这个问题。因此蔡英文对两岸议题一直采取守势,具体而言表现为两个方面:一是冻结党内对两岸路线问题的争论;[24]二是对两岸论述采取模糊和回避的策略,以“维持两岸现状”应付外界的质问。蔡英文强调“说两岸政策重点是维持现状时,要强调的是维持台海和平与两岸稳定发展,将是民进党执政后的重要目标。”[25]按照蔡英文的基本思维,民进党首先要面对的是选举问题,这是民进党需要优先处理的问题,而两岸议题则需要在选举之后再处理。

故而在选举动员中民进党不与国民党在两岸议题上作过多纠缠。“习马会”举办前,朱立伦根据民进党的反对态度认为“民进党根本是逢中必反”,蔡英文听后“大笑以对”,不愿再作回应。[26]不过民进党一方面边缘化两岸议题，一方面却又在岛内强化对两岸议题的利用，即利用台湾民众的“反中（大陆）”心理，“把两岸关系扭曲成一个三角关系，将这个三角关系描绘成主张独立的绿营独力对抗主张统一的中国（大陆）和主张两岸和平共存的蓝营”。[27]这是民进党的一贯手法，即将国民党打成“中共同路人”并建构出二者同民进党和台湾民众的“敌我区隔”关系。这是民进党悲情战术在两岸场域的运用。

蔡英文的两岸论述具有“策略上模糊然而实质清晰”的特点，坚持“维持两岸现状”说辞的同时却又坚决不承认“九二共识”。“维持两岸现状”的实质在于将两岸议题搁置起来，“只谈维持现状，却不谈现状是什么，也不谈究竟要以什么手段去维持，”蔡英文话说了一半，“至于未说出口的那半句话，不同人可以自行猜测”。[28]蔡英文访美期间为了给美国人交待，抛出“在中华民国现行宪政体制下推动两岸关系”的论述，同样也没有更进一步的说明。不管外界如何质疑，蔡英文总是以“和平和民主”来回应。[29]但是对于“九二共识”与一个中国原则，蔡英文则极力回避。在“总统”候选人辩论中蔡英文声称“九二共识可以是选项之一”在党内引发质疑，后来蔡英文出来自我辩解称其所指为“1992 年所发生的会谈，大家有不同解读、不同名词，大家可以坐下来好好谈一谈”。“1992 年会谈体现出来最重要的精神，就是互相谅解、求同存异，让两岸关系可以继续往前走，‘这是当时最重要的结论、最重要的成果。’”[30]12 月底蔡英文与工商领袖会谈时称将以“沟通、不挑衅、不会有意外”三原则来维持两岸关系的稳定，声称主轴是“维持现状”，[31]但仍绝口不提“九二共识”。

蔡英文显然想通过这种方式寻求腾挪空间。除了不承认“九二共识”以外,蔡英文表示要对以前的两岸关系“概括承受”,甚至表态支持加强两岸交流。蔡英文9月份发表观光政策时表示,“民进党上台绝不会减少中国大陆观光客访台总量,但要妥善规画,要增加自由行、优质团与高端团,取代低价团,提升观光品质。”[32]这种说辞一方面在于要给台湾民众一个美好的愿景,另一方面一旦两岸关系出现波折,则准备把责任完全推给大陆。易言之,如果大陆一直坚持要民进党承认“九二共识”,蔡英文则会将“破坏现状”的帽子扣到大陆头上,而且已经准备好用这种说辞对岛内进行政治动员。从这个角度来看,蔡英文企图建构一种“防守反击型”的大陆论述,既要淡化和回避“九二共识”及一个中国原则,却又表态加强对两岸交流和合作的支持力度,同时以“保守”的态度营造悲情氛围,随时准备推脱破坏两岸现状的责任。

民进党此次选举胜利立基于基层支持的扩大,这就是民进党所谓的“民意支持”,蔡英文的两岸论述就是依据这种判断展开。民进党内普遍认为,只要民进党在选举中选得比较好,大陆就会做一定程度的让步。蔡英文甚至将青年群体的“天然独”作为其两岸政策的依据,提出“认同台湾、坚持独立自主的价值是年轻世代的天然养分”。这等于在向大陆宣示,追求“台独”已经成为民众的“自然追求”,根本不是哪一个政党刻意为之,如果大陆追求统一,就是“不尊重”台湾民众的选择。民进党挟民意与大陆进行对抗的意图相当明显。不过正如台湾媒体所指出的,所谓年轻世代的“天然独”,其实夹杂更多反抗意识、“本土意识”和绿营政治立场,但彼此现在指向同一个敌人——国民党。“一旦这个敌人被替换掉,天然独的指涉对象就由此泾渭分明,其内在逻辑的矛盾也将因而呈现出来,并在彼此对立之中被消解。”[33]不过从蔡英文在两岸议题上的行为取向来看,未来极有可能将这种反抗意识引向中国大陆,并竭力将中国大陆营造成敌人,然后利用悲情加强内部动员。

## 余　论

2015 年台湾政治生态发生了剧烈变化,这种变化已经通过 2016 年初的选举显示出来。民进党经过多年经营,成功在部分台湾民众中灌输了国民党两岸政策“图利财团”的观感,更通过基层经营不断瓦解国民党的动员系统。及至选举动员展开,民进党一方面借选举动员巩固了世代交替的结果,蔡英文同时也完成了对民进党的基本改造,蔡在党内的地位更加稳固。经过不断的政治洗牌,民进党已经累积起对国民党的较大优势,在很大程度上改变了台湾的政治生态,传统的蓝绿板块结构被打破,台湾的政党体制再次进入剧烈变迁期。民进党在整个动员过程中并没有处理两岸议题,蔡英文不过是通过拖延与回避的策略对两岸议题进行了“冷处理”,以看似四平八稳的“维持两岸现状”说辞作为两岸政策主轴,[34]实质上回避了对“九二共识”的表态。不过民进党上台执政后,毕竟要面对两岸关系,模糊与回避终究不是办法,民进党如何应对,值得持续关注。

**注释:**

① (台湾)“中央社”台北 2015 年 11 月 24 日电。

② （台湾）《中国时报》，2015 年 9 月 12 日。
③ （台湾）《联合报》，2015 年 7 月 21 日。
④ （台湾）今日新闻网 2015 年 3 月 9 日。
⑤ （台湾）“中央社”台北 2015 年 2 月 15 日电。
⑥ （台湾）《中国时报》，2015 年 9 月 20 日。
⑦ （台湾）“中央社”台北 2015 年 9 月 17 日电。
⑧ （台湾）《自由时报》，2015 年 4 月 12 日。
⑨ （台湾）《联合报》，2015 年 2 月 2 日。
⑩ （台湾）今日新闻网，2015 年 9 月 17 日。
⑪ （台湾）《自由时报》，2015 年 9 月 24 日。
⑫ （台湾）“中央社”台北 2015 年 2 月 28 日电。
⑬ （台湾）《联合报》，2015 年 5 月 29 日。
⑭ （台湾）《中国时报》，2015 年 9 月 20 日。
⑮ （台湾）“中央社”台北 2015 年 7 月 8 日电。
⑯ （香港）中评社台北 2015 年 9 月 8 日电。
⑰ （台湾）“中央社”台北 2015 年 5 月 22 日电。
⑱ （台湾）今日新闻网，2015 年 7 月 1 日。
⑲ （台湾）《联合报》，2015 年 11 月 22 日。
⑳ （台湾）《联合报》，2015 年 8 月 30 日。
㉑ （台湾）《自由时报》，2015 年 7 月 21 日。
㉒ （台湾）“中央社”台南 2015 年 8 月 20 日电。
㉓ （台湾）《联合报》，2015 年 10 月 24 日。
㉔ （台湾）“中央社”台北 2015 年 9 月 9 日电。
㉕ （台湾）“中央社”洛杉矶 2015 年 5 月 30 日电。
㉖ （台湾）《自由时报》，2015 年 11 月 4 日。
㉗ （台湾）《联合报》，2015 年 11 月 9 日。
㉘ （台湾）《联合报》，2015 年 4 月 12 日。

㉙ (台湾)《联合报》,2015 年 6 月 1 日。

㉚ (台湾)《中国时报》,2015 年 12 月 30 日。

㉛ (台湾)《联合报》,2015 年 12 月 25 日。

㉜ (台湾)"中央社"台北 2015 年 9 月 10 日电。

㉝ (台湾)《中国时报》,2015 年 12 月 26 日。

㉞ (台湾)《联合报》,2015 年 4 月 12 日。

# A Review of DPP in 2015

By Chen Xing

**Abstract**: With the consolidation of the status of Tsai Ing – Wen, the DPP's structural adjustment basically completed. Activities of the DPP in 2015 focused on strengthening social penetration and electoral mobilization and revolved mainly around the election which was held in 2016. With regards to the cross – Strait statements, the DPP remained on the defensive to avoid any negative impact on the election. However, with the DPP assuming power, how to deal with cross – Strait relations will become a major test for the party.

# 2015年台湾对外关系综述

童立群

**摘 要**:2015年台湾对外关系的关键词为“盘点”、“巩固”和“推介”。由于马英九的任期即将画上句号,2015年成为其盘点“外交”政绩、巩固“外交”成果、推介“外交”政策的收官之年。马英九本人及其对外关系团队在众多场合对八年来一些重大事件进行总结梳理,强调对外关系政绩突出。与此同时,马英九当局也引导舆论质疑在野的民进党:蔡英文在对外关系上刻意回避两岸关系,只是“开空头支票”等等。[①]民进党若上台,其政策将无法维持国民党当局八年来为台湾对外关系取得的良好局面。

## 一、与主要国家及地区关系

### (一)台美关系:选举牵动互动

本年度台美关系从“双橡园升旗”事件[②]拉开序幕。从初期被台湾视为“历史重大的一刻”,到最后因美方表示“持续对这起事件表示失望”而几乎演变成一场危机而草草收场。一年以来，台美关系因其与台湾 2016 年地区领导人选举的互动而受人瞩目。尽管美方多次澄清不偏好任何一组候选人，但毫无疑问，美国的一举一动，包括对候选人访美种种规格与礼遇，都令人联想或解读为美国对岛内选举的意图和倾向，至少在客观上有这种效果。国民党和民进党均希望得到美国的支持与认同。6 月民进党蔡英文前往美国进行了为期 12 天的访问，民进党吹嘘“访美十分成功”、“开了台湾‘总统’候选人的先例”，[③]国民党朱立伦也在决定参选后短短几天就筹划访美行程，他访美后国民党媒体以“访美成功”、“外部环境略胜一筹”形容此次出访。[④]蔡、朱访美规格、效果甚至种种细节都被拿来相互比较，由此也可以窥见台美关系互动的微妙之处。

值得注意的是，美方通过蔡英文访美提升了与民进党的互动层级与实质关系，对于蔡英文“维持现状”的两岸政策论述，美国并没有提出异议与批评，被外界解读为蔡英文访美“过关”。与此同时，国民党也遵循在两岸关系的重要敏感事件上“通报美国”的惯例，本年度两岸实现了举世瞩目的“习马会”，台湾当局也在消息正式公布前三天提前向美方通报和解释。[⑤]从这个角度讲，美国在重大事件上对台湾的影响力不可小觑。

台美关系在本年度受关注的重要进展主要包括：一是继续推进经贸互动，以第 9 届台美“贸易暨投资架构协议”（TIFA）会议为标志。2013 年 TIFA 复谈以来已连续举办 3 年，第 9 届会议于 10 月 1 日在台北召开，美方出席者包括贸易副代表何礼曼（Robert Holleyman）及国务院、商务部、农业部及“美国在台协会”等机构代表。双方对知识产权、药品及医疗器材、投资及技术性贸易障碍、农业等议题进行了互动讨论，该会议也是台湾当局向美方说明加入“跨太平洋伙伴协议”(TPP)的重要平台。二是政治上美国再度公开支持台湾参与国际组织。11 月 2 日美国众议院以 392 票赞成通过第 1853 号法案，支持台湾以观察员身份参与国际刑警组织(INTERPOL)。[6]相关法案的主要操盘者为美国联邦众议院外交委员会亚太小组主席邵建隆(Matt Salmon)等人。三是加强科技人文等其他方面合作。11 月 30 日至 12 月 4 日，美国国务卿科技顾问特瑞肯(Vaughan Turekian)访问台湾，出席双方最高层级的对话管道之一、台美第 1 届“数字经济论坛”。该论坛由美国负责经济和工商事务的助理国务卿查尔斯·瑞弗金(Charles Rivkin)6 月访台时倡议成立，作为 2012 年以来美国国务院访台的最高级别官员，瑞弗金访台受到高度重视，他在台期间台美签署了“全球合作暨训练架构备忘录”。

年末，美国再度为台湾当局送上军售“大礼”。12 月 16 日，美国政府正式通知国会，向台湾地区出售两艘佩里级护卫舰、标枪反坦克导弹、陶氏-2B 反坦克导弹、AAV-7 两栖突击车、毒刺防空导弹及其他装备，共 18.3 亿美元(约合 118 亿人民币)。此次军售是 2008 年马英九上任以来，美国第 4 次对台的大型军售，马英九任内累计军售总额超过 200 亿美元，台湾当局称此“彰显当前确为台美关系之最佳状态”。[7]八年来，台美双方还建立了多个互补性很强的安全对话管道机制、安全军事高层互访以及军事交流与培训合作等等。[8]台美军事交流在马英九任内动作更加频繁、合作程度更甚。4 月 12 日，两架美国 F-18 战斗机突然降落在台南军用机场，美方称“由于飞机发生机械故障而不得已要求降落”，台湾方面表示“出于人道考虑并且符合国际惯例才允许美国军用飞机降落”，但外界对真正原因仍有各种解读或揣测。

马英九表示：“经过 7 年多的密切沟通，当前不仅台美双方高层互信已经达到 30 多年来最佳状态，双方在各项领域的合作也越来越紧密。”[9]且不论“最佳”的描述是否合理，2008 年以来的台美关系确实一直平稳运行，当然其根源还在于两岸关系的和平发展。

**（二）台日关系：“特别伙伴关系”再确认**

马英九就任以来，把台湾与日本的关系定为“特别伙伴关系”，并不断确认和充实这一定位。首先，执行和深化以各项协议为基础的双方合作。台日在过去 40 多年来已经签署了 61 项协议，有 28 项协议是 2008 年马英九上任后签署的。[10]其中，台方尤其推崇 2013 年 4 月签署的“台日渔业协议”，两年多来，“台日渔业委员会”召开了 4 次会议，在渔汛期前相互协调渔业作业秩序。从效果来看，双方对目前的合作都较为满意。马英九赞扬该协议是“40 年来纠纷的唯一一次解决”。[11]11 月 25 日，“第 40 届台日经济贸易会议”在东京举行，双方签署“避免双重课税协定”、“竞争法适用备忘录”及“灾防交流合作备忘录”等 3 项文件，其中最为重要的台日租税协定最快将于 2016 年生效，生效后有望促进双方直接投资的增长。

其次，经贸交流方面，TPP 是台湾当局关切的重要议题，本年度日方公开表达支持台湾参加 TPP 的态度，但日方认为现阶段双方经贸协议谈判的主要障碍是台湾对日本农产品的进口限制问题。日方提出要台湾解除福岛、栃木、茨城、千叶及群马等核灾五县的食品进口禁令扩大农产品出口。萧万长在亚太经合组织(APEC)会议上与日本首相安倍晋三会谈,以及民进党主席蔡英文10月访日时均涉及了上述两项议题。

第三,愈发频繁的政治人物互访深化了双方关系。据台湾方面统计,本年度台湾赴日访问超过100多团、2000多人次,包括李登辉、萧万长、连战、吕秀莲及王金平及等多位“立法委员”、地方县市长等。7月李登辉访日期间再次提及“钓鱼岛属于日本”等媚日说法引起两岸舆论一片哗然。民进党候选人蔡英文于10月9日结束了为期四天的访日行程,从日方给予蔡的高规格接待和精心安排来看,日方对民进党上台抱有很大期待。本年度日本方面有约200多团、2000多人次,包括日本国会参、众议员64人以及19个地方正副知事访台。[12]包括4月日本前首相民主党野田佳彦与日本自民党“日台青年议联”会长岸信夫率领的访问团。此外,双方民间交流管道十分活跃,成为台日密切关系的纽带。

历史问题仍是国民党当局处理对日关系的关注点之一,马英九公开表示以“恩怨分明”的态度推动台日关系。本年度针对“安倍谈话”、[13]日本官员参拜靖国神社以慰安妇等问题,台湾当局均做出回应,希望日本政府“今后持续正视历史事实,并能深切反省”。[14]针对日本外务省2015年版“外交蓝皮书”和中学教科书中有关钓鱼岛是日本“固有领土”的不实表述,台湾当局提出“严正抗议”,并重申其一贯立场。

总体来看,马英九任内的台日关系已经摆脱了他上任之初的脆弱性和摇摆性,逐渐走向稳定和成熟。未来可能影响台日关系走向的关键在于包括2016年选举后的台湾政局,以及相应的两岸关系发展状况。

**（三）其他双边实质关系**

一是台欧关系各方面发展势头良好。首先，欧盟成为台湾第 4 大贸易伙伴，2011 至 2013 年双方贸易额超过 480 亿美元，占台湾对外贸易总额的 9%。此外，欧商是台湾最大投资（FDI）来源，累计投资金额超过 326 亿美元。协议方面，台湾当局已经与欧盟及欧洲各国签署近 50 项协议，合作项目涵盖科技、教育、知识产权、创新研发等各项领域。2 月台湾与波兰签署"通航协议"，4 月与斯洛伐克签署科技合作协议。目前在台湾与 13 个国家签署青年度假打工协议中，欧洲占 8 国。5 月 27 日，英国在台机构"英国贸易文化办事处"宣布更名为"英国在台办事处"。台湾方面称，更名是台英双边实质关系的"正面进展"，"新名称反映该处在台工作的实质内涵"。其次是欧盟和欧洲国家继续发表各类"友台"声明或文件，内容大致涉及三个方面：台海和平稳定、台湾"国际参与"问题以及台欧经济合作协议（ECA）等。"习马会"后，欧盟对外事务部发言人、外交暨安全政策高级代表发言人、欧洲议会"友台小组"主席及欧洲议会外交委员会主席等人均发表声明表示肯定和支持。10 月 14 日，欧盟执委会贸易执委马姆斯特罗姆（Cecilia Malmström）表示，将讨论开启欧盟与台湾投资谈判等。第三，"议会外交"仍是维系台欧关系和双方互动的重要平台。本年度除了双方议员固定的交流互访外，欧洲议会"友台小组"就台湾与菲律宾签署"渔业事务执法合作协议"发表肯定声明；11 月比利时众议院"台比关系决议案"，内容包括支持台欧展开经济合作协议（ECA）谈判、支持台湾参与"国际民航组织"（ICAO）及"联合国气候变化纲要公约”(UNFCCC)等。7月爱尔兰参议院通过决议,呼吁欧盟执委会与台湾洽签台欧盟双边投资协议(BIA)等。9月马英九应欧洲议会友台小组主席朗根(Werner Langen)邀请,与欧洲议会议员举行了视频会议。不难看出,近年来随着两岸关系和平发展局面的出现,台欧发展实质关系的迹象愈加明显,欧洲已做好和台湾当局长期保持非官方但更全面关系的准备。

二是与东南亚国家和地区关系取得部分改善。11月5日台湾当局与菲律宾签署“促进渔业事务执法合作协议”,并于11月19正式对外宣布。该协议为2013年5月“广大兴28号渔船”事件后,经过双方3次渔业正式会谈及多次非正式协商后的结果。协议重点内容是海上渔业执法,内容包括“避免使用暴力或不必要武力”、“建立紧急通报系统(一小时内)”及“建立迅速释放机制(三日内)”等。该协议虽然没有解决双方在12至24海里“毗邻区”(台湾称“邻接区”)作业的实质矛盾,但客观上可减少和避免类似“广大兴”事件重演,一定程度上保护台湾渔民不受菲武力威胁的权益。台湾“海巡署署长”王崇仪撰文指出:“1小时前通报机制为重要缓冲机制”,可使官方“实时前往护渔”。[15]协议签署后,国民党当局继续以“外交突破”形容此事,“外交部长”林永乐指出,协议是“南海和平倡议”最佳例证。菲律宾方面则将协议形容为“台菲关系的里程碑”。[16]

台湾当局在经济、文化、观光、青年等各层面积极拓展与东南亚各国的关系。12月台湾“财政部关务署”与韩国关税厅签署“优质企业计划(Authorized Economic Operator,AEO)相互承认协议”,该协议为台湾继与美国、新加坡及以色列签署后所签署的第 4 个同类协议;本年度,“台新经济伙伴协议”(ASTEP)生效届满 1 年。相关数据显示,该协议生效后逐步发挥了促进台新经贸投资的“双赢”效益;3 月 24 日,马英九以“私人致哀”名义前往新加坡吊唁新前总理李光耀。此外,本年度印度尼西亚政府将台湾纳入免签证名单,马来西亚将对台免签证由 15 天延长至 30 天。台湾将在印度尼西亚第二大城东爪哇省泗水(Surabaya)设立“驻泗水台北经济贸易办事处”,而 6 月 22 日缅甸首次在台湾设立“驻台北贸易办事处”,12 月 21 日起正式对外运作;在青年交流方面,台“外交部”每年选派“国际青年大使”赴东南亚交流。“台韩青年度假打工备忘录”宣布 2016 年 1 月 1 日相互扩增名额至每年 600 人;文化交流方面,8 月 26 日至 9 月 10 日,台湾“外交部”邀请“台湾特技团”担任“文化大使”赴越南、泰国、马来西亚、印度尼西亚等地巡回演出。10 月台湾继续举办“亚太文化日”,邀请 19 国亚太地区“驻台机构”参与,该活动系台湾“外交部”2012 年首度举办“亚洲文化节”基础上后扩大形成。凡此种种,被台湾当局称为“青年外交”及“文化外交”。

## 二、与“邦交国”关系:平静低调、维系平衡

本年度台湾当局的“邦交国”既没有发生重大的“断交”危机,也没有传出任何“利好”消息。首先,以互访维系正常“外交”关系。台湾“邦交国”各国元首、政要、议员甚至亲属每年均有数百左右人次访台,本年度来访的包括洪都拉斯总统等政要。7 月 11 日至 18 日马英九展开“久扬之旅”,出访多米尼加、海地

和尼加拉瓜,往返分别“过境”美国波士顿及洛杉矶。这是马英九任内第11次出访,也是首次在波士顿“过境”,美方为马英九提供适度礼遇和活动范围,包括安排马英九在哈佛进行不公开演讲等。马英九强调,这些年跟美方打交道始终保持“低调、零意外”,不会滥用过境机会大张旗鼓、敲锣打鼓。[17]此外,台湾“外交部部长”林永乐本年度也数次率团访问“邦交国”,包括2月访问布基纳法索,拜会其过渡总统兼外长卡方多(Michel Kafando),4月赴史瓦济兰、7月出访萨尔瓦多、危地马拉,出席国际联盟“民主社群”大会并发表演说等活动。

其次,“正当外交”力图确保对外援助有章可循、有据可查,但执行中面临挑战和困难。本年度台湾公开的经济援助包括为洪都拉斯水灾、危地马拉泥石流、图瓦卢风灾、多米尼加风灾进行援助等。马英九出访中宣布了对海地的粮食援助等项目,他同时强调不玩“支票外交”,更不会给现金。然而,“正当外交”并非十分顺利,习惯于索要的“邦交国”仍不时给台湾当局出难题。马英九访问尼加拉瓜时,其总统当面要求援建“猴角港”工程,该国还发生将台湾援建费用挪作他用等情况,各类突发状况造成“正当外交”效果大打折扣。

第三,继续启动和执行“医疗外交”等各项技术合作计划。“医疗外交”作为“活路外交”的重要内容,秉持“目的正当、过程合法、执行有效”三原则,内容包括向“邦交国”派遣行动医疗团、常驻医疗团赴“邦交国”执行医疗服务,既为当地民众看诊,也帮助培训其医护人员学习新医疗知识与技术,由于台湾医疗技术和机制相对成熟和发达,“医疗外交”较为受援地区肯定。此外,农业等技术培训也是台湾与“邦交国”技术合作的重要内容,本年度台湾当局启动的计划包括与洪都拉斯的"酪梨健康种苗繁殖计划"、尼加拉瓜"稻种研究发展与生产推广计划"、危地马拉"农企业营运辅导功能提升合作计划"等。人才培训和人文交往方面,10 月台湾"外交及国际事务学院"与美国"夏威夷东西中心"(East - West Center,EWC)合作的"太平洋岛国青年领袖培训计划"继续开展。该活动已经连续举办 3 年,来自太平洋岛国地区 11 个国家,共计 25 位青年参加此项培训计划。

"邦交国"未来是否会减少成为本年度"总统"候选人辩论的敏感议题。蔡英文在首场电视辩论会中,抨击马英九当局"外交休兵"政策,朱立伦竞选总部主委胡志强立即批驳,表示一旦恢复过去"烽火外交"政策,台湾"邦交国"可能将减少到剩下个位数。[18]国民党"立委"蔡正元更向媒体爆料,如果蔡英文执政后将有 18 个台湾"邦交国"与台湾"断交",马英九本人也反驳称:"恢复烽火外交,这是一种忘记历史教训,不顾国际现实的误判。"[19]蓝绿在此议题上的持续交锋,也正反映其各自对外关系的政策主张与策略选择。

## 三、参加国际组织等其他对外活动

### (一)以"公共外交"为政绩重点

一是继续增加台湾民众"免签证"的数量和质量。本年度台湾居民可享有免签、落地签及电子签证等签证便利待遇的国家及地区增加至 158 个。二是与美国等国实现相互承认驾照,截至本年度末共计 85 个国家或地区给予台湾驾照持有人免除笔试或路考即可直接持凭申请换发当地驾照待遇,其中包括日本、韩国、泰国、越南、法国、意大利、澳大地亚(6州及2领地)、美国(15个州及1个自治邦),以及加拿大(7个省)等国家或地区。“免签证”和“驾照互认”数量的扩大,确实为台湾民众的涉外活动提供了便利化服务。三是围绕纪念抗战胜利暨台湾光复70周年展开的对外活动。包括邀请二战期间美籍外科医师威尔逊先生子女及家属一行,邀请美国前总统罗斯福、杜鲁门、艾森豪威尔及美籍女传教士明妮·魏特琳、德国商人约翰·拉贝、苏联元帅崔可夫等名人的亲属或后代来台参加相关纪念活动等等。四是与各国学术界、智库保持密切联系。台湾“外交部”2010年起推动台湾奖学金计划(Taiwan Fellowship),已有约450位来自58个国家的学者,包括从博士候选人、大学教授等,来台湾从事驻点研究。该奖学金近年来在报名人数上均有逐年提升的趋势。

**(二)参与国际组织的各类活动**

首先,本年度台湾成为“北太平洋渔业委员会”(North Pacific Fisheries Commission,NPFC)正式会员。8月25日,台湾以“捕鱼实体”身份、“中华台北”名称,正式成为新成立“北太平洋渔业委员会”会员。“北太平洋渔业委员会”是由美国、日本、韩国及俄罗斯2006年倡议筹设,2008年台湾参加该组织设立公约的议约谈判。2011年3月根据“北太平洋公海渔业资源养护与管理公约”设立了“北太平洋渔业委员会”,秋刀鱼是“北太平洋渔业委员会”目前主要管辖的鱼种,NPFC秘书处设在日本东京,目前共有中国大陆、台湾地区、日本、加拿大、韩国、俄罗斯等6个会员。

其次,继续通过各类活动实质参与各类国际组织。本年度台湾与亚洲生产力组织(APO)合办“2015 绿色领导力国际论坛暨绿色卓越中心成果与展望”活动。APO 是台湾以所谓“中华民国”名义加入的国际组织,该活动系首度在台湾举行。5 月 18 至 5 月 26 日,台湾再次以观察员身份参加第 68 届世界卫生大会(WHA),“卫生福利部部长”蒋丙煌在 WHA 全会会议上发言。此外,作为亚太经合组织(APEC)及世界贸易组织(WTO)成员,台湾每年都积极参与其中多项活动。例如 7 月 27 日至 31 日台湾举办的“APEC 紧急应变决策支持研习营”等。9 月 6 日在菲律宾宿务举行的 APEC 第三次资深官员会议上,台湾与 APEC 秘书处签署“捐赠亚太经济合作支持基金及亚太经济合作政策支持小组了解备忘录”,向 APEC 捐赠 70 万美元。台湾常驻 WTO 代表团在日内瓦主办了若干纪念 WTO 成立 20 周年的活动,如主办“台湾贸易援助成功案例”研讨会等,本年度台湾代表还获选担任 WTO 进口签证委员会(Committee on Import Licensing)主席,台湾的代表已连续三年获得担任 WTO 相关委员会主席。总体来看,马英九上任以来在“台湾参与国际组织”问题上采取的“务实”策略,这一“务实”策略在两岸关系和平发展的大背景下实现了最大化效应,使得马英九当局在执政期内获得了参与各类国际组织的重要政绩。

## 四、结论与展望

一年来岛内政治氛围被即将到来的 2016 年台湾地区最高领导人选举的各类话题牵动和制约,马英九即将结束其八年任期,人们对执政团队的信任度和期待感已滑至低点,对国民党当局的执政也冷漠以待。尽管岛内舆论已经进入“后马时代”，但必须指出，国民党当局强调其“活路外交”产生了人民“有感”的对外关系成果并非自夸。经过近八年的积累和积淀，对外关系应当说是马英九当局既定政策目标中执行相对顺利、落实情况较好的部分。马英九认为，过去七年执行的“活路外交”是以全新的思维同时处理“两岸”与“外交”这两组关系，找出一种对两岸有利，也受到国际社会欢迎的良性循环运作模式。[20]的确，2008 年 5 月两岸关系走上和平发展轨道后，大陆把处理台湾国际活动问题纳入两岸关系和平发展框架与进程中，在整个进程运行中协调解决，这样马英九上任以后，台湾参与国际活动与两岸关系与平发展均取得成果。

如果 2016 年民进党重新上台执政，其两岸政策、对外关系政策走向充满不确定性。这可能将导致很多事件或危机发生，甚至重新发生“台独”与反“台独”、分裂与反分裂相对抗的前景，而台湾对外关系也有可能面临新的挑战。

**注释：**

①　相关评论报道见王寓中《自由时报》《蔡英文外交政策总统府重批将重蹈烽火外交恶果》，2015 年 9 月 22 日；朱立伦（Eric Li－luan Chu）《华盛顿邮报》，“Cross－strait peace on the line”，http://www.washingtontimes.com/news/2015/nov/12/eric－li－luan－chu－china－taiwan－peace－on－the－line/2015 年 11 月 12 日；苹果即时新闻《蔡英文提两岸维持现状　马英九批：回到七年前现状？》，http://www.appledaily.com.tw/realtimenews/article/new/20150507/605843/，2015 年 5 月 7 日。

②　美国东部时间 1 月 1 日，台湾的“青天白日满地红旗”在华盛顿双橡园升起，这是台“驻美代表处”时隔 36 年在这个曾经的“大使官邸”再

度举办升旗仪式。“驻美代表”沈吕巡于升旗后在双橡园主屋为台驻美军事代表团的4名校级军官颁授“忠勤勋章”,受赠和观礼的军官统一着军服,突破以往只能着便服的禁忌。

③ 赖怡中:《蔡英文成功访美对台湾的意义》”,台湾“想想论坛”http://www.thinkingtaiwan.com/content/4175。

④ 《访美成功,外部环境朱立伦胜》,《中央日报》网络版,http://www.cdnews.com.tw/cdnews_site/docDetail.jsp?coluid=141&docid=103455070,2015年11月16日。

⑤ 程嘉文:《马习会消息3日已告知美方,晚间提前外泄媒体》,《联合报》2015年11月4日。

⑥ 近年来美国众议院通过的涉台重要法案还包括:支持台湾以观察员身份参与“国际民航组织”(ICAO)的第1151号法案、阐明《与台湾关系法》重要性的第494号决议案。

⑦ 台湾“外交部”网站,《对于美国行政部门正式通知国会对台军售事表示欢迎》,http://www.mofa.gov.tw/News_Content.aspx?n=8742DCE7A2A28761&s=FDF14DC50A21C280 2015年12月16日。

⑧ 见朱中博:《美国“重返亚太”与美台军事关系的发展》,《中国评论》月刊2013年2月号,总第182期。

⑨ 马英九:《台美互信佳美肯定台美关系》,台湾“中央社”,http://www.cna.com.tw/news/aipl/201508250182-1.aspx,2015年8月25日。

⑩ 《第40届台日经济贸易会议在东京召开获致具体成果》,http://www.mofa.gov.tw/News_Content_M_2.aspx?n=FAEEE2F9798A98FD&sms=6DC19D8F09484C89&s=71CD4E7E85D72EED 台湾“外交部”网站。

⑪ 马英九:《台日关系佳不影响纪念抗战》,台湾“中央社”,http://www.cna.com.tw/news/aipl/201507070133-1.aspx 2015年7月7日。

⑫ 台湾“外交部”网站。

⑬ 8月14日,日本首相安倍晋三发表了“战后70周年谈话”,即“安

倍谈话”。

⑭　台湾“外交部”网站，http://www. mofa. gov. tw/News _ Content _ M _ 2. aspx? n = FAEEE2F9798A98FD&sms = 6DC19D8F09484C89&s = 3132B5E7ECFB6962 2015 年 8 月 15 日。

⑮　台湾《联合报》，2015 年 11 月 23 日 A15 版。

⑯　台湾“外交部”网站，http://www. mofa. gov. tw/News _ Content _ M _ 2. aspx? n = FAEEE2F9798A98FD&sms = 6DC19D8F09484C89&s = F679E51016C4A21D 2015 年 11 月 24 日。

⑰　《马英九过境波士顿重返哈佛，公开演讲未获准》，环球网，http://taiwan. huanqiu. com/article/2015 - 07/6981591. html。

⑱　《胡志强：烽火外交　“邦交国”恐剩个位数》，中国评论新闻网，http://www. crntt. com/doc/1040/6/3/2/104063220. html? coluid = 46&kindid = 0&docid = 104063220&mdate = 1228225038 2015 年 12 月 28 日。

⑲　《马批蔡要恢复烽火外交，忘记历史教训》，中国评论新闻网，http://bj. crntt. com/doc/1040/6/3/6/104063643. html? coluid = 7&kindid = 0&docid = 104063643&mdate = 1229124755 2015 年 12 月 29 日。

⑳　台湾“外交部”网站，http://www. mofa. gov. tw/News _ Content _ M _ 2. aspx? n = FAEEE2F9798A98FD&sms = 6DC19D8F09484C89&s = 5B794D07C813E3AB 2015 年 6 月 24 日。

（作者单位：上海国际问题研究院台港澳研究所）

# A Review on Taiwan's External Relations in 2015

By Tong Liqun

**Abstract**: The key words of Taiwan's external relations in 2015 include "inventorying", "consolidating" and "advocating". As Ma Ying – jeou's term in office is coming to an end, he has been focusing on inventorying external performances, consolidating what he has achieved and advocating the external policies of his team. Ma and his team emphasized their outstanding performances after combing their external exchanges. At the same time, they led the media into questioning the DPP, the opposition party's external policy that deliberately avoids cross – Strait relations. Tsai Ing-wen's policies are empty promises. DPP cannot maintain the status quo of Taiwan's external relations if it comes to power.

# 2015年台湾对外贸易与投资综述

唐永红

**摘　要**:2015年全球经济疲软,台湾进出口贸易额均出现下降,但贸易出超再创历年新高;进出口产品结构变化不大,但各主要产品进出口额减少;对外贸易地区重心继续在亚洲新兴市场。2015年台湾利用侨外投资减少,而对海外投资件数与金额快速成长,呈现服务业为主、制造业为辅的特点,但外资来源地与投资目的地都有所变化。随着大陆经济的持续中速成长与进一步的改革开放政策刺激,随着台湾经济持续衰落与刺激政策的缺乏,在两岸进出口贸易衰减的同时,台资投资大陆增加,而陆资入台投资减少。预期2016年台湾对外经贸活动将随着世界经济与台湾经济的复苏,将会有平缓成长的表现。

作为高度外向型的经济体,台湾对外经贸活动与格局,一直深受台湾经济和国际经济成长状况以及台湾主要经贸伙伴成长不平衡性的影响与型塑。2015年,世界经济疲弱态势依旧,复苏之路崎岖不平。全球经济增速较2014年有所放缓,整体增长格局分化的态势延续:发达经济体增速缓慢上升,新兴市场和发展中经济体整体增速继续下滑。在外部经济环境持续不佳、外贸出口显著下降与内部消费、投资动能不足的双重压力下,2015年,台湾经济进入一个"外冷内凉"的经济寒冬,经济成长未能"保1"。受内外经济形势的影响,2015年台湾进出口贸易较2014年双双下滑;利用侨外资及陆资减少,而对外投资继续增加,产业资本继续净流出。展望2016年,随着全球经济缓步复苏,预期台湾经济及其对外贸易与投资将呈现平缓增长走势。

## 一、2015年台湾对外贸易概况与特点

2015年,全球经济疲弱。台湾进出口贸易额双双下降,但贸易出超创历年新高;进出口产品结构变化不大,但各主要产品进出口均出现下降;对外贸易地区重心继续在亚洲新兴市场,与美欧日贸易关系没有进一步的发展。

### (一)进出口贸易额双双下降,贸易出超再创新高

2015年台湾对外贸易出口金额与进口金额较上年度均出现下降。据台湾"财政部统计处"统计,2015年台湾对外贸易进出口总额约522790百万美元,较上年度减少13.1%。其中,对外出口总额285421百万美元,减少10.8%;自外进口总额237549百万美元,减少25.7%;贸易顺差增加了25.2%,达到47872百万美元,创历年新高。近年来包括2015年台湾对外贸易成长情形参见表1-1、图1-1、图1-2所示。

**表1-1　近年来台湾进出口贸易额及其变化**

| 年(月)别 | 进出口贸易额及其变化(百万美元;%) | | | | | | | |
|---|---|---|---|---|---|---|---|---|
| | 贸易总额(值) | | 出口总值 | | 进口总值 | | 出(入)超总值 | |
| | 金额 | 同比 | 金额 | 同比 | 金额 | 同比 | 金额 | 同比 |
| 2010年 | 534282 | 39.4 | 278008 | 35.2 | 256274 | 44.3 | 21734 | -22.6 |
| 2011年 | 600985 | 12.5 | 312923 | 12.6 | 288062 | 12.4 | 24861 | 14.4 |
| 2012年 | 583733 | -2.9 | 306409 | -2.1 | 277324 | -3.7 | 29085 | 17.0 |
| 2013年 | 589438 | 1.0 | 311428 | 1.6 | 278010 | 0.2 | 33418 | 14.9 |
| 2014年 | 601942 | 2.1 | 320092 | 2.8 | 281850 | 1.4 | 38242 | 14.4 |
| 2015年 | 522970 | -13.1 | 285421 | -10.8 | 237549 | -15.7 | 47872 | 25.2 |
| 1月 | 46663 | 2.3 | 25506 | 5.0 | 21158 | -0.8 | 4348 | 47.1 |
| 2月 | 35890 | -12.4 | 20187 | -5.1 | 15703 | -20.3 | 4484 | 185.7 |
| 3月 | 47620 | -11.0 | 25654 | -7.5 | 21966 | -14.8 | 3688 | 88.5 |
| 4月 | 43121 | -14.9 | 23807 | -10.5 | 19314 | -19.7 | 4493 | 76.4 |
| 5月 | 46785 | -2.6 | 26029 | -2.3 | 20756 | -2.9 | 5272 | -0.2 |
| 6月 | 44860 | -13.2 | 23387 | -12.7 | 21473 | -13.8 | 1914 | 1.0 |
| 7月 | 44424 | -12.7 | 23836 | -10.9 | 20588 | -14.7 | 3248 | 24.2 |
| 8月 | 45317 | -12.9 | 24415 | -13.0 | 20902 | -12.8 | 3513 | -14.4 |
| 9月 | 41062 | -16.7 | 22984 | -13.0 | 18078 | -21.0 | 4905 | 38.8 |
| 10月 | 43168 | -12.2 | 24451 | -9.0 | 18718 | -15.9 | 5733 | 24.2 |
| 11月 | 43066 | -12.3 | 22607 | -15.1 | 20460 | -8.9 | 2147 | -48.7 |
| 12月 | 40993 | -12.4 | 22559 | -11.9 | 18433 | -13.0 | 4126 | -6.5 |

资料来源:台湾“财政部统计处”《进出口贸易统计》。

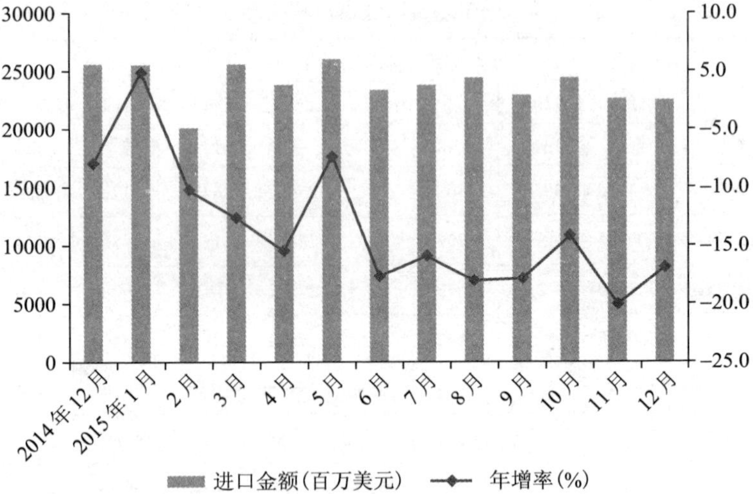


图 1－1　2015 年台湾对外出口金额及年增加率

资料来源：台湾"财政部统计处"《进出口贸易统计》

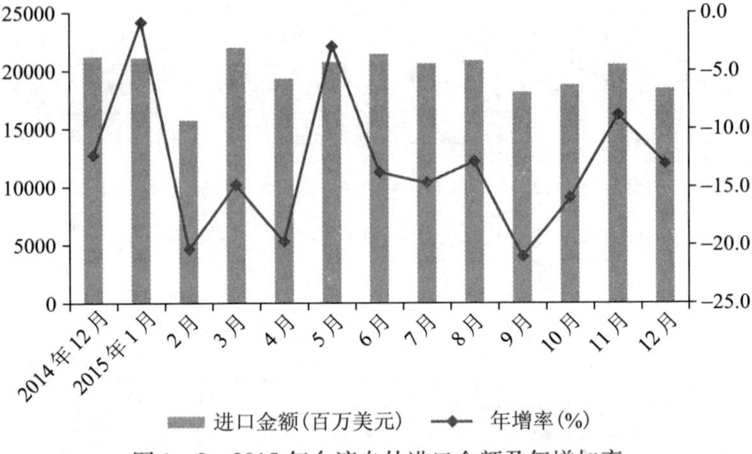


图 1－2　2015 年台湾自外进口金额及年增加率

资料来源：台湾"财政部统计处"《进出口贸易统计》

### （二）进出口产品结构变化不大，但各主要产品出口下降较多

1. 出口产品结构及其变化

2015 年台湾对外出口前 11 大产品依次是：电子产品、基本金属及其制品、塑胶与橡胶及其制品、机械、化学品、光学与照相和计量医疗等产品、矿产品、车辆与航空器和船舶及有关运输设备、信息与通信产品、纺织品、电机产品（参见表1－2）。这 11 项产品出口额约占台湾总出口额的 87.6%。前 11 大出口货品中，只有 1 项车辆、航空器、船舶及有关运输设备较 2014 年上涨，且仅上涨 0.8%。其余 10 项均较 2014 年下降，基本金属及其制品（下降 13.1%）、塑胶、橡胶及其制品（下降 12.8%）、矿产品（下降 41.7%）、光学、照相、计量、医疗等产品（下降 14.8%）、化学品（下降 17.5%）、信息与通信产品（下降 14.2%）、电机产品（下降 11.6%）7 项下降尤甚。

**表 1－2　2015 年台湾出口产品结构与变化**

| 出口产品类别 | 金额、占比与变化（百万美元；%） | | |
|---|---|---|---|
| | 金额 | 构成比% | 与上年比较变化率% |
| 按主要货品分 | | | |
| 电子产品 | 95683 | 33.5 | －4.3 |
| 基本金属及其制品 | 25160 | 8.8 | －13.1 |
| 塑胶、橡胶及其制品 | 21007 | 7.4 | －12.8 |
| 机械 | 19431 | 6.8 | －6.9 |
| 化学品 | 17879 | 6.3 | －17.5 |
| 光学、照相、计量、医疗等产品 | 16311 | 5.7 | －14.8 |
| 矿产品 | 11924 | 4.2 | －41.7 |

续表

| 出口产品类别 | 金额、占比与变化(百万美元;%) | | |
|---|---|---|---|
| | 金额 | 构成比% | 与上年比较变化率% |
| 车辆、航空器、船舶及有关运输设备 | 11745 | 4.1 | 0.8 |
| 信息与通信产品 | 11176 | 3.9 | -14.2 |
| 纺织品 | 10806 | 3.8 | -6.6 |
| 电机产品 | 8901 | 3.1 | -11.6 |
| 按贸易结构分 | | | |
| 农产品 | 857 | 0.3 | -5.4 |
| 农产加工品 | 3039 | 1.1 | -7.6 |
| 工业产品 | 281525 | 98.6 | -10.9 |
| 其中:重化工业产品 | 227823 | 79.8 | -12.3 |
| 非重化工业产品 | 53702 | 18.8 | -4.5 |

资料来源:台湾“财政部统计处”《进出口贸易统计》。

从工业产品、农产加工品与农产品构成的出口贸易结构看,工业产品出口281525百万美元,占台湾全年总出口的98.6%,较上年减少0.9%。其中,重化工业产品出口227823百万美元,占总出口的79.8%,较上年减少12.3%;非重化工业产品出口53702百万美元,占总出口的18.8%,较上年减少4.5%。在农产品出口857百万美元(占比0.3%),较上年减少5.4%的同时,农产加工品出口3039百万美元(占比1.1%),较上年减少7.6%。

2. 进口产品结构及其变化

2015年台湾前5大进口货品依次为矿产品、电子产品、化学品、机械、基本金属及其制品。这 5 项产品进口额约占台湾进口总额的 61.5% 。从主要进口产品结构上看(参见表 1－3),矿产品进口 40585 百万美元,占总进口的 17.1% ,较上年减少 41.4% (其中,原油进口 321.82 亿美元,占总进口的 6.8% ,较

**表 1－3　2015 年台湾进口产品结构与变化**

| 进口产品类别 | 金额、占比与变化(百万美元;%) | | |
|---|---|---|---|
| | 金额 | 构成比% | 与上年比较变化率% |
| 按主要货品分 | | | |
| 矿产品 | 40585 | 17.1 | －41.4 |
| 其中:原油 | 16149 | 6.8 | －49.8 |
| 电子产品 | 40097 | 16.9 | －7.7 |
| 化学品 | 25547 | 10.8 | －14.8 |
| 机械 | 21882 | 9.2 | －0.8 |
| 基本金属及其制品 | 17995 | 7.6 | －21.1 |
| 精密仪器、钟表、乐器 | 10957 | 4.6 | －8.8 |
| 车辆、航空器、船舶及有关运输设备 | 10218 | 4.3 | 7.2 |
| 信息与通信产品 | 8129 | 3.4 | －2.5 |
| 塑胶及其制品 | 6721 | 2.8 | －11.9 |
| 电机产品 | 6002 | 2.5 | －7.6 |
| 按贸易结构分 | | | |
| 资本设备 | 38115 | 16.0 | －1.1 |
| 农工原料 | 163233 | 68.7 | －21.7 |
| 消费品 | 31649 | 13.3 | 2.8 |

资料来源:台湾“财政部统计处”《进出口贸易统计》。

上年减少 49.8%）；电子产品进口 40097 百万美元，占比 16.9%，较上年减少 7.7%；化学品进口 25547 百万美元，占比 10.8%，较上年减少 14.8%；机械进口 21882 百万美元，占比 9.2%，较上年减少 0.8%；基本金属及其制品进口 17995 百万美元，占比 7.6%，较上年减少 21.1%。

从农工原料、资本设备与消费品构成的进口贸易结构看，农工原料进口 163233 百万美元，占台湾全年总进口的 68.7%，较上年减少 21.7%。资本设备进口 38115 百万美元，占比 16%，较上年减少 1.1%，其中交通运输设备增加 7.2%。消费品进口 31649 百万美元，占比 13.3%，较上年增加 2.8%。

**（三）贸易地区重心继续在亚洲新兴市场，与美欧日关系未见进一步进展**

2015 年台湾对主要市场出口均有所下降，其中对美国减少 1.6%、对日本减少 2.7%、对欧洲减少 10.8%、对中国大陆与香港减少 12.4%、对东盟六国减少 16.1%。2015 年台湾自主要国家（地区）进口同样较上年减少，其中自中国大陆及香港进口减少 8.3%、自东盟六国减少 16.1%、自日本减少 7.4%、自欧洲减少 11.1%、自美国减少 2.8%。总体上看，在世界经济不景气下，2015 年台湾对外贸易地区重心继续在亚洲新兴市场，与美欧日贸易关系没有进一步进展。

以经济区域划分（见表 1－4），2015 年台湾前 5 大出口地区依次为中国大陆及香港（39.4%）、东盟六国（18.1%）、美国（12.1%）、欧洲（9.1%）、日本（6.9%），约占台湾对外出口总额的 85.6%。其中，中国大陆及香港、东盟六国、日本等亚洲地区所占的比重就高达 64.4%。

**表1-4　2015年台湾出口目的地构成与变化**

| 主要出口目的地 | 金额、占比与变化（百万美元;%） | | |
|---|---|---|---|
| | 金额 | 构成比% | 与上年比较变化率% |
| 中国大陆及香港 | 112580 | 39.4 | -12.4 |
| 其中:中国大陆 | 71221 | 25.0 | -13.3 |
| 香港 | 38072 | 13.3 | -10.5 |
| 东盟六国 | 51647 | 18.1 | -14.2 |
| 美国 | 34550 | 12.1 | -1.6 |
| 欧洲 | 25971 | 9.1 | -10.8 |
| 日本 | 19602 | 6.9 | -2.7 |

资料来源:台湾“财政部统计处”《进出口贸易统计》。

进口来源地方面（见表1-5），以经济区域划分，2015年台湾前5大进口来源地区分别为中国大陆及香港（19.7%）、东盟六国（12.3%）、日本（16.4%）、欧洲（12.0%）、美国（12.3%），占台湾进口总额的72.6%。其中，中国大陆及香港、东盟、日本等亚洲地区所占比重约为48.3%。

**表1-5　2015年台湾进口来源地构成与变化**

| 主要进口来源地 | 金额、占比与变化（百万美元;%） | | |
|---|---|---|---|
| | 金额 | 构成比% | 与上年比较变化率% |
| 中国大陆及香港 | 46771 | 19.7 | -8.3 |
| 其中:中国大陆 | 44193 | 18.6 | -8.0 |
| 香港 | 1436 | 0.6 | -14.8 |
| 东盟六国 | 29117 | 12.3 | -16.1 |
| 日本 | 38875 | 16.4 | -7.4 |
| 欧洲 | 28503 | 12.0 | -11.1 |
| 美国 | 29199 | 12.3 | -2.8 |

资料来源:台湾“财政部统计处”《进出口贸易统计》。

## 二、2015 年台湾利用外资概况与特点

利用外资是台湾当局促进岛内经济增长及就业的重要手段。根据台湾利用外资的情况,可将其分为侨外投资(华侨及外国人的投资)及陆资两大部分。

**(一)核准侨外投资概况与特点**

根据台湾“经济部投审会”统计,2015 年全年台湾核准侨外投资件数为 3789 件,较上年增加 5.9%;投(增)资金额计 479684.7 万美元,较上年减少 16.9%。

从投资来源地角度看。2015 年台湾侨外投资前 5 大地区依次为加勒比海英国属地、日本、英国、萨摩亚及香港。这前 5 名合计约占全年台湾核准侨外投资总额的 65.37%(参见表 2-1)。与 2014 年相比,2015 年台湾核准侨外投资前 5 大来源地有所变化:英国取代德国挤进前五,位居第三;德国从前五退出,

**表 2-1 2015 年台湾核准侨外投资前五大地区统计表**

| | 2015 年台湾核准侨外投资前五大地区(千美元;%) | | | | |
|---|---|---|---|---|---|
| 来源地 | 件数 | 金额(比重) | 上年同期金额 | 与上年同期比较 | |
| | | | | 金额 | 成长率 |
| 加勒比海英国属地 | 573 | 1466298(30.57) | 1519566 | -53268 | -3.51% |
| 日本 | 471 | 453397(9.45) | 548763 | -95366 | -17.38% |
| 英国 | 82 | 422651(8.81) | 268269 | 154382 | 57.55% |
| 萨摩亚 | 322 | 422171(8.80) | 507464 | -85293 | -16.81% |
| 香港 | 693 | 371086(7.74) | 511399 | -140313 | -27.44% |

资料来源:台湾“经济部投审会”统计。

退到第十。2015 年台湾核准侨外投资案件,以加勒比海英国属地 146629.8 万美元为首,同比减少 3.51%,占全年核准侨外投资的比率为 30.57%。其后依序为:日本 45339.7 万美元,同比减少 17.38%,占比 9.45%;英国 42265.1 万美元,同比增长 57.55%,占比 8.81%;萨摩亚 42217.1 万美元,同比减少 16.81%,占比 8.80%;香港 37108.6 万美元,同比减少 27.44%,占比 7.74%。

从投资业别角度看。2015 年台湾侨外投资前 5 大产业依次为批发及零售业、金融及保险业、不动产业、专业与科学及技术服务业、电子零组件制造业,总体仍呈现"服务业为主、制造业为辅"的特点。这前 5 名合计约占全年台湾核准侨外投资总额的 69.77%(参见表 2-2)。与 2014 年相比,发生了一些显著变化:金融及保险业 120670.5 万美元,占比 25.16%,同比减少 23.21%,但仍居位;其次为:批发及零售业由 2014 年第三位升至第二位,核准金额 106918 万美元,与上年同期相比增长 36.26%,占全年台湾核准侨外投资的比率 22.29%。不动产业 48330.5 万美元,占比 10.08%,与 2014 年相比减少 1.22%;专业、科学及技术服务业取代化学材料制造业挤进前五,位居第四,核准金额 31562.4 万美元,占比 6.58%,同比增长 59.28%;电子零组件制造业 27216.1 万美元,占比 5.67%,同比减少 67.09%。

### (二)核准陆资入台投资概况与特点

据台湾"经济部投资审议委员会"统计,陆资入台投资方面,2015 年全年核准陆资入台投资件数为 170 件,较 2014 年增加 25%;投(增)资金额计 24406.7 万美元,较 2014 年减少

27. 06% 。这与核准侨外投资件数较上年增加 5. 9% ,投(增)资金额较上年减少 16. 9% 情况一样。主要原因在于整体经济的不景气。

**表 2－2　2015 年台湾核准侨外投资前五大业别统计表**

| 投资业别 | 2015 年台湾核准侨外投资前五大业别(千美元;%) | | | | |
|---|---|---|---|---|---|
| | 件数 | 金额(比重) | 上年同期金额 | 与上年同期比较 | |
| | | | | 金额 | 成长率 |
| 金融及保险业 | 313 | 1206705(25. 16) | 1571359 | －364654 | －23. 21% |
| 批发及零售业 | 1456 | 1069180(22. 29) | 784659 | 284521 | 36. 26% |
| 不动产业 | 313 | 483305(10. 08) | 489275 | －5970 | －1. 22% |
| 专业、科学及技术服务业 | 412 | 315624(6. 58) | 198154 | 117470 | 59. 28% |
| 电子零组件制造业 | 144 | 272161(5. 67) | 826992 | －554831 | －67. 09% |

资料来源:台湾"经济部投审会"统计。

台湾"经济部投资审议委员会"统计显示,自 2009 年 6 月 30 日开放陆资来台投资以来,截至 2015 年 12 月底,累计核准陆资入台投资案仅 789 件,投(增)资金额约 144321. 6 万美元。

从台湾核准陆资入台投资的业别来看。2009 年 7 月至 2015 年 12 月核准陆资入台投资案件,前 5 名分别为批发及零售业 44219. 8 万美元(占累计核准陆资入台金额的 30. 64%)、银行业 20144. 1 万美元(占比 13. 96%)、电子零组件制造业 15151. 4 万美元(占比 10. 50%)、港埠业 13910. 8 万美元(占比 9. 64%)、住宿服务业 8515. 7 万美元(占比 5. 90%)。对这五大业别的投资约占大陆对台湾总投资额的 70. 64%(参见表 2－3)。数据显示,陆资入台投资以服务业为主。

**表 2－3 台湾核准陆资投资主要业别统计表(截至 2015 年底)**

| 投资业别 | 件数 | 比重 | 金额（千美元） | 比重 |
|---|---|---|---|---|
| 批发及零售业 | 509 | 64.51% | 442198 | 30.64% |
| 银行业 | 3 | 0.38% | 201441 | 13.96% |
| 电子零组件制造业 | 45 | 5.70% | 151514 | 10.50% |
| 港埠业 | 1 | 0.13% | 139108 | 9.64% |
| 住宿服务业 | 4 | 0.51% | 85157 | 5.90% |
| 金属制品制造业 | 5 | 0.63% | 73217 | 5.07% |
| 计算机、电子产品及光学制品制造业 | 26 | 3.30% | 68325 | 4.73% |
| 信息软件服务业 | 32 | 4.06% | 59422 | 4.12% |
| 化学制品制造业 | 1 | 0.13% | 44361 | 3.07% |
| 机械设备制造业 | 27 | 3.42% | 38647 | 2.68% |
| 废弃物清除、处理及资源回收业 | 5 | 0.63% | 19717 | 1.37% |
| 纺织业 | 1 | 0.13% | 17784 | 1.23% |
| 餐饮业 | 34 | 4.31% | 17663 | 1.22% |
| 食品制造业 | 2 | 0.25% | 13775 | 0.95% |
| 研究发展服务业 | 8 | 1.01% | 13103 | 0.91% |
| 化学材料制造业 | 5 | 0.63% | 12562 | 0.87% |
| 电力设备制造业 | 5 | 0.63% | 6751 | 0.47% |
| 汽车及其零件制造业 | 1 | 0.13% | 6691 | 0.46% |
| 会议服务业 | 18 | 2.28% | 4469 | 0.31% |
| 产业用机械设备维修及安装业 | 4 | 0.51% | 4160 | 0.29% |
| 塑胶制品制造业 | 8 | 1.01% | 3796 | 0.26% |
| 未分类其他专业、科学及技术服务业 | 2 | 0.25% | 3785 | 0.26% |
| 成衣及服饰品制造业 | 2 | 0.25% | 2947 | 0.20% |
| 技术检测及分析服务业 | 5 | 0.63% | 2909 | 0.20% |

续表

| 投资业别 | 件数 | 比重 | 金额（千美元） | 比重 |
|---|---|---|---|---|
| 运输及仓储业 | 18 | 2.28% | 2852 | 0.20% |
| 创业投资业 | 1 | 0.13% | 1994 | 0.14% |
| 专业设计服务业 | 7 | 0.89% | 1933 | 0.13% |
| 未分类其他运输工具及其零件制造业 | 1 | 0.13% | 1550 | 0.11% |
| 租赁业 | 2 | 0.25% | 939 | 0.07% |
| 橡胶制品制造业 | 1 | 0.13% | 320 | 0.02% |
| 废污水处理业 | 4 | 0.51% | 78 | 0.01% |
| 家具制造业 | 1 | 0.13% | 40 | 0.00% |
| 广告业 | 1 | 0.13% | 6 | 0.00% |
| 小计 | 789 | 100.00% | 1443216 | 100.00% |

资料来源：台湾“经济部投审会”统计。

从台湾核准陆资入台投资的类别来看。2009 年 7 月至 2015 年 12 月核准陆资入台投资类别案件共 929 件，共 24321.6 万美元。其中，新设公司类 530 件，计 31505.7 万美元；投资现有公司类 153 件，计 69296.2 万美元；设立分公司类 106 件，计 16370.3 万美元；增资类 140 件，计 27149.4 万美元。

**表 2-4　台湾核准陆资投资类别统计表（截至 2015 年底）**

| 投资类别 | 件数 | 金额（千美元） |
|---|---|---|
| 新设公司 | 530 | 315057 |
| 投资现有公司 | 153 | 692962 |
| 设立分公司 | 106 | 163703 |
| 增资 | 140 | 271494 |
| 小计 | 929 | 1443216 |

资料来源：台湾“经济部投审会”统计。

## 三、2015 年台湾对外投资概况与特点

台湾是亚太地区重要的资本输出地。对外投资不仅延续了岛内部分产业的生命周期,也有力促进了台湾经济的转型升级。根据台湾方面的有关规定,台湾对外投资主要包括对海外投资(除中国大陆以外其他国家和地区投资,含港澳)及对大陆投资两大部分。

### (一)核准对海外投资概况与特点

根据台湾"经济部投审会"统计,2015 年全年台湾核准(备)对外投资件数为 462 件,较上年减少 6.29%;投(增)资金额计 1074519.5 万美元,较上年增加 47.32%。

从台湾核准对海外投资的地区分布看。2015 年台湾对海外投资前 5 大地区依次为加勒比海英属地、英国、越南、泰国、菲律宾。这前 5 名合计约占全年申报对外投资总额的 67.42%(参见表 3-1)。与 2014 年相比,2015 年台湾对海外投资前 5 大地区有明显变化:日本从第二退到第十;菲律宾挤进第五位;香港从 2014 年的第 5 位降至第六位。2015 年 1-12 月申报对海外投资案件,以加勒比海英属地 289750.5 万美元为首,与上年同期相比减少 6.05%,占全年核准对外投资的 26.97%。其后依序为:英国 169975.6 万美元,同比增加 160.90%,占比 15.82%;越南 122752.1 万美元,同比增加 89.87%,占比 11.42%;泰国 77491.6 万美元,同比增加 835.61%,占比 7.21%;菲律宾 64428.4 万美元,同比增加 1474.28%,占比 6.00%。可见,2015 年台湾对菲律宾、泰国、越南东南亚地区以

及对英国的投资有较大增长。

**表 3－1　2015 年台湾核准对外投资前五大地区统计表**

| | 2015 年台湾核准对外投资前五大地区（千美元;%） | | | | |
|---|---|---|---|---|---|
| 投资地区 | 件数 | 金额（比重） | 上年同期金额 | 与上年同期比较 | |
| | | | | 金额 | 成长率 |
| 加勒比海英国属地 | 80 | 2897505（26.97） | 3083951 | －186446 | －6.05% |
| 英国 | 10 | 1699756（15.82） | 651487 | 1048268 | 160.90% |
| 越南 | 22 | 1227521（11.42） | 646502 | 581019 | 89.87% |
| 泰国 | 15 | 774916（7.21） | 82824 | 692091 | 835.61% |
| 菲律宾 | 3 | 644284（6.00） | 40926 | 603358 | 1474.28% |

资料来源：台湾“经济部投审会”统计。

从台湾核准对海外投资业别分布看。2015 年台湾对海外投资产业分布与往年相似，主要集中在服务业，前 5 项产业分别为金融及保险业、电子零组件制造业、不动产业、基本金属制造业、批发及零售业。这前 5 名合计约占全年核准对外投资总额的 89.51%（参见表 3－2）。与 2014 年相比，2015 年台湾对海外投资前 5 大业别发生了明显变化：电子零组件制造业取代药品制造业进入前五；批发零售业由 2014 年的第二位退至第五位。2014 年 1－12 月申报对海外投资案件，以金融及保险业 608166.1 万美元为首，同比增长 67.86%，占全年核准对外投资的 56.60%。其后次序为电子零组件制造业 109085.9 万美元，同比增长 730.83%，占比 10.15%；不动产业 106198.4 万美元，同比增长 25.04%，占比 9.88%；基本金属制造业 98648.2 万美元，同比增长 116.71%，占比 9.18%；批发及零售业 39689.5 万美元，同比减少 53.51%，占比 3.69%。

**表3－2　2015年台湾核准对外投资前五大业别统计表**

| 投资业别 | 2015年台湾核准对外投资前五大业别(千美元;%) | | | | |
|---|---|---|---|---|---|
| | 件数 | 金额(比重) | 上年同期金额 | 与上年同期比较 | |
| | | | | 金额 | 成长率 |
| 金融及保险业 | 135 | 6081661(56.60) | 3623153 | 2458507 | 67.86% |
| 电子零组件制造业 | 23 | 1090859(10.15) | 131297 | 959562 | 730.83% |
| 不动产业 | 16 | 1061984(9.88) | 849329 | 212656 | 25.04% |
| 基本金属制造业 | 5 | 986482(9.18) | 455215 | 531267 | 116.71% |
| 批发及零售业 | 121 | 396895(3.69) | 853653 | －456758 | －53.51% |

资料来源:台湾"经济部投审会"统计。

### (二)核准对大陆投资概况与特点

一是台商对大陆投资意愿与动能明显不足,投资金额开始减少并少于对外投资金额。

根据台湾"经济部投审会"统计,2015年全年核准对中国大陆投资件数为321件,较上年减少17.27%;核准投(增)资金额计1039822.4万美元,较上年增加5.78%。这与台湾核准(备)对外投资件数较上年减少6.29%,投(增)资金额较上年增加47.32%形成鲜明反差,投资金额在海外增加幅度较大,表明大陆要素成本上升、产业转型升级等压力因素自2014年以来继续迫使台商选择向其他经济体投资。台湾对大陆投资开始减少,而且也是这些年来首次少于台湾对外投资金额。

二是对北京、山东、改动投资增加,对福建、四川、江苏、上海的投资有所减弱。

从台湾核准对大陆投资的地区分布看(表3－5)。2015年台湾核准对大陆投资案件地区分布与2014年相比发生了显著变化：北京、山东取代四川和福建进入前五，分别居第三位、第五位；广东省从 2014 年第四位上升到第二位。2015 年对陆投资主要集中于江苏省 228866.3 万美元，与上年同期相比减少 6.88%，约占全年核准对大陆投资金额的 20.87%，依然位居第一位；其次顺序为：广东省 146972.6 万美元，同比增长 26.59%，占比 13.40%；北京市 142820.1 万美元，同比增长 925.78%，占比 13.02%；上海市 128689.5 万美元，同比减少 4.86%，占比 11.74%；山东省 91553.1 万美元，同比增长 223.06%，占比 8.35%。这前 5 名合计约占全年台湾核准对大陆投资总额的 67.38%（参见表 3－5）。数据显示，台商减弱了对海西的投资，增加了对内陆的投资额。

三是对制造业投资仍是主流但有所减少，对金融及保险业投资仍居首位且大幅增加。

**表 3－5 2015 年台湾核准对大陆投资前五大地区统计表**

| 投资地区 | 2015 年台湾核准对大陆投资前五大地区（千美元；%） | | | | |
|---|---|---|---|---|---|
| | 件数 | 金额（比重） | 上年同期金额 | 与上年同期比较 | |
| | | | | 金额 | 成长率 |
| 江苏省 | 92 | 2288663（20.87） | 2457881 | －169217 | －6.88% |
| 广东省 | 81 | 1469726（13.40） | 1161025 | 308701 | 26.59% |
| 北京市 | 22 | 1428201（13.02） | 139230 | 1288970 | 925.78% |
| 上海市 | 63 | 1286895（11.74） | 1352674 | －65779 | －4.86% |
| 山东省 | 11 | 915531（8.35） | 283390 | 632141 | 223.06% |

资料来源：台湾“经济部投审会”统计。

从台湾核准对大陆投资业别分布看。2015 年台湾核准对大陆投资案件427件,与2014年相比,前五位未发生太多变化,非金属矿物制品制造业从2014年的第五位降到第四位,批发及零售业则从第四为升到第五位。仍以金融及保险业278589.2万美元为首,与上年同期比较增加67.93%%,约占全年核准对大陆投资金额的25.41%。其后依序为:电子零组件制造业123145.5万美元,同比减少23.66%,占比11.23%;计算机、电子产品及光学制品制造业110794.1万美元同比减少16.71%,占比10.10%;非金属矿物制品制造业100721万美元,同比增加47.39%,占比9.19%;批发及零售业67994.2万美元同比减少37.94%,占比6.20%。这前5名合计约占全年台湾核准对大陆投资总额的62.13%(参见表3-6)。数据显示,2015年台商投资大陆仍以制造业为主有所减少,对金融及保险业投资仍居首位且大幅增加。

**表3-6　2015年台湾核准对大陆投资前五大业别统计表**

| | 2015年台湾核准对大陆投资前五大业别(千美元;%) | | | | |
|---|---|---|---|---|---|
| 投资业别 | 件数 | 金额(比重) | 上年同期金额 | 与上年同期比较 | |
| | | | | 金额 | 成长率 |
| 金融及保险业 | 24 | 2785892(25.41) | 1658954 | 1126937 | 67.93% |
| 电子零组件制造业 | 54 | 1231455(11.23) | 1613022 | -381567 | -23.66% |
| 计算机、电子产品及光学制品制造业 | 16 | 1107941(10.10) | 1330215 | -222274 | -16.71% |
| 非金属矿物制品制造业 | 3 | 1007210(9.19) | 683346 | 323864 | 47.39% |
| 批发及零售业 | 116 | 679942(6.20) | 1095575 | -415633 | -37.94% |

资料来源:台湾"经济部投审会"统计。

# 四、2016年台湾对外贸易与投资展望

台湾经济是典型的外向型经济。国际经济不景气与世界贸易状况对台湾经济发展、进出口贸易、对外投资与利用外资具有显著影响。

2016年在发达经济体复苏下，全球经济表现预期优于去2015年，继续呈温和复苏态势，惟美国升息后新兴市场金融动荡风险上升，国际农工原料价格后续走势，中国大陆经济走缓程度，以及恐怖攻击事件对全球经贸活动、消费及企业信心的冲击，增添全球经济不确定性。在此背景下，各机构对2016年世界经济与贸易展望比较谨慎。2015年10月国际货币基金组织（IMF）发布的全球经济展望显示：扣除通货膨胀因素后，2016年全球经济预计将增长3.6%，比起2015年的增长率预期3.1%有所提高；但2016年1月19日IMF在《世界经济展望》报告中预测全年全球经济成长3.4%，较2015年10月预测下调0.2个百分点。联合国2015年12月10日发布《2016年世界经济形势与展望》报告，表示未来两年全球经济只会有小幅改善，预计2016世界经济将增长2.9%。经合组织（OECD）2016年2月18日发布最新中期展望报告，表示由于经济数据令人失望，需求和投资疲弱，金融不稳定风险提高，将2016年全球经济增长率预测从3.3%调降至3.0%。由中国社会科学院世界经济与政治研究所和社会科学文献出版社共同发表的《世界经济黄皮书：2016年世界经济形势分析与预测》指出，2016年世界经济增长形势不容乐观，诸因素或致使2016年世界经济蒙上阴

影,预计 GDP 增速 3.0%,全球贸易增长率预计在 3.5% 左右,全球贸易增速放缓已成“新常态”。环球透视机构(GI)2015 年 11 月预测 2016 年全球经济成长率为 2.9%。

2016 年,随着民间消费稳定成长,住宅投资增加,就业持续改善,美国经济可望维持稳健成长;欧盟在宽松货币、欧元贬值及低油价等有利因素下,经济可望缓步复苏;中国大陆持续调整结构及淘汰过剩产能,经济成长放缓。惟全球景气展望放缓、国际产业竞争加剧、农工原料价格下滑,加以中国大陆产能过剩与供应链自主化排挤效应等,会对台湾出口前景造成干扰。

根据台湾经济研究院最新预测,2016 年台湾实质 GDP 成长率为 1.57%,较 2015 年 11 月预测下修 0.27 个百分点。在贸易方面,由于美国、欧元区经济情势展望均较前保守,且中国 2016 年 GDP 成长率可能持续走缓至第二季,整体全球经济表现不如原先预期,不仅影响全球贸易成长,也影响台湾输出表现;输入方面,全球景气走缓,出口表现不佳,原油价格持续下探,民间投资意愿缩减,均影响台湾进口表现。因此,预估 2016 年台湾输出与输入成长率分别为 2.02% 及 2.62%,较 2015 年 11 月预测值下修 0.70 与 0.46 个百分点;预估 2016 年出口与进口金额成长率则为 -1.75% 与 -5.51%,较 2015 年 11 月预测值下修 4.84 与 9.03 个百分点。2015 年 12 月 24 日,台湾中华经济研究院预测 2016 年台湾经济成长率为 2.24%。台湾综合研究院 2015 年 12 月 11 预测 2016 年台湾经济成长率为 2.06%。

由于全球贸易活动减缓、油价持续下跌、国际竞争续增等,台湾 2015 年出口年减 10.8%,为近六年来最大减幅。展望

2016 年,物联网、大数据等新兴应用持续拓展,加以半导体库存水位渐趋正常及进口设备明显扩增,电子产品外销动能可望逐渐改善;2016 年全球贸易成长动能可望回温,加上产品库存逐渐调整至正常水位,以及 2015 基数较低影响,台湾出口可望转为增势,台湾"行政院主计总处"于 2015 年 11 月间预估 2016 年台湾出口年增 1. 97% ;随短期消费提振措施结束以及 2015 年景气降温递延影响,民间消费动能将低于 2015 年,预测 2016 年成长 1. 76% ;半导体及相关业者投资可望延续,航空业者亦持续扩充机队,直有营建投资保守,约制成长力道,预测 2016 年民间投资仅成长 0. 97% ,2016 年整体经济呈平缓成长走势,预估成长 2. 32% 。

(作者单位:厦门大学台湾研究院)

# A Review of Taiwan's Outbound Trade and Investment in 2015

By Tang Yonghong

**Abstract**: In 2015, amid a weak global economy, and in the face of decline in both Taiwan's import and export, trade surplus scored another record high, with little changes in the structure of import and export products and a decrease in the revenue of major products that have been imported and exported. Its trade partners are mainly from the emerging markets in Asia. The use of foreign investment in Taiwan decreased in 2015, while the number of foreign investments and the value of such investment have witnessed rapid growth, focusing on the service industry and supplemented by the manufacturing industry. At the same time, the source and destination of foreign investment have changed. While the Mainland's economy continues to grow at the medium speed with further reform and opening up policy stimulus, Taiwan's economy continues to decline without such policy stimulus. In this context, the import and export across the Taiwan Strait declined with increasing Taiwanese investments in the mainland and relative low mainland investment in Taiwan. It is predicted that there will be a gradual growth in Taiwan's trade and economic activities with the recovery of both the world and Taiwan's economy in 2016.

# 2015 年台湾经济综述

王　敏

**摘　要**:2015 年台湾经济陷入国际金融危机结束以来最严重的困境。虽然岛内失业率、薪资等指标有所改善,但台湾经济增长、对外贸易、工业生产等多项经济指标衰退,加之岛内步入"大选"年,马英九当局经济改革停滞不前,工商界及民众对经济状况不满情绪日益发酵。2015 年台湾经济困境进一步加剧,显示在后国际金融危机时期、世界经济发生深刻复杂变化的时代背景下,台湾经济深层次结构性弊端与矛盾日益突出。展望 2016 年,在全球经济低迷乏力、民进党上台执政等不利因素影响下,台湾经济将面临更严峻的挑战。

2015 年,在欧美经济疲软、大陆经济增速放缓、台湾岛内经济改革停滞及台湾步入"大选"年等多重因素的叠加共振下,台湾经济陷入国际金融危机结束以来最严重的困境。岛内经济增长率由 2014 年底预估的 3. 5% 左右下滑至不到 1% ,对外出口、工业生产、股市等多项经济指标出现衰退,台湾工商界及民众对经济的不满情绪日益加深。2015 年台湾经济"出人意料"地低迷，不仅是岛内经济徘徊在周期性衰退谷底的集中体现，更深刻揭示在后国际金融危机全球经济深度调整的时代背景下，岛内经济深层次、结构性的矛盾与问题日益突出，已经成为摆在台湾当局面前的首要课题。2016年年初，民进党在岛内两场重要选举中以压倒性优势胜出，国民党则遭遇“雪崩式”的惨败，岛内政局发生结构性翻转，台湾又步入新一轮政治经济发展周期，但从经济形势看，2016年台湾经济发展前景依然不容乐观。虽然蔡英文在选前明确提出将推动构建台湾“经济发展新模式”，重塑台湾经济竞争力，但岛内经济困境是多年来台湾政经弊端和矛盾积累和发酵的结果，冰冻三尺非一日之寒，蔡英文上台后短期内也难以有效扭转，台湾经济势必将面临更为严峻的挑战。

## 一、经济增速创2010年以来的历史最低

2015年台湾经济呈现“开高走低”的特点，第1季度岛内经济尚能延续2014年平稳增长态势，达4.04%，但在全球新兴市场经济萎靡特别是大陆经济下行压力增大等的冲击下，第2季经济增速“断崖式”下跌至0.57%，第3季进一步下滑至-0.8%，第4季度岛内经济虽然趋稳，但仍同比衰退0.52%。据台湾“主计处”2016年2月统计，2015年台湾经济增长率约0.75%，明显低于2014年的3.92%，创2010年来的历史新低。全年台湾名义GDP总量约5235.67亿美元，人均GDP约22317美元，较上年同比下滑0.31%。[①]从横向看，2015年台湾经济增速低于新加坡、韩国及香港，在“亚洲四小龙”中位居末席。截至2015年底，台湾外汇储备达4260.31亿美元，居全球第6位。

2015 年台湾经济萎靡不振的主要原因在于“内外皆冷”：一方面，外需乏力。台湾作为浅碟型海岛型经济体，经济运行和发展在很大程度上依靠外部市场，国际经济荣枯直接影响岛内经济兴衰。2015 年除美国经济复苏势头较为强劲外，全球其他主要经济体特别是新兴经济体增长乏力，导致外需对台湾经济增长的拉动效果明显减弱。据台湾“主计处”评估，2015 年台湾输出（含商品和劳务）实质衰退 0.21%，远低于 2014 年的增长 5.91%，对台湾经济增长贡献度也由 2014 年的 5.91 个百分点大幅下降至 -0.15%。另一方面，台湾外需衰退直接波及岛内民间消费、投资等诸多领域，造成岛内内需不振。2015 年岛内需求实质增长率仅为 1.57%，远逊于 2014 年的 3.56%，对经济增长的贡献率也由 3.24 个百分点滑落至 1.41 个百分点，其中民间消费、固定投资等增长率均出现明显衰退。（见表 1）

**表 1　2014 年及 2015 年台湾经济增长需求面构成分析**

| | 2014 年 | | 2015 年 | |
|---|---|---|---|---|
| | 实质增长率（%） | 贡献（百分点） | 实质增长率（%） | 贡献（百分点） |
| GDP | 3.92 | 3.92 | 0.75 | 0.75 |
| 岛内需求 | 3.56 | 3.24 | 1.57 | 1.41 |
| 民间消费 | 3.33 | 1.8 | 2.28 | 1.22 |
| “政府”消费 | 3.55 | 0.52 | -0.44 | -0.06 |
| 资本形成 | 4.13 | 0.91 | 1.19 | 0.26 |
| 民间固定投资 | 3.17 | 0.56 | 3.11 | 0.54 |
| “政府”固定投资 | -7.36 | -0.24 | -4.28 | -0.12 |
| 公营固定投资 | 5.31 | 0.07 | -6.79 | -0.09 |

续表

| | 2014 年 | | 2015 年 | |
|---|---|---|---|---|
| | 实质增长率（%） | 贡献（百分点） | 实质增长率（%） | 贡献（百分点） |
| 岛外净需求 | — | 0.69 | — | -0.67 |
| 输出（含商品及劳务） | 5.91 | 4.1 | -0.21 | -0.15 |
| 输入（含商品及劳务） | 5.65 | 3.42 | 0.87 | 0.52 |

资料来源：台湾“主计处”，国民所得统计及经济情势展望，2016 年 2 月 17 日。

## 二、对外贸易衰退，大陆作为台湾最大进口来源地的地位则日益巩固

2015 年，台湾对外贸易出现国际金融危机结束后罕见的两位数的大幅衰退。据台湾海关统计，2015 年台湾对外贸易额约 5094.04 亿美元，同比衰退 13.3%，其中台湾对外出口额 2804.81 亿美元，同比衰退 10.6%；进口总额约 2289.23 亿美元，同比衰退 16.5%。在对外出口货品结构方面，电子产品（约 956.03 亿美元，占出口总额的 34.1%）、基本金属制品（251.62 亿美元，占 9%）、塑橡胶制品（约 210.07 亿美元，占 7.5%）、机械（194.32 亿美元，占 6.9%）、化学品（178.79 亿美元，占 6.4%）、光学器材（约 163.21 亿美元，占 5.8%）、矿产品（119.31 亿美元，占 4.3%）、交通运输设备（117.47 亿美元，占 4.2%）、资讯与通讯产品（112.49 亿美元，占 4%）、纺织品（108.06 亿美元，占 3.9%）为 2015 年台湾前 10 大主力出口产品。[②]从各月出口成长看，除 1 月份台湾对外出口增长 3.4% 外，

2－12 月岛内出口连续 11 个月衰退。

在对外贸易地区结构方面(见表 2),2015 年台湾与主要经济体的贸易都出现大幅衰退,其中台湾与东盟 6 国贸易同比大幅衰退 15.4%,两岸贸易也大幅衰退 11.2%。相比较而言,受美国经济强劲复苏等因素影响,台美贸易额虽也衰退 2.6%,但衰退幅度相较于其他经济体也小得多。受此影响,2015 年美国在台湾对外出口市场版图中的比重由 2014 年的 11.1% 提升至 12.2%,日本的比重由 6.3% 小幅升至 6.9%,大陆的比重则由 39.7% 下滑至 39%,东盟的比重也由 18.7% 下滑至 17.8%。同时由于台湾自美国、大陆、日本的进口衰退幅度相对较小,大陆在台湾进口来源地比重由 2014 年的 18.1% 升至 19.9%,美国的比重也由 10% 升至 11.5%,日本也由 15.2% 升至 16.9%。这显示自 2013 年首次超越日本成为台湾最大进口来源地后,大陆作为台湾最大进口来源地的地位日益巩固。

**表 2　2015 年台湾与主要经济伙伴的贸易概况**

单位:亿美元;%

| 主要经济伙伴 | 台湾与其贸易总额 | 增速 | 台湾对其出口额 | 增速 | 台湾自其进口额 | 增速 |
|---|---|---|---|---|---|---|
| 中国大陆(含香港) | 1549.23 | －11.2 | 1092.94 | －12.3 | 456.29 | －8.2 |
| 东盟 6 国 | 779.3 | －15.4 | 500.19 | －14.6 | 279.11 | －16.6 |
| 美国 | 606.67 | －2.6 | 342.57 | －1.7 | 264.1 | －3.7 |
| 日本 | 580 | －5.8 | 192.86 | －3.1 | 387.14 | －7.1 |
| 欧洲 | 530.77 | －10.7 | 255.58 | －11 | 275.19 | －10.4 |

注:东盟 6 国指新加坡、马来西亚、泰国、菲律宾、印尼、越南。

资料来源:台湾海关 2015 年进出口贸易统计速报,2016 年 1 月 9 日发布。

## 三、对外投资额平稳增长,但吸引外资额有所衰退

2015 年台湾对大陆投资以及对海外(大陆以外国家和地区)投资额均稳步增长。在对大陆投资方面,据台湾"投审会"统计,2015 年核准对大陆投资 321 件,较上年减少 17.27% ,但投资额为 103.98 亿美元,同比增长 5.78% 。从投资件数看,台商对大陆投资件数已连续 3 年多衰退,且衰退幅度逐渐扩大,显示随着大陆经济步入"新常态",部分台商对大陆投资意愿回落,且逐渐转向其他国家和地区。[③]从投资金额看,台商投资金额仍平稳增长,单项投资规模也有所增大,显示台商对大陆投资"大型化、资本化"的趋势仍在持续。对海外投资方面,2015 年台湾当局累计核准投资 462 件,件数虽同比减少 6.29% ,投资金额却高达 107.45 亿美元,大幅增长 47.32% ,其中对东南亚地区投资增长迅速(见表 3)。根据台湾当局的统计,越南、泰国、菲律宾为 2015 年台商对海外投资的第 3 -5 大投资目的地,投资额增幅远高于其他国家和地区。台商对东盟投资迅猛增长主要原因在于 2015 年东盟经济共同体建成,东南亚地区内需市场日益扩大,同时越南等国又获得 TPP 的加持,经济发展空间巨大。其中,台湾当局在年内采取多项政策措施鼓励岛内金融业者赴东南亚地区打"亚洲杯",促使台湾银行及保险业者积极扩大对外投资。据台湾当局统计,2015 年台湾金融业对外投资额高达 60.81 亿美元,同步大幅增长 67.86% 。

**表 3　2015 年台湾对外(大陆以外国家和地区)投资前 5 大目的地统计**

单位:亿美元;%

| 国家/地区 | 件数 | 金额 | 所占比重 | 增长率 |
|---|---|---|---|---|
| 加勒比海英国属地 | 80 | 28.98 | 26.97 | -6.05 |
| 英国 | 10 | 17 | 15.82 | 160.9 |
| 越南 | 22 | 12.28 | 11.42 | 89.87 |
| 泰国 | 15 | 7.75 | 7.21 | 835.61 |
| 菲律宾 | 3 | 6.44 | 6 | 1474.28 |

资料来源:台湾"投审会"2015 年 12 月投资统计月报。

吸引侨外投资方面,2015 年台湾当局累计核准侨外投资 3789 件,同比增长 5.93%,投资额约 47.97 亿美元,同比衰退 16.87%。前 5 大侨外资本来源地依次为加勒比海英国属地、日本、英国、萨摩亚及香港地区,除英国外,其余 4 大地区对台湾投资额均有一定的衰退(见表 4)。与前些年相比,2015 年侨外资本对台湾投资呈现"件数增多、金额衰退"的特点,显示侨外资本对台湾单项投资规模有减少的趋势。发生这一变化的主要原

**表 4　2015 年台湾吸引侨外投资前 5 大来源地统计**

单位:亿美元;%

| 国家/地区 | 件数 | 金额 | 所占比重 | 增长率 |
|---|---|---|---|---|
| 加勒比海英国属地 | 573 | 14.66 | 30.57 | -3.51 |
| 日本 | 471 | 4.53 | 9.45 | -17.38 |
| 英国 | 82 | 4.23 | 8.81 | 57.55 |
| 萨摩亚 | 322 | 4.22 | 8.8 | -16.81 |
| 香港 | 693 | 3.71 | 7.74 | -27.44 |

资料来源:台湾"投审会"2015 年 12 月投资统计月报。

因在于近年来侨外投资对台湾投资的产业布局中，服务业比重进一步升高，2015 年外商对台湾服务业投资比重升至 71.57% 的历史新高，比 2014 年大幅增长 13.08%，与此同时，外商赴台湾投资的动机和形态也发生变化，逐渐由制造向研发等目标转变。

## 四、工业生产衰退，台股剧烈震荡，但税收持续走高

在对外出口衰退等影响下，岛内工业生产也出现衰退。据台湾"经济部"统计，2015 年前 4 月岛内工业生产指数尚能保持增长，但 5 月后出现明显衰退，全年台湾工业生产指数同比衰退 1.66%，其中制造业同比衰退 1.38%。在制造业的四大行业中，除化学工业略增长 0.98% 外，金属机电工业、资讯电子工业、民生工业分别衰退 4.15%、0.75% 和 1.62%，显示 2015 年岛内绝大多数行业均出现不同程度衰退。股市方面，2015 年台湾金融市场波动幅度扩大，股市、汇市都呈现开高走低的态势。截至 2015 年 12 月 31 日，台股以 8338.06 点封关，全年下跌 969.20 点、跌幅达 10.41%，是 2011 年以来近 4 年最差的表现。汇市方面，下半年外资流出规模扩大，加上台湾当局为维持出口竞争力使新台币连续 3 个季度贬值，12 月 31 日 1 美元兑换新台币贬至 33.06 元，全年新台币兑美元贬值幅度达 4%。

财税方面，[④]2015 年台湾税收稳步增长。据台湾当局统计，2015 年实际征收赋税收入净额 2.12 万亿元新台币，较上年同比增长 7.2%，从 2015 年台湾主要税目结构看，台湾综合所得

税、营利事业所得税、土地增值税等税种收入增幅都在两位数以上，但营业税、证券交易税等有所衰退。虽然台湾税收稳步增长，但岛内债务问题依然严重，截至 2015 年 11 月底，台湾官方债务未偿余额约 5.37 万亿元新台币，较上年同月底增加 140 意愿，其中 1 年以上债务未偿余额 5.31 万亿元新台币，同比增长 1.1%，占前 3 年岛内 GDP 平均额的 34.6%，全台平均每人负债 22.9 万元新台币。岛内各地方债务形势也日益严峻，截至 2015 年 10 月底，岛内各地方债务未偿余额 9638 亿元，其中 1 年以上债务未偿还余额 7422 亿元，同比增长 4.4%，其中以台北市和高雄市的负债额度较大，而苗栗县、宜兰县债务占总支出额度比重分别高达 58.7% 和 68%，已超过 50% 的法定债限。[5]2015 年苗栗县率先爆发地方债务危机，[6]不得已向台湾当局求援，凸显岛内地方债务问题日益成为未来台湾经济发展与地方治理的隐忧。

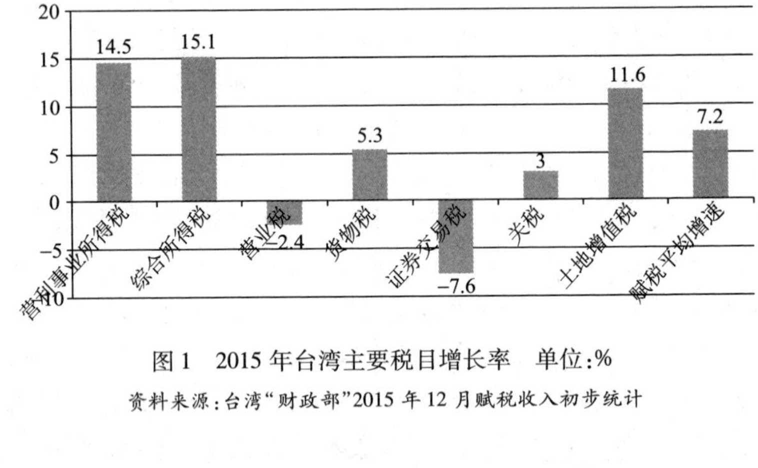


图 1　2015 年台湾主要税目增长率　单位：%

资料来源：台湾“财政部”2015 年 12 月赋税收入初步统计

# 五、岛内失业、薪资等民生经济指标有所改善，但物价指数出现衰退

2015 年台湾总体失业率约 3.78%，比 2014 年的 3.96% 下降 0.18 个百分点，继续在 4% 的失业率水平以下。从各月份看（见图 2），前 5 月岛内失业率保持持续下滑态势，但 6 月份受岛内毕业季及经济下滑等因素影响有所上升。岛内 15 - 24 岁年轻人的失业率也继续下滑，全年失业率约 12.05%，较上年的 12.63% 下降 0.58 个百分点。[⑦] 岛内物价较上年继续保持下滑态势，2015 年全年消费者物价指数（CPI）同比出现 0.31% 的负增长，其中前 3 季岛内 CPI 分别同比衰退 0.59%、0.7% 及 0.2%，第 4 季才出现 0.33% 的正增长，这显示受经济不景气的

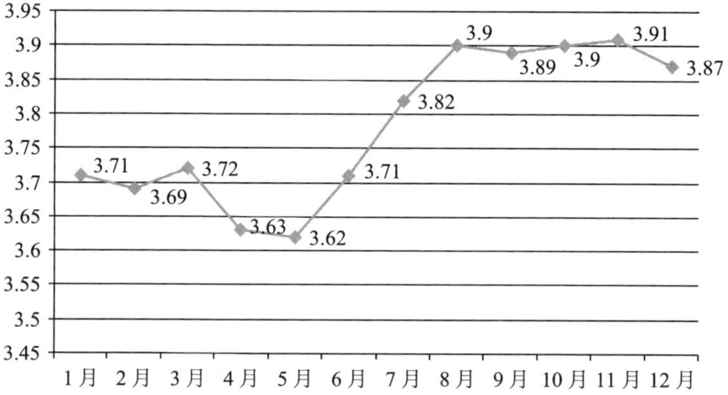


图 2　2015 年各月台湾平均失业率演变　单位：%

资料来源：台湾“主计处”，2015 年 12 月人力资源调查统计结果

影响，台湾经济出现通缩的势头。[8]薪资方面，岛内每人平均薪资约为48650元新台币，较上年增长2.69%，但若按2010年价格指数衡量的实质经常性薪资看，2015年的水平相当于1999年左右，显示岛内实质薪资仍退回至16年前。[9]

## 六、马英九当局推出一系列经济施政举措，但遭遇空前阻力

2015年是台湾步入2016年“大选”的冲刺年。在2014年底“九合一”选举中遭遇溃败的国民党，直接面临很可能在2016年初两场重要选举中丢失执政权的巨大压力。为应对岛内经济低迷态势、化解岛内民怨、拉抬国民党选情，马英九当局在2015年力推一系列社会经济改革措施：首先，马英九当局推动修订“产业创新条例”、“所得税法”等文件，希望借此优化岛内投资环境，促进台湾加快向“创新驱动型”经济体迈进，同时马英九当局又主导取消了证券交易所得税等，提振台湾股市。其次，为扭转外界对国民党“图利大财团”的不利印象、促进岛内公平正义，特别是在提升岛内民众薪资等方面取得实质进展，马英九当局积极推动增(修)订“公司法”、“劳动基准法”、“工厂法”以及“中小企业发展条例”等所谓的“加薪四法”，希望强制推动岛内企业将盈余更多分配至劳工阶层。再次，马英九当局主导修正“所得税法”与“特种货物及劳务税条例”部分条文，建立房地合一税制，力图借此打击岛内房地产市场上的投资投机行为，抑制岛内北部地区房价过快上涨势头，缓解台湾年轻人对房价的不满情绪。此外，马英九当局还积极推动加强对岛内高龄失能人

士的“长期照顾法”、确立“周休二日”政策以及推出应对国际经济新形势的“生产力4.0”方案。

总体看,2015年马英九当局经济施政举措意在回应岛内民众对公平正义的呼声与诉求,化解民怨,给国民党2014年底“九合一”选举的惨败“止血”,但马英九当局的初衷却遇到前所未有的阻力。在“九合一”地方选举中大获全胜的民进党信心大增,对马英九当局经济施政掣肘的意愿与能力明显增强,而国民党党内围绕选举提名等风波不断,离心离德态势加剧,马英九当局已明显“跛脚”,很多经济施政无法向前推进,加之两岸服务贸易协议仍未通过台湾地区立法机构审查、两岸货物贸易协议谈判也未取得实质进展,可以说2015年马英九当局经济施政基本陷入停滞状态。

## 七、2016年台湾经济展望

展望2016年,台湾经济将面临前所未有的“双期叠加”的新局面,即外部经济低迷及岛内政党轮替很可能将进一步加剧台湾经济困境,导致台湾经济面临更大的挑战。从国际经济形势看,世界经济依然充满着诸多的不确定性,虽然美国经济复苏强劲,但欧洲、日本等发达国家经济依然陷入“泥沼”中不能自拔。新兴经济体经济普遍面临挑战,世界经济已经步入“新平庸”阶段,经济增长不平衡、不持续的问题日益突出,短期内难以出现经济亮点。中国大陆经济下行压力日益加大,结构调整也日趋加快,特别是大陆在全球产业链分工体系上的爬升以及两岸产业竞争性增强,将给台湾经济发展造成巨大的压力。与此同时，民进党在2016年初岛内两场重要选举中以压倒性优势获胜，而国民党则遭遇“雪崩式”的惨败，两岸关系发展将面临更大的挑战。由于民进党拒不承认“九二共识”、放弃“台独”，使得2008年后两岸基于坚持“九二共识”、反对“台独”共同政治基础上的两岸制度性经济合作将陷入停滞的局面，台湾经济势必将遭遇两岸经济合作中断的严重冲击。

从目前岛内外各机构的预测看，2016年台湾经济表现不容乐观。台湾“主计处”2016年2月17日评估，2016年经济增长约1.47%，已较2015年11月底预测的2.32%下修0.85个百分点，未来进一步下调将是大概率事件。更为重要的是，蔡英文在选举期间提出“经济发展新模式”构想，高调宣称将要推动台湾经济结构的深层次改革，大力发展“五大新兴产业”，全面提升台湾整体竞争力。客观而言，蔡英文这一构想虽然总体符合台湾经济转型发展方向，可谓一定程度上“把准了脉”，但蔡英文出于政治考虑，所开出的“药方”却是要降低对大陆经济的依赖，强力推动台湾加入美国主导的TPP第2轮谈判以及深化与东南亚国家和印度经济合作的“新南向政策”。这无疑是“开错了药方”，台湾经济若服下这一“药方”，不仅不能“药到病除”，相反还将出现一系列不良反应，其结果是台湾不仅将失去利用大陆市场实现经济转型升级的契机，还将在亚太区域经济合作浪潮中日益被边缘化，岛内经济困境也将进一步加深。

**注释：**

① 台湾“主计处”：《国民所得统计及“国内”经济情势展望》，2016年2月17日。

② 台湾"财政部"统计:《2015 年进出口贸易形势分析》,台湾"财政部"网站,www. mof. gov. tw,访问时间 2016 年 1 月 15 日。

③ 台湾"经济部投审会",《2015 年 12 月投资统计月报》,台湾"投审会"网站 www. moeaic. gov. tw,访问时间 2016 年 2 月 12 日。

④ 台湾"财政部":《2015 年 12 月"全国"赋税收入初步统计》,台湾"财政部",www. mof. gov. tw,访问时间 2016 年 1 月 25 日。

⑤ 《台湾财政统计通报》,台湾"财政部",www. mof. gov. tw,访问时间 2016 年 2 月 15 日。

⑥ 《债台高筑"财政部"缓拨苗栗 2 亿统筹税款》,台湾"中央通讯社"2015 年 9 月 10 日。

⑦ 台湾"主计总处":《2015 年 12 月暨全年人力资源调查统计结果》,www. dgbas. gov. tw,访问时间 2016 年 2 月 26 日。

⑧ 台湾"主计总处":《2015 年 12 月物价变动概况》,www. dgbas. gov. tw,访问时间 2016 年 2 月 1 日。

⑨ 台湾"主计总处":《2015 年 11 月薪资与生产力统计结果》,www. dgbas. gov. tw,访问时间 2016 年 2 月 14 日。

(作者单位:中国社会科学院台湾研究所)

# A Review of Taiwan's Economy in 2015

By Wang Min

**Abstract**: In 2015, Taiwan's economy has stepped into the most serious predicament after the global financial crisis. Although unemployment rate and salary indicator of the island have improved a bit, its economic growth, outward trade, industrial output and other indicators have been in recession. As Taiwan heads towards the 2016 "presidential and legislative elections", and economic reform by Ma Ying – Jeou administration is in stagnation, the general public and the business circle have become increasingly unsatisfied. Such a predicament reveals in-depth structural problems of Taiwan's economy in the era of profound and complicated changes after the international financial crisis. In 2006, we predict that against a background of sluggish global economy and the DPP's assuming power, Taiwan's economy will be confronted with more serious challenges.

# 2015年台湾社会综述

徐　青

**摘　要**：2015年台湾社会因马当局治理能力缺失，经济提振乏力，民生问题严重，加上处于2016年“大选”前夜，蓝绿恶斗不止，使得民众反政党情绪高涨，民粹盛行，整个社会躁动不安，政局动荡紊乱。岛内民意的变化带来蓝绿政治力量的结构性翻转，台湾“主体意识”、“主权利益”抬头也影响2016年“大选”结果，连带影响两岸关系的走向。

纵观2015年，台湾社会因马当局治理能力缺失，经济欲振乏力，民生问题严重，加上处于2016年“大选”前夜，蓝绿恶斗不止，使得民众反政党情绪高涨，民粹盛行，整个社会躁动不安，政局动荡紊乱。这一方面让民众借2015年度代表字“换”字表达“对现状不满、希望改头换面”的强烈情绪；另一方面，岛内民意的变化带来蓝绿政治力量的结构性翻转，台湾“主体意识”、“主权利益”抬头也影响2016年“大选”结果，连带影响两岸关系的走向。

## 一、民众对整体社会环境不乐观

### （一）治安案件频发令民众对整体治安感受不佳

2014 年 5 月 21 日东海大学学生郑捷在台北捷运车厢内随机杀人，一方面引起岛内社会恐慌，另一方面，虽然案犯已被处以死刑，但随机杀人案势头并未遏止，至 2015 年 6 月，北捷已发生 16 件令民众恐慌的治安事件，平均每月发生逾一起案件。尔后，2015 年 7 月又接连发生 2 起，特别是 21 日台北捷运中山站发生的随机砍人事件，导致 4 人受伤，行凶者年仅 20 岁。随机杀人案件在其他县市也发生多起。5 月内先后在新竹和台北市发生 2 起杀童致死案；7 月 21 日新北市三峡再发生一起随机砍人事件，造成一人受伤，行凶者也是年仅 15 岁的中学生。除了随时都可能爆出的随机杀人案外，高雄还发生首例监狱暴动案件。2015 年 2 月 11 日高雄一监狱 6 名受刑人抢夺枪支，挟持了狱长、狱警、替代役男，警方随后派出 200 警力及特警荷枪实弹保卫监狱，历经 14 小时的对峙，6 名挟持者举枪自尽，创下台湾治安史上的首例，引发岛内外媒体的广泛关注。

频频发生的治安事件反应在民调上，即民众对整体治安环境感受不佳。尽管 9 月 2 日“警政署刑事警察局副局长”黄嘉禄在出席“内政部”记者会时表示，2015 年 1 至 7 月的全台刑案发生数 17.5796 万件，较 2014 年同期减少 1 万件，相对而言，目前是台湾治安较平稳的时刻，[①]但频繁发生的随机杀人等案，虽属偶发性个案，但造成民众对治安感受的重大冲击，抹煞台湾整体治安状况的改善，民众对整体治安满意度只有 25% —45% 。[②]

### （二）食安问题层出不穷令百姓提心吊胆

台湾的食品安全问题严重，一年来，有工业原料冒充食用原料卖给食品厂的，有20年来一直在饼皮中使用工业漂白剂、10年来一直以工业用“碳酸氢铵”、“硫酸铝铵（明矾）”浸泡海带、8年前起就在调制盐酥鸡的椒盐粉等调味料添加工业用碳酸镁出货给全台逾3千家加盟商的，有将工业碳酸镁、碳酸钙卖给各大药厂用来制作药品赋形剂、胃散的，有过期8年的食品更改保质期再卖的，有从卖场回收腐烂和过期的蔬果、肉类等食品清洗后再转卖给早餐店、便当店、小吃摊的，有用饲料用鸡血制鸭血的，有过期品回收后再混入原料重新制作假冒新品贩卖的，有废弃加油站暗中制作萝卜糕、蛋饼皮、葱油饼等食品的，有煮饭时掺入反丁烯二酸等防腐药水并将防腐剂白米饭供给高屏地区一百多家学校的，有年节食品苯甲酸、黄曲霉毒素过量、玉米残留农药的等等，特别是“顶新黑油案”更是引发社会震撼。食品安全事件频密发生，每月曝出，甚至1个月有2－7起；案件覆盖范围广，从学校到军队、从摊贩到超商，且遍及全台各地；黑心手段多样，恶性案例多，引全台百姓提心吊胆。

5月10日一项民调结果显示，高达84.5%的母亲不满食品安全政策，位列妈妈最担心之事首位，而妈妈们的母亲节第一愿望就是家人健康。妈妈代表夏小姐说：“连我自己买菜回来煮，我都会担心是不是又买到什么黑心产品，小孩吃到什么东西，会不会影响到他的健康。”[③]食品安全全面沦陷，不但重创了台湾食安形象，阻碍出口，更瓦解社会对马当局的信心与信任。

### （三）岛内民众对社会现况悲观不满

2015年12月，台湾《远见杂志》与北京零点研究咨询集团、香港大学民意研究计划及新加坡《联合早报》等权威机构发表“四地华人社会进步指标调查”，从“政府施政、国会效率、媒体可信度、企业责任、市场反应、社会秩序、人才供需、世代信任、贫富分配”等九大指标，观察四地华人社会进步程度。四地“互评”结果，新加坡称霸华人社会，大陆居次，香港和台湾敬陪末座。特别是台湾竟囊括 7 项（市场反应、企业责任、媒体可信度、人才供需、“国会”效率、“政府”施政、贫富分配）评价垫底纪录。台湾民众最满意部分、也是台湾社会得分最高的指标“社会秩序”（4.9 分），还不及中国大陆排名最后的指标（贫富分配，5.07 分）。显示台湾整体社会氛围异常悲观。如果不是在“社会秩序”、“世代信任”两项指标以几个小数点“险胜”香港，台湾很可能拿下本次调查的“另类大满贯”！④

## 二、社会反政党情绪助推民粹政治带来蓝绿政治力量翻转

### （一）岛内社会反政党情绪高涨民粹政治盛行

岛内民粹政治由来已久。由于在台湾民主转型的过程中，民主化的矛头始终围绕着“中华民国、国民党统治台湾的正当性”，加上两岸关系的历史与现实政治影响，台湾民主化始终脱离不了统“独”斗争，脱离不了“主权”议题的纠缠，在民主化的终极目标上更彰显“国家前途”的迥异政治走向。由于国民党“党国体制”坚固难摧，政治人物、政党为获得选票、攫取政治资源，满足一党一人之私利，不仅常常诉诸民意激情，不惜冲撞现行体制、挑战行政分际，甚至伦理、“法律”界限，且竞相讨好选

民，弃台湾整体的长远利益而不顾。统“独”立场、政党倾向，甚至省籍、两岸关系、对外交往，无一不在民粹政治的操弄之列，“哪里有选票，政策就在哪里”。可以说，台湾民主化过程中蕴含着浓厚的民粹政治色彩，甚可堪称民主转型的底色。这一特点，在面临选举时更为明显。2014 年的“反服贸运动”、2015 年的“反课纲运动”都是民粹政治的典型案例。

此外，2014—2015 年，台湾民众极其厌恶蓝绿恶斗及其导致的政治文化劣质化，同时又十分不满马当局、国民党的治理能力、施政绩效、民意把握、“立院”等方面的表现，因此，社会反政党情绪“爆表”。而在野势力以民粹政治手法借力使力，喧嚣、操作“民意至上”，甚至少数民意可以凌驾于体制、道德之上，负面政治情绪助推负面政治操作。

**（二）反政党情绪及民粹政治导致一系列政治文化与政治力量对比的结构性变化**

首先，选民“任性”翻转了长期以来较为稳固的国、民两党的政治认同度（政策信任与选举基本盘），为民进党 2016 年获得“完全执政”奠定民意基础。一是绿营利用民众的反政党情绪通过“打马”议题的民粹操作站稳了“台湾主体意识”的道德制高点，获得民众对民进党两岸关系上赢得“主权利益”的信任。民进党等“台独”势力利用岛内民意中的某些方面，包括对国民党施政的不满，对岛内长期蓝绿对峙导致台湾劣质政治文化、经济发展困境的厌恶，对两岸关系和平发展初期两岸交流中某些做法的不满，以及迎合青年世代的心理、经济需求进行民粹式政治操作，挑唆受“台独史观”教育的年轻一代打前锋，挑起台湾民众心中固有的恐共拒统情绪，营造质疑马当局两岸政策

“倾中”、两岸红利“财团化”以及“台湾经济过度依赖大陆”等社会氛围，从而将马的两岸政绩污名化，阻止了两岸协议落实执行。民进党借此站稳了“台湾主体性”的道德制高点，更引领新一波“台独意识”上升。民众对国、民两党的两岸政策信任度出现翻转。[⑥]二是绿营通过操作民调塑造出“大陆经济形势的变化让岛内民众对两岸经济合作获利的意愿降低”的民意；而马当局未能实现发展经济的承诺票也让民众对国民党处理经济问题能力的信任度降低，双重因素使得民众转而期待蔡英文谋划的“从世界走向中国”之路，关注如何与大陆之外的国际经济连接。民调显示，62.8% 的民众认为台湾应强化与其他国家的经贸交流，41.3% 的民众认为民进党更有能力处理经济问题，信任度首度超过国民党（37.6%）。[⑦]三是大量年轻选民支持民进党，带来蓝绿政治力量对比的翻转。反政党情绪极大激发了年轻人参与政治的热情，由于他们从小生活在西式民主制度之下，西式“民主、自由、人权”等价值观是他们的天然成分，再加上多年“台独”史观的熏陶，他们对大陆疏离、淡漠，蔡英文称之为“天然独”。在民粹政治的刺激下，年轻人奉行“自己的路自己走，自己的国家自己救”。2014 年底的地方选举，青年盘大约让绿营多出了一成的选票。之后，新兴的青年“台独”政党参选 2016 年“立委”选举，不仅开启“独派”政党的世代交替，更与民进党进行竞合联盟，联手打击国民党。

其次，反政党情绪也带来其他一些政治效应。一是凸现长期以来岛内民众始终在通过选举的方式寻找“对”的政治领袖与“对”的政治文化。2014 年民意对政治人物求“真”求“信”的狂飙卷起了柯文哲“素人政治”风暴；2015 年洪秀柱“小咖”勇担重任的魄力担当也让选民眼睛一亮。所谓“柯文哲现象”、“洪秀柱现象”，并非只是当下的民情，更长远的回看，也是当年“马英九现象”、“蔡英文现象”的延续，可谓一脉相承。二是反政党情绪也影响着领袖人物的政治策略应用。如蔡英文继2014年抛出“公民路线”之后，2015年6月她又提出“参与式民主”，表面是打着“民意”、“民主”的旗号，实际上是以民粹政治开道，塑造并利用民意以彻底打垮国民党，完成台湾“民主正义转型”，进而逆转两岸融合的走向，开启所谓“新政治时代”；由此完成岛内第二波“台独民主运动”的“使命”，达成自己的历史定位。三是各政治势力活跃，出现所谓“第三势力”的崛起。这两年来，岛内各政治势力打着“超越蓝绿”的旗号，纷组政党，追求自身政治目标，标举各自政治路线，欲在社会反政党情绪开辟出来的政治真空地带分得一杯羹，导致参加2016年“区域立委”选举的政党有25个，参加“不分区立委”选举的政党有18个，双双突破历史纪录。

这一波“第三势力”，实际上仍未跳脱传统的统“独”理念立场，只是对自身所属阵营的政党表现都失望，对马当局施政都不满，对蓝绿恶斗的政治文化都厌倦，对自身追求被蓝绿斗争所扭曲、绑架都排斥而试图摆脱。他们试图在蓝绿两党政治格局下另寻出路，或“走自己的路”。如隶属蓝营的“军公教联盟党”、“民国党”等，隶属绿营的“公民组合”、“时代力量”、“社会民主党”等。

值得注意的是，尽管台湾社会反政党情绪、民粹政治已经成为不可忽视的民意趋向之一，但由于受制于岛内选举制度，以及“国家认同”、“统、独”政治分歧仍在选举中占有重要影响力，选民在 2016 年“总统”、“立委”选举中仍以国、民两大党为竞投目标，体现当前岛内反政党情绪、民粹政治的影响程度尚未深入到目前两党政治的制度层面；此外，鉴于岛内“中华民族”认同占 8 成以上，因此在民族认同上，负面政治情绪与民粹政治操作难以构成冲击，因此，迄今仅影响到“国家认同”的层次。这些方面未来是否会有变化，值得关注。

## 三、台湾社会对大陆心态变化影响两岸关系

### （一）岛内民意对统“独”走向及“国家认同”出现新变化

一是“永久维持现状”得到半数以上民意支持。9 月 16 日，《联合报》发布“2015 年两岸关系年度大调查”，[8]结果显示，对于统“独”的看法，16% 民众希望“尽快独立”，12% 倾向“维持现况以后再独立”，4% 主张“急统”，9% 主张“缓统”，55% 希望“永远维持现状”，另有 4% “无意见”或未回答。和该报去年调查结果相比，主张“急独”和“缓独”者较去年各减少 3 个百分点，而主张“永远维持现状”者大幅增加 8 个百分点，是 2010 年以来历次调查新高。

二是近半数民众认为未来走向是“被统一”。台“中研院社会所”10 月 25 日统“独”调查发现，在“当下统独选择”部分，选择“独立”的占 46. 4% ，“中间立场”占 37. 5% ，选择“统一”的占 16. 1% 。不过，在“预期未来统独走向”部分，49. 7% 民众认为未来会“被统一”，比例居冠，其次有 35. 9% 民众认为会“独立”，“维持现状”则垫底，仅有 14. 4% 。调查发现，选择“独立”的人中竟然有 37% 认为未来会“被统一”；而选择“中间立场”

的人更高达51.3%认为会“被统一”。调查者认为,“当国、民两党把‘维持现状’当作主流论述,民众心里有数,台湾未来能够继续维持现状的可能性很低。”⑨

三是理性选择下,“中国人”认同过半数。台湾竞争力论坛7月23日上午举行2015台湾民众“国族认同”第二季调查结果记者会。调查显示,将“是台湾人、也是中国人”、“是台湾人,也可以是中国人”及“是台湾人,但不必否认是中国人”等3项“泛中国人认同”相加来对比“是台湾人,不是中国人”的单一选项,“中国人”认同有52.6%,但与上次调查相比减少1.7%;而不认同“中国人”的比例为41.8%,较上一季40.2%,增加1.6%。在考虑“法理上我们是中华民国国民、现实上是生活在台湾的台湾人”的前提下,认同为“中国人”的比例达58.8%;考虑“确保台湾利益、有利两岸和平”的前提下,则有63.3%民众认同“中国人”的身份,比上次调查上升4.5%;但认为“自己是台湾人,不是中国人”有27.1%,比上一次调查下降6.5%。

四是六成左右民众看好大陆成为世界第一强国,但不担心大陆是台湾发展的负面因素。《联合报》上述调查显示,有59%民众认为大陆未来有可能成为世界第一强国,比率较去年调查减少4个百分点;不看好大陆成为世界最强盛国家的比率则由2014年的29%增加到32%。尽管近六年调查都有接近或超过六成民众看好大陆成为世界第一强国,但只有34%民众担心大陆强盛将不利于台湾的发展空间,62%民众不忧心。从趋势资料来看,担心大陆扩张不利台湾的比率,5年来皆介于30%至35%之间,变动不大。进一步分析显示,主张“缓统”或“急统”民众都有70%左右看好大陆未来将主导世界,比率高于持其他主张的民众；至于主张“缓独”或“急独”者，则有逾四成担忧大陆实力增长不利台湾发展，负面感受也明显高于持其他主张的民众。上述民调揭示出来的民意表现彰显出，一方面，岛内多数民众对两岸综合实力消长的现实及其对台湾未来统“独”走向的影响有理性或感性的认知；另一方面，目前多数民众在本意上尚无统一意愿，因此，对“被统一”有着内心的焦虑与恐惧，故而“主体意识”抬头，“永久维持现状”成为最佳的心理安慰，也是面对现实不得不做出的策略选择。若进一步对照台湾智库的民调来分析，则民众对倾“独”立场的领导人是否能维持现状有着明确的质疑，民众也认为维持现状更指向统一的趋势。如果再叠加台湾竞争力论坛有关“中国人”认同的民调，更显示岛内民众的统“独”观在现实政经实力与适恰宣导的双重作用下，有务实改变的空间。

**（二）两岸社会仍疏离，两岸社会互信的建构仍靠两岸交流**

台联合报系民意调查中心趋势调查发现，近 6 年调查都有半数以上民众对大陆方面印象不佳，2015 年调查有 58% ，仅 28% 民众对大陆方面有好印象，正反评价都和 2014 年差不多。在不提示选项的前提下，民众对大陆方面负面印象仍以“专制集权”与“强势霸道”居多，比率各占 23% 及 14% ；比率高于 4% 的负面评价还包括“独裁”、“贪腐”与“不民主”等。不过，也有部分民众肯定大陆公权力部门是一个有效率、经济实力强大、逐渐民主开放、友善、实力强盛的组织，惟比率都不超过 4% 。另一方面，民众对于大陆民众的观感虽优于大陆官方，但仍是以负面感受居多，印象不佳的比率维持去年的 51% ，仅 37% 对大陆民众有好印象。民众对于大陆民众持有的负面印象，在不提示选项的前提下，有27%民众对于大陆民众的不文明行为印象最差，其他的负面印象还包括“强悍霸道”、“炫富”、“不守法”、“不卫生”等，但比率都不超过7%。好印象部分，则有民众称许大陆民众和善、积极、率直豪爽、热情亲切、有同胞爱等，但比率皆低于5%。民众对大陆官方和民众的观感虽以负面评价居多，但分析也发现，曾去过大陆者，有45%对大陆人民留下好印象，33%对大陆官方观感佳，好评都较未到过大陆者高出了10个百分点以上。[10]

台湾民众对大陆的刻板印象及疏离态度，以及2015年两岸关系出现的不愉快事件，如台强烈抵触大陆方面M503新航线、反对大陆方面出台“国安法”、质疑我全面施行卡式台胞证等，彰显要降低岛内民意对两岸进一步融合的抗拒心理，强化交流与彼此了解从而建立互信，是不二法门。就目前来看，两岸社会互信的建构仍任重道远。

**（三）两岸议题在2015选举年中被边缘化**

根据远见民调中心7月民调显示，民众对未来5年的台湾发展目标的期待依序是：保持物价稳定（47.5%）、提高就业机会（46.9%）、加快经济成长（41.3%）、保障健康或退休福利（39.7%）以及落实教育改革（37.8%）；显示民众关心的是民生物价、经济就业、教育改革等与切身相关的“内政”面向，对于两岸议题或“对外关系”（16.6%）及言论自由保障（11.7%）等面向的期待，则相对居后。[11]台湾竞争力论坛8月11日公布的民调显示，两岸关系被认为是台湾社会当前最大问题的只有9%，远低于属于内政治理的经济萧条、政治恶斗、社会不安及教育失败等问题。[12]

究其原因，主要是马当局民生问题上政绩不佳，排挤了两岸政策正义。马英九的治理能力成为其执政以来越来越凸现的致命软肋：一是经济提升无感，民生问题上政绩不佳，令民众大失所望，支持度、满意度一路下滑，声望低迷难振。2015 年 12 月 31 日民调显示，马施政满意度只有 19.2%，不满意度高达 71.5%，满意度虽较年初小幅提升，但仍在低位徘徊，它持续掩盖了马当局所有政绩；党内不断的政争，包括马王之争的延续、张显耀泄密案、选前“换柱”等政治风波，以及不分区“立委”候选人名单，都予社会较差观感，重创马当局、国民党的民意信任度，连带两岸交流合作对岛内经济提升、对台湾涉外环境的改善乃至“习马会”等正面作用均遭排挤。加上蔡英文对两岸政策的调整，以及对两岸议题的成功操作，都让选民对马当局民生政绩的不满压过对民进党两岸政策的担心。结果是过半（56.3%）民众对民进党执政后能否维持两岸和平稳定发展有信心，创下历年新高，没有信心则是创新低 35.7%；其中泛绿民众具信心者更高达 82.9% 的高峰。[13]二是国民党的两岸政策也引发部分民众质疑。由于国民党从长期对民众进行反共教育到 2005 年“胡连会”国共两党领导人相隔一甲子的握手，这一夕之间国共关系的跳跃性质变带来的民众心理上的不适应和质疑，国民党始终没有重视和进行有效的宣导，不少民众并不信任国民党是为台湾利益谋福祉的论述，加上与民间沟通不良，更是让民众易于接受绿营对其追求“一党之私”、“个人历史定位”的质疑。根据 TVBS 民调，七成民众认为国民党不了解民意，相反的，有 52% 民众认为民进党了解民意；调查也指出，高达七成民众认为，国民党较重视自己“党的利益”。[14]

值得指出的是，选举期间，尽管马当局的两岸政绩被排挤，民众对蔡英文较能守护台湾“主权利益”的两岸政策更为信任和认同，但一是从各类民调来看，民意对两岸和平发展的方向和道路是认同的，对两岸签署的各项协议以及释放出来的两岸和平红利是欢迎的，对两岸各沟通协商机制的常态化运作、已纳入两岸协商议程的惠民协议是期待的；二是蔡的政策不得不向“中华民国体制”下维持两岸和平、稳定、发展的方向及既有成果靠拢，证明她了解主流民意的脉动，不敢也难以违逆；三是选前各项民调都显示，蔡英文的支持度始终在接近半数的边缘徘徊，仍在绿营基本盘之内。

综上所述，2015 年的台湾社会出现了社情民意的新拐点，连带造成了一系列新的岛内政治生态和选民结构的翻转。面对 2016 年选后一旦民进党上台并“完全执政”，它将催化出怎样的“台湾主体意识”的社会动能，将如何影响国、民两党的政治、经济、军事、文化和两岸、对外路线政策走向，带来何种两岸社会交流交往的气质与面貌，都值得密切关注。

**注释：**

① 《刑案发生数减低警政署：台湾治安平稳》，2015 年 9 月 2 日 http://www.cna.com.tw/news/aipl/201509020247－1.aspx。

② 《治安满意度 9 年来最佳 获美国商会肯定》，2015 年 5 月 19 日 http://www.appledaily.com.tw/realtimenews/article/new/20150519/613229/。

③ 《84.5% 母亲不满食安政策》，台湾《台湾时报》2015 年 5 月 10 日。

④ 《“四地华人社会进步指标”大调查》，远见民调首页新闻室社会调查 2015 年 12 月 1，http://www.gvsrc.com/disppagebox/GVSRCCP.aspx?ddsPageID = OTHERS&view = 2015&dbid = 3470363389。

⑤《2016 政治领导者之选民意向调查选前民调分析记者会》，台湾智库 2015 年 7 月 19 日，http://www.coolloud.org.tw/node/83044。

⑥ 《中研院学者：太阳花改变民众政治态度》，台湾《自由时报》2015 年 10 月 16 日。

⑦ 《2016 政治领导者之选民意向调查选前民调分析记者会》，台湾智库 2015 年 7 月 19 日，http://www.coolloud.org.tw/node/83044。

⑧ 《联合报两岸关系调查“永远维持现状”窜新高台》，台《中央日报网络报》2015 年 9 月 16 日。

⑨ 《中研院调查迫于现状半数民众预期未来“被统一”》，2015 年 10 月 19 日 http://www.storm.mg/article/69698。

⑩ 《不文明、霸道…看大陆政府、民众 逾半印象差》，台湾《中央日报网络报》2015 年 9 月 16 日。

⑪ 《2015 年幸福感（第二季）调查结果》，远见民调首页新闻室社会调查 2015 年 7 月 21 日，http://www.gvsrc.com/disppagebox/GVSRCCP.aspx? ddsPageID = OTHERS&view = 2015&dbid = 3616。

⑫ 《9 成民众倾向两岸“维持现状”》，台湾《旺报》2015 年 8 月 12 日。

⑬ 《绿民调　对蔡稳定两岸信心蓝绿选民落差大》，香港中评网 2015 年 12 月 30 日。

⑭ 《党尚黑？七成民众认为国民党只重视“党的利益”》，台湾蕃薯藤新闻 2015 年 6 月 4 日。

（作者单位：中国社会科学院台湾研究所）

# A Review of Taiwan's Society in 2015

By Xu Qing

**Abstract**: Anti-party sentiment and populism prevailed and the whole society was in chaos as a result of poor governance, weak economy, the coming "general elections", and the fierce competition between the blue and green camps. Such a change in popular attitudes has led to structural changes in the political landscape. The emergence of so-called "subject consciousness" and "sovereignty interests" will also influence the outcome of the "general election", which will in turn have its impact on the future of the cross - Strait relations.

# 2015 年两岸法律事务交流综述

季　烨

**摘　要**:2015 年,大陆继续全面运用法治思维和法治方式推进两岸关系和平发展。两岸两会商签新协议,强化协议执行。两岸加强居民权益保护,推进人员交流合作便利化,两岸司法交流合作呈现新亮点,两岸学术交流更加频繁。但面对即将展开的选举,岛内主要政党已无意推进两岸关系法案。民进党对“九二共识”这一政治基础消极回避,使得新一年两岸法律事务交流的前景充满不确定性。

2015 年是两岸交流迎难而上、砥砺前行的一年。面对“太阳花学运”对两岸关系的消极影响,大陆方面继续牢牢把握主导权,主动引领并巩固两岸关系和平发展的大局。以《中共中央关于全面推进依法治国若干重大问题的决定》为标志,大陆全面运用法治思维、法治方式和法律手段来思考和解决所面临的艰巨挑战,巩固两岸关系和平发展的制度化成果。在“九二共识”的基础上,两岸两会持续保持良性互动,增进两岸民众福祉,推进两岸交往机制化。然而,面对 2016 年即将展开的台湾地区“大选”，岛内主要政党已无意于在民生经济发展方面着墨，开始将政策重心转向内部权力争夺和选战角逐，台湾当局推动两岸关系发展的动能更加缺失。在此背景下，一些有利于台湾同胞利益的两岸关系法案并未获得通过，2016年台湾“大选”后的前景更加难以预测。

## 一、2015年两岸法律事务交流的主要内容

### （一）两岸两会协商机制

两岸两会制度化协商谈判及其达成的协议是两岸关系法制发展的重要动力，也是两岸法律事务交流的主要形式。2015年8月24日至26日，两岸两会在福州举行第十一次会谈，并签署了《海峡两岸避免双重课税及加强税务合作协议》和《海峡两岸民航飞行安全与适航合作协议》。《海峡两岸避免双重课税及加强税务合作协议》旨在降低两岸居民税负，符合协议规定条件的两岸企业及个人的营业利润、投资所得以及个人劳务报酬等方面的收入，可在当地享受减免税待遇。该协议的签署有利于避免税收歧视，公平税收待遇；协议建立的两岸税务争端协商解决程序，为两岸投资者维护其合法权益提供救济渠道，并搭建两岸税收合作平台。同时，台湾开放陆客赴台旅游之后，两岸民航往来准点和安全问题受到两岸民众的关注。尤其是2015年2月的台湾复兴航空航班失事事件，使得两岸民航飞行安全问题成为民众关注的焦点。《海峡两岸民航飞行安全与适航合作协议》及时回应上述关切，将适时开启两岸在规范领域、监理机制、证照管理、专业认可及信息交换等方面的深度合作。[①]此外，

两岸两会还就尽快完成两岸货物贸易协议谈判、两会互设办事机构事宜、陆客中转及进一步便利两岸同胞往来议题进行商谈。其中，经过12次专家组会议之后，两岸货贸协议协商取得巨大进展，已就原产地规则、海关程序、卫生措施专章等相关实施程序条文达成共识，大部分产品特定的原产地规则已达成一致。[②]两岸两会还于11月30日在台北举行了“两会协议执行成果总结会”，全面回顾了两会协议的执行情况。[③]面对两岸关系发展处于重要节点的关键时刻，上述会谈凸显了大陆方面推进两岸关系和平发展的诚意和善意，也进一步表明，两岸制度化协商不会因为暂时的困难和挑战轻易改变，其所取得的成果必将一如既往，继续造福两岸同胞。

尽管如此，2015年两岸两会制度化协商仍不可避免地受到2014年台湾地区“太阳花学运”的负面影响。最直接的影响便是，台湾地区“两岸协议监督条例”持续“难产”，使得两岸协议的生效进程延宕。2015年4月，蔡英文在获得民进党提名参选台湾地区领导人之后表示“坚定推动两岸协议监督条例完成立法”，但“台联党”却得到民进党“真传”，再次祭出变更议程的战术，导致“两岸协议监督条例草案”审议停滞不前。其结果是，两岸两会早在2013年就签署的《海峡两岸服务贸易协议》至今尚未得到实质审议，2015年新签署的《海峡两岸避免双重课税及加强税务合作协议》的生效更是遥遥无期。在此情况下，经过台湾当局的勉力内部沟通，两会第十次会谈签署的《海峡两岸气象合作协议》和《海峡两岸地震监测合作协议》以及第十一次会谈签署的《海峡两岸民航飞行安全与适航合作协议》分别于2015年6月24日和12月31日生效。

## （二）两岸居民权益保护

2015年以来，国务院台办会同各地各部门，认真贯彻《中共中央关于全面推进依法治国若干重大问题的决定》关于依法保护台胞权益的精神，积极落实《海峡两岸投资保护和促进协议》，有序推进台胞权益保护工作，在加强法制化建设的同时，依法办理台胞权益纠纷案件，加大大案、积案调处力度，受案量连续三年保持下降，结案率提高6个百分点，创近三年新高，结案量比2014年增长25%。[④]

与此同时，台胞权益保护地方立法体系进一步丰富完善。上海市和安徽省分别以地方立法的形式通过了《上海市台湾同胞投资权益保护规定》和《安徽省保护和促进台湾同胞投资条例》。其中，作为上海出台的第一部涉台地方性法规，《上海市台湾同胞投资权益保护规定》明确了本市台胞投资权益保护的工作机制，明确鼓励台胞投资的重点领域，鼓励台资企业转型升级，建立统一的台胞投资公共信息服务平台，并对子女就学、就医、申请公共租赁住房、参与社区公共事务等领域赋予其与本地居民同等待遇。《安徽省保护和促进台湾同胞投资条例》则是大陆省份通过的第一部以"促进"台胞投资冠名的地方性法规。该条例不但进一步明确台胞投资优惠的行业问题，还明确了促进台湾工业园发展和设立信贷风险补偿基金等台胞迫切关注的问题。较之以往的地方涉台立法，上述两项法规的保护对象已经从传统的台湾投资者（即"台商"）扩展至其配偶与子女（即"台胞"），同时更加注重全面保障台胞权益，而非仅仅侧重于保护台胞的经济性权益，从而进一步丰富了以《中华人民共和国台湾同胞投资保护法》为核心的台胞权益保护法制体系。

与大陆方面不断强化保护台胞权益相比，台湾地区在保障大陆居民权益方面仍进展有限。关于将大陆学生在台就学的表述由“停留”修正为“居留”以符合投保资格的“两岸人民关系条例”修正案在台湾立法机构内几经波折，最终仍以“暂不予处理”的方式无疾而终。同样，尽管蓝绿候选人都声称要“扩大照顾新住民”，但关于大陆配偶身份证取得时限由6年改为4年的修正案也没有得到立法机构处理。根据台立法机构法案审议“届期不连续”的原则，上述关于大陆居民在台权益保障的法案在2016年新一届立法机构组成后将自动失效。

**（三）两岸人员交流合作**

2015年6月14日，国务院做出《关于修改〈中国公民往来台湾地区管理办法〉的决定》。此次修订旨在简化台湾居民申请来往大陆的手续，自7月1日起，台湾居民来往大陆免予签注，持有效台湾居民来往大陆通行证（简称“台胞证”）即可经开放口岸来往大陆并在大陆停居留，无需办理签注。9月15日，大陆公安部门发布公告，自9月21日起全面实行卡式台胞证，大陆各地县级以上公安机关出入境管理部门开始受理有效期五年的卡式台胞证申请，并停止受理纸本申请。上述举措将为两岸交流交往提供更大便利，促进两岸同胞越走越近、越走越亲。

在地方层面，福建省政府于1月通过了《福建省促进快递行业发展办法》。作为大陆第一部以促进快递行业发展为主旨的省级政府规章，该办法立足福建对台交流合作的特殊地位，特设“闽台快递合作”专章，对鼓励和支持闽台快递合作做出一系列规定，包括支持闽台快递合作基础设施建设，支持开辟闽台快件通关绿色通道，支持在台商投资区、台湾农民创业园等对台合作区域拓展快递业务，鼓励快递企业开展对台直航包机，鼓励闽台快递企业和行业协会建立定期联络协调机制等。

台湾立法机构则通过相关修法活动，对两岸人员往来中的失序现象予以规范，部分规定也在一定程度上保障了两岸民众合法权益及其交往秩序。例如，为了吓阻大陆渔船所谓“非法”进入台湾地区海域捕鱼，台湾海岸巡防部门3月20日在金门首次针对大陆越界渔船实施强制没收的处罚，并出动挖掘机将一艘没收的大陆小渔船砸毁，“展现执法决心”。随后不久，台湾立法机构三读通过“两岸人民关系条例”第80条之一修正案，取消一般船舶与渔船的差别处罚规定，提高大陆渔船未经许可进入台湾地区限制或禁止水域的处罚措施。4月份，台湾交通主管部门航港局订定发布“审查大陆船舶进入我方限制或禁止水域拖救遇险船舶申请作业程序”，旨在落实《海峡两岸海运协议》关于海难救助的规定，对进入台湾地区限制或禁止水域从事救助行为的船舶的审查作业程序做出具体规定。7月份，台湾交通主管部门修正“台湾地区与大陆地区海运直航许可管理办法”，旨在明确运送客货的船舶航经金门、马祖限制或禁止水域的指定航道入出大陆直航港口的管理规范。此外，为配合台湾司法主管部门“大法官”第710号解释的要求，台湾立法机构于6月2日修正通过“两岸人民关系条例”部分条文，对于大陆地区人民强制出境及收容的相关规范，强化在正当程序及人身自由的制度性保障，明确收容天数最长为150天，并规定大陆人民赴台非经许可不得任意进行政治议题协商。

在观光方面，经海峡两岸旅游交流和台湾海峡两岸观光旅游协会经磋商，大陆赴台个人游第五批试点城市名单于 3 月 18 日公布，海口、呼和浩特、兰州、银川、常州、舟山、惠州、威海、龙岩、桂林、徐州等 11 个城市入围。至此，大陆赴台个人游试点城市已达 47 个。同时，台湾交通主管部门于 4 月 1 日修正“大陆地区人民来台从事观光活动许可办法”，简化申请文件，禁止旅行业者接受其他业者转让大陆地区人民来台观光业务，并修正旅行业接待大陆地区人民来台观光旅游团质量注意事项。上述修法旨在限制部分业者以“个人旅游团客化”的手法，造成不具有接待陆客团资格的业者却可以接待变相旅游团的不公平现象。

**（四）两岸司法互助交流**

为适应两岸关系和平发展的新形势，进一步落实两岸司法互助协议，有效保护两岸人民的合法权益，最高人民法院在深入总结过去近 20 年涉台裁判认可等审判经验基础上，于 2015 年 6 月 30 日公布《最高人民法院关于认可和执行台湾地区法院民事判决的规定》和《最高人民法院关于认可和执行台湾地区仲裁裁决的规定》，自 7 月 1 日起施行。与此前有关人民法院认可和执行台湾地区民事判决的四个司法解释相比，《最高人民法院关于认可和执行台湾民事判决的规定》适度拓宽了可申请认可和执行的台湾法院民事判决范围，扩大了此类案件管辖连结点，适度放宽此类案件的受理条件，更加注重办案的程序正当性，明确了人民法院程序中的受理优先原则，审查结果的设置更加科学，增加了程序救济途径，调整了申请认可与执行的期间等。《最高人民法院关于认可和执行台湾仲裁裁决的规定》的基本框架与前者大体相同，特色内容主要在于：扩大了申请认可和执行的台湾地区仲裁裁决的范围，明确了仲裁优先的原则，规定了认可台湾地区仲裁裁决的审查期限及内部报审程序，明确了不予认可仲裁裁决的理由，规定了在当事人申请认可后在台湾地区法院又进行的撤销仲裁裁决程序对人民法院认可和执行程序的影响，增加了不予认可后的救济途径等。⑤

与此同时，两岸司法机构之间常态联系机制运转顺利。7月27日，以“公正司法的制度保障”为主题的第三届海峡两岸暨香港澳门司法高层论坛在澳门举行。本届论坛共为期2天，来自两岸及港澳的70余名司法高层人士，围绕司法审判与司法行政的界限、法院组织人事制度保障、法院经费预算制度保障、海峡两岸暨香港澳门司法交流之现况与深化等四个子议题，进行深入交流。⑥9月9日，最高人民法院副院长李少平率众赴台参加“2015年海峡两岸司法实务研讨会”。本届研讨会以“完善司法保障机制”为主题，来自海峡两岸司法界、法学界嘉宾围绕法官职业化建设、司法资源科学化配置、司法审判及司法互助中的信息化运用等议题真诚交流，集思广益，建言献策。⑦

两岸司法交流呈现新亮点。2015年7月5日，中华司法研究会在北京成立。研究会旨在打造一个两岸暨港澳司法及有关法治问题的共同研究平台，和全球华人法学家与以法学家的高端交流平台，也标志着中华司法民间学术研究与交流的定期化与机制化。⑧12月29日，中国国际贸易促进委员会和中国国际商会在福建平潭综合实验区设立常设仲裁机构——海峡两岸仲裁中心。该中心旨在以仲裁、调解等非诉讼争议解决方式，解决当事人约定由仲裁中心管辖的民商事合同和其他财产权益纠纷，也可以根据其他有关部门的授权受理其他纠纷。中心致力于为两岸企业提供多元争端解决服务，防范和化解法律风险，对于维护两岸企业正当权益、深化两岸经贸合作具有重要意义。同时，由厦门市中级人民法院和厦门大学台湾研究院共同设立的“台湾地区法律查明研究中心”在厦门揭牌，这是大陆首家也是迄今唯一专门从事台湾地区法律查明的机构。此外，由最高人民法院、中国法学会等机构共同支持设立的中国港澳台和外国法律查明研究中心也在深圳前海落户。上述平台的建设，对于准确查明适用台湾地区法律规定、推进涉台审判专业化并切实维护两岸居民合法权益具有重要意义。

**（五）两岸法学学术交流**

2015 年度的两岸法学交流继续关注两岸法治发展中的热点和焦点问题，涉及两岸关系发展、自贸区建设、民法典编撰、生态法制、互联网法制等议题。

作为大陆最具代表性的关注两岸关系法律问题的学术团体，海峡两岸关系法学研究会于 1 月 31 日至 2 月 1 日在北京举行学术年会。来自大陆各地研究机构和实务部门的涉台法律研究专家学者 130 余人参加会议，围绕两岸关系与法治思维、两岸关系各领域法律问题和两岸法制比较等议题进行交流研讨。同时，研究会还联合台湾地区法学研究机构，举办第四届两岸和平发展法学论坛。本届论坛的主题为“法治思维与两岸关系和平发展”，来自海峡两岸的法学专家学者围绕两岸司法合作与权益保障、两岸投资法律保障等议题展开了卓有成效的交流。此外，以“自贸区建设与法治保障”为主题的第十三届海峡法学论坛在上海举行。本届论坛由上海海峡两岸法学研究中心承办，来自海峡两岸暨香港的法学专家及法律实务界人士代表共 210

余人参加了论坛，围绕两岸自贸区法律制度比较、自贸区法制建设的理论与实践、自贸区法律服务研究和自贸区仲裁机制研究等议题展开深入探讨。

两岸法学院校相互之间点对点的合作是两岸法学交流的主要途径。11 月 10 日，第六届海峡两岸法学院校长论坛在西北政法大学开幕，来自两岸众多法学院校的校长、院长共 100 余人参加会议。此次论坛共设三个专题，分别为“法律人才培养机制的改革与创新”、“涉外法律人才培养的目标与路径”和“法学教育、司法考试与法律职业准入”，对推动两岸法学教育的良性发展繁荣具有重要意义。此外，两岸法学院校还围绕相关学科中的重要理论和前沿问题进行交流研讨。例如，2015 年 5 月 8 日至 10 日在武汉举办的第六届海峡两岸公法学论坛聚焦司法改革，就审判独立与权利保障问题展开研讨。第三届两岸清华法学论坛于 5 月 22 日在北京举行，医药创新与法治建设成为两岸清华法学研究人员共同关心的话题。10 月 9 日，由北京通信法制研究会和台湾电信产业协会等机构共同主办的第四届两岸通讯传播法论坛在湖南长沙，围绕互联网竞争法律前沿问题展开研讨。10 月 17 日，台达环境与教育基金会举办“中达环境法论坛”，两岸环境法学者专家面对面探讨生态环境法治问题。11 月 14 至 15 日，由北京航空航天大学法学院和台湾政治大学法学院共同举办的第五届两岸民商法前沿论坛在北京举行，本届论坛以“民法典编纂与创制发展”为主题，相关研讨对于大陆正在推进的民法典编撰工作具有不可多得的参考意义。12 月 8 日至 9 日，首届粤港澳台法学研讨会在澳门举行。研讨会由广东省法学会、香港城市大学法律学院和澳门大学法学院主办，来自粤港澳台四地的法学、法律工作者 80 多名代表围绕粤港澳台的法律整合、民商事裁判、仲裁的承认与执行以及自贸区法律规则的建立与完善等问题进行研讨,对于海峡两岸暨香港、澳门法律制度的衔接与沟通具有积极意义。

## 二、2015 年两岸法律事务交流的特点

纵观 2015 年两岸法律事务交流的总体情况,不难看出以下两大突出特点:

一方面,两岸处理互设性事务的法治思维呈现出此消彼长的基本态势。

以《反分裂国家法》的颁布为转折点,法律在大陆对台工作中重要性日益上升。《中共中央关于全面推进依法治国若干重大问题的决定》提出,运用法治方式巩固和深化两岸关系和平发展是全面推进依法治国的重要组成部分。在此背景下,大陆更加注重运用法治方式和法治思维来维护两岸关系和平发展框架。2015 年 3 月 13 日,国台办主任张志军在《人民日报》发表专文《运用法治方式扎实推进两岸关系和平发展》。文章指出,依法推进对台工作是全面推进依法治国的必然要求,是两岸关系发展新形势的客观需要,也是对台工作理念提升创新的重要体现。未来,大陆将坚定推进两岸关系和平发展的法治举措,维护宪法法律权威,加强制度化协商谈判,完善涉台法律法规,切实提高运用法治思维谋划工作、运用法治方式推进工作的能力,维护两岸和平,促进共同发展,造福两岸同胞。[9]

此外,第十二届全国人大常委会第十五次会议于 2015 年 7

月1日表决通过新《中华人民共和国国家安全法》并于同日公布实施。与旧版相比，新国安法以法律形式确立“总体国家安全观”的指导地位和国家安全领导体制，是一部立足全局、统领国家安全各领域的综合性、全局性、基础性法律。[⑩]尤其值得注意的是，该法第11条明确规定，中国的主权和领土完整不容侵犯和分割。维护国家主权、统一和领土完整是包括港澳同胞和台湾同胞在内的全中国人民的共同义务。该规定与宪法和《反分裂国家法》的相关规定相呼应，再次重申了包括台湾同胞在内的全体中国人维护国家安全的责任和义务。

与此形成鲜明对比的是，台湾方面在处理两岸关系方面的“泛政治化”思维却与日俱增，法律手段逐渐沦为蓝绿政治斗争的工具，甚至成为两岸关系和平发展的隐忧。以“两岸协议监督条例”为例，尽管超过七成的台湾民众也支持尽速完成立法工作，蓝绿政党也都宣称支持立法，但仍通过立法机构党团协商机制、变更议程等方式，操弄议事规则，争夺法案审查的主导权，从而导致延宕法案审议。在此背景下，“两岸协议监督条例”持续“难产”，两会业已签署协议的生效进程难以预期，ECFA后续协议的谈判和签署工作也不断受阻。更重要的是，从长远角度看，“两岸协议监督条例”为反对党以立法机构为平台，对关于两岸民众福祉的两岸事务进行“议题化”操作和技术性杯葛提供了法律空间，台湾立法机构对两岸协议的监督将实现从实体到程序的重心转换。[⑪]

另一方面，岛内的选举周期不仅影响岛内的政治生态，对本年度两岸法律事务交流的负面影响更加突出。

夹杂在2014年“九合一”选举和2016年台湾地区领导人选

举和新一届民意代表选举之间,2015 年的两岸关系法制进展尤其艰难。面对在野党对于马英九当局在两岸政策方面的持续恶意“抹黑”,加之选民对马英九当局执政的“审美疲劳”和“无感”,中国国民党籍民意代表进退失据,在立法机构的席位优势荡然无存。

以陆生健保问题为例,台湾行政机构早在 2012 年 10 月份就根据台湾地区健保的有关规定,将“两岸人民关系条例”相关条文修正草案送立法机构审议。但在反对党的掣肘下,直至 2014 年,台立法机构“内政委员会”才初审通过上述修正案,就差全体会议最后表决通过。2015 年 11 月 24 日,“程序委员会”将此案再次列入全体会议讨论事项议程。对此,民进党主席蔡英文定调:民进党支持陆生纳入健保,只是陆生与其他外籍学生的健保补助“需要一个基本的、结构性的解决”。[12]在该法案付诸表决的最后一刻,“台联党”以变更议程的方式进行杯葛,占有多数席次的国民党团没有选择坚持却同意“暂不予处理”,使得陆生纳入健保的期望再度落空。纵观此案发展不难看出,蓝绿政党可谓“默契十足”:民进党表面支持陆生纳入健保,意在争取中间选民;又以通盘考虑为名拒绝立即修法,不致于流失基本盘;而中国国民党口头支持修法却拿不出实际行动,只不过是为了凸显绿营立场的荒谬,巩固泛蓝选票。一个关乎众多陆生在台平等待遇的严肃修法活动竟被操作成为“政治秀”,台湾地区 2016 年两项选举的影响可见一斑!

同样,蓝绿两党曾于 2014 年下半年就所谓新一轮“宪政改造”问题大打“口水战”。截至 2015 年末,台湾立法机构共收到 40 多个“修宪”提案,其中绝大多数提案是在 2014 年“九合一”选举之后提出,充分反映了“修宪”进程与岛内政治情势的关联性。事实上,本轮“修宪”动议之所以得以发酵,正是着眼于2016年的岛内选举这一可乘之机。尽管部分提案经过“修宪委员会”进行二读审议并进入党团协商程序,但终因党派间无法达成共识而未果。由于本轮“修宪”并未于2016年1月台湾地区领导人选举前6个月提出经立法机构通过的“宪法修正案”,因此,本轮“修宪”闹剧也就在2015年6月之后自然谢幕。

## 三、2016年两岸法律事务交流展望

总之,随着台湾地区进入选举周期,2015年的两岸关系受到较大影响。历经“九合一”一役,民进党踌躇满志,目标直指2016年“大选”。鉴此,在两岸政策方面,民进党名义上宣示“改革”以吸引中间选民,实际上却“维持现状”以巩固基本盘。相较而言,中国国民党仍未走出“九合一”选举惨败的阴影,悲观主义情绪蔓延,党内权力斗争不断,两岸政策优柔不决,在推动两岸关系法制方面更是毫无斗志。虽然中国国民党也曾在选前多次提出推动陆生健保、陆配取得身份证等平等权议题,但从其在立法机构涣散的动员方式来看,争取选票的姿态不言而喻。

目前,台湾地区“大选”落下帷幕,台湾再次实现政党轮替,民进党还史无前例地取得了台湾立法机构的过半数席位,实现“完全执政”,从而即将承担起维护两岸关系和平发展的“完全责任”。一种乐观的预期是,即将执政的民进党可能在涉及岛

内民生经济发展的两岸法案方面采取更加务实的举措，如尽快完成“两岸协议监督条例”的立法工作，通过两岸服贸协议的审议，甚至希望在大陆的配合下完成两岸货物贸易协议的谈判和签署等，以此作为其在两岸政策方面的所谓“善意”。然而，政治基础是两岸关系和平发展的基石，在面对“九二共识”方面，民进党仍采取消极回避的态度，使得新一年两岸法律事务交流的前景充满不确定性。

**注释：**

① 李寒芳等：《提高飞安水准 降低投资壁垒——两岸专家、业者解读飞航协议、避免双重课税协议》，新华网 2015 年 8 月 25 日电。

② 贾靖峰、陈小愿：《郑立中：两岸货贸谈判文本部分获重要进展》，中新社台北 11 月 30 日电。

③ 高旭：《两会协议执行成果总结会在台北举行》，中国台湾网 2015 年 11 月 30 日台北讯。

④ 高旭：《国台办投诉协调局局长王刚畅谈台胞权益保护工作》，http://www.taiwan.cn/xwzx/la/201512/t20151222_11291712.htm，2016 年 2 月 10 日访问。

⑤ 李想、葛晓阳：《最高法发布认可与执行台湾民事裁判司法解释》，法制网 2015 年 6 月 30 日北京讯。

⑥ 《第三届海峡两岸暨香港澳门司法高层论坛在澳门举行》，《人民法院报》2015 年 7 月 28 日第 1 版。

⑦ 严峻：《2015 年海峡两岸司法实务研讨会在台北举行》，《人民法院报》2015 年 9 月 11 日第 1 版。

⑧ 罗书臻：《中华司法研究会在北京隆重成立》，《人民法院报》2015 年 7 月 5 日第 1 版。

⑨　张志军:《运用法治方式扎实推进两岸关系和平发展》,《人民日报》2015 年 3 月 13 日第 7 版。

⑩　马怀德:《国家安全的法律保障——学习贯彻〈中华人民共和国国家安全法〉》,《求是》2016 年第 4 期。

⑪　季烨:《台湾地区两岸协议监督机制法制化评析》,《台湾研究》2014 年第 6 期。

⑫　陈晓星、孙立极:《阳光照得进"陆生健保"吗?》,《人民日报》(海外版)2015 年 12 月 10 日第 3 版。

(作者单位:厦门大学台湾研究院)

# A Review of Cross - Strait Exchanges of Legal Affairs in 2015

By Ji Ye

**Abstract**: In 2015, the Mainland continues to promote peaceful development of cross - Strait relations by rule of law. The ARATS and SEF reached new agreements while strengthening the enforcement of existing agreements. The two sides of the Strait took great efforts for the protection of the rights and interests of the residents across the Strait, and facilitated personnel exchanges. Judicial exchanges witnessed new development, and academic exchanges became more frequent. However, facing the forthcoming election in 2016, the main political parties in Taiwan were reluctant to advance bills related to cross – Strait relations. The DPP still refuses to make a clear position on the 1992 Consensus, thus the prospects of the new years' cross – Strait exchanges of legal affairs have become increasingly uncertain.

# 2015年台湾教育综述

崔　萍

**摘　要**:2015是台湾的“教育创新行动年”,确定十二项教育施政重点,培育优质人才、提高青年核心竞争力、优质十二年基本教育、注重学前教育和高龄教育的政策导向引人注目。在选举期间教育政策成为政党争取选票的话题,学生“反课纲”活动再度引人注目与反思。两岸青年学生交流合作稳步前行,关注青年发展成对台工作重要着力点。

近年台湾以“培育优质创新人才,提升国际竞争力”为整体教育发展愿景,确定2015年为“教育创新行动年”,提出十二项教育施政重点,在优质人才培育、高等教育质量、十二年国民基本教育、技职教育、学前教育及乐龄教育、青年核心竞争力等方面着力推动并有进展。教育政策伴随台湾选举成各政党争取选票的谈资。“反课纲”活动将“课纲修改”问题再度政治化并成为各政党角逐的场所。两岸青年的交流合作稳中有进,关注青年学生发展成为推动两岸关系的工作重点。

# 一、深化人才培育，提高人力素质及竞争力

在全球性竞争下，知识和创新成为提升国家和地区竞争力的利器，各国各地区竞相投入知识的创新及人才的培育，以创造出优质的教育。为因应这一国际竞争趋势，台湾从顶尖大学到技职教育再到基础教育的各层面都有举措出台和推动。

1. 继续推动“迈向顶尖大学计划”（第二期计划）。追求大学学术的卓越及精英人才的培育成为优先推动的课题。台湾推动“发展国际一流大学及顶尖研究中心计划”，规划分二期，第一期 2006 年至 2011 年，第二期 2011 年至 2016 年，更名为“迈向顶尖大学计划”，各期投入经费新台币 500 亿元。这项计划对提升台湾大学国际竞争力及高等教育水平已呈现初步成效。根据上海交通大学世界一流大学研究中心公布的 2015 年“世界大学学术排名”，台湾有 7 所大学进入前 500 大，台湾大学排名第 154 名。[①]2015 年英国泰晤士报公布世界大学前 800 名大学的排名结果，台湾共有 24 所大学上榜，台湾大学排名第 167 名。在 QS 世界大学排名中，台湾有 11 所大学进入前500 名，其中台湾大学排名 70 名，为历年最佳。其他重要成果包括产学合作、招收弱势学生、就读学位的国际学生数及国际论文数等。

2. 持续推动“奖励大学教学卓越计划”（第三期计划）。本计划第一期（2006 年至 2009 年）强调制度建置，第二期（2009 年至 2012 年）为制度深化，第三期（2013 年至 2016 年）强调学校依其自我定位发展特色、提升就业竞争力及强化学用合一，推动国际交流打造东亚高教重镇为目标。本计划推动至今，每年

惠及学生达30万,共已补助45所大学,占一般大学校院(73所)的60%,在强化大学对教学核心价值的重视、协助教师专业成长、提升学生学习成效、改善课程规划内容并发展学校特色竞争力等方面成效明显。在此基础上,将进一步推动以优质的高等教育及华语学习环境,吸引国际学生到台留学,打造台湾成为东亚高等教育重镇,建立教学卓越的品牌形象。同时协助大学毕业生具备国际观与全球移动能力,强化就业的核心能力。

3. 强化技职教育,培育优质技术人力。2015年1月台湾教育部门制定公布了“技术及职业教育法”,明定技职教育包含职业试探教育、职业准备教育、职业继续教育三阶段。向下扎根技职教育,导正人们重学术轻技职观念。强化技职教育务实致用的教与学配套措施,鼓励产业参与人才培育。技职教育制度要松绑,建立技职教育政策规划管理机制等。同时推动“第二期技职教育再造计划”,本计划从制度调整、课程活化及就业促进三大面向,拟订政策统整、系科调整、实务选才、课程弹性、设备更新、实务增能、就业接轨、创新创业及证能合一等九项策略,期望高职、专科、技术校院毕业生都具有立即就业的能力、充分提供产业发展所需优质技术人力、改变社会对技职教育的观点,以达成“提升技职教育整体竞争力”的目标。具体举措包括更新学校教学设备,办理高职就业导向课程专班,办理赴公民营机构研习服务,推动业界实习与职场体验,规划“高职与业界合作机构数据库”等。

4. 推动优质“十二年国民基本教育”。2014年起台湾首度实施“十二年国民基本教育政策”,该政策以“提升中小学教育质量”、“成就每一个孩子”及“厚植国家竞争力”为三大愿景,并蕴含有教无类、因材施教、适性扬才、多元进路与优质衔接等五大理念，及培养现代公民素养、引导多元适性发展、确保学生学力质量、舒缓适度升学压力、均衡城乡教育发展与追求社会公平正义等六大目标。十二年"国教"自实施以来虽有初步成效，但非议声不断。台教育部门 2015 年着重精进相关配套措施：其一，在 2014 年由多元入学方式整合为免试入学及特色招生两个管道基础上，以"先免后特、多元入学、一次分发到位"为基本原则，主要的修正重点包括提升免试入学比率、调整比序项目、扶助弱势升学、缩短入学作业期程及特招回归各区自办等。其二，完备现行各项入学法令规范，现已完成"高级中等学校多元入学招生办法"、"高级中等学校免试入学作业要点订定应遵行事项"及"高级中等学校特色招生核定作业要点订定应遵行事项"等各项相关法令及配套修正。其三，推动落实"十二年国民基本教育课程纲要"核心素养及课程目标。"十二年国民基本教育课程纲要"总纲已于 2014 年 11 月发布，2015 年课程推动工作圈主要是积极研拟强化课程推动机制，搜集课程纲要修订相关意见，推动课程纲要相关配套措施。

## 二、建构优质的学前教育和终身学习社会

学前教育与高龄教育是整个人生教育过程中两个重要阶段，在注重基本教育质量提升的同时，台湾教育政策导向及投入更多的面向学前教育和终身学习社会的建构。

1. 推动精致的学前教育。2010 年台湾推出 5 岁幼儿免学费教育计划，此计划意在减轻家长经济负担，提高入园率，提供

满5周岁至入小学前幼儿充足的就学机会,建构优质的教保环境,确保幼儿所受教保质量。具体就学补助对象为凡就学当学年度9月1日前满5岁至入小学前幼儿,且就读符合幼儿就读“幼儿园补助办法”规定的幼儿园者;其就学补助包括“免学费补助”(就读公立幼儿园入学即免缴学费,就读私立幼儿园者,每人每年最高补助学费新台币3万元),还有“经济弱势幼儿加额补助”(幼儿与父亲及母亲或法定监护人或养父母的家户年所得总和为新台币70万元以下者)。除此还规划有多项配套措施,如持续增设公立幼儿园或非营利幼儿园、保障弱势幼儿优先选择就读公立幼儿园的机会、部分补助高级中等学校学历的教保人员进修专科以上学历的学费等。从已公布数据看计划执行已见成效,2014学年度全台补助人数约19万余人;整体5岁幼儿入园率达96%;经济弱势家庭5岁幼儿入园率逾96%。[②]与此计划落实的同时积极推动幼托整合政策,制定相关法律。2015年7月1日修正公布了“幼儿教育及照顾法”,同时进行政策及法令宣传。针对各县、市承办人及全台约290家公立专设幼儿园园长,办理学前教保服务法规研习及课程领导知能研习。2015年补助各地增设公立幼儿园94班,累计增设1261班,同时补助各地与公益法人协力设立非营利幼儿园20园,进一步缩短公私立幼儿园比率差距。

2. 推展社区教育与家庭教育。台湾终身教育服务的对象遍及各年龄层,其目标朝向精致、创新、公义和永续,透过社区教育与家庭教育落实终身学习理念。一是社区教育。建构以小区或乡镇为单位的学习地图,带动小区学习风潮,提升小区学习意识。有关教育部门积极协助各地办理小区大学、小区多功能学习中心业务，发展社区学习团体，提供民众多元学习管道及机会。2015 年补助 79 所小区大学年度课程计划，并奖励 73 所办理绩效良好的小区大学。同时补助 33 所中小学办理小区多功能学习中心，提供人文艺术、亲职教育及信息等多元课程。本年还推出学习型城市计划，先行在台北市、高雄市、基隆市、新竹县、南投县、嘉义县及宜兰县试办，逐步建构在地性学习型城市。二是家庭教育。台湾面临人口结构老化与少子化现象，家庭结构及功能改变巨大，为积极倡导家庭价值，务实推动各项家庭教育措施，教育部门公布“推展家庭教育中程计划”（2013 至 2017 年），包括整合各地家庭教育相关资源，形成家庭教育支持网络，研修家庭教育法规，建立家庭教育辅导及策略整合平台机制，结合各地及民间团体推动家庭教育等。2015 年教育部门推出了“幸福家庭乐书香”计划及家庭教育数字加值计划，以多元管道（多元化），加强家庭教育理念及服务倡导（普及化）。本年举办了全台家庭教育中心辅导网络会议，分享推展经验并讨论推展家庭教育实施方向。5 月举办全台慈孝家庭楷模选拔表扬颁奖典礼，表扬 58 名全台慈孝家庭楷模。6 月举办“2015 台湾家庭政策研讨会”，邀请美国学者与台湾学者及相关社团参与，从学理与实务探讨家庭政策及家庭教育工作。同时促进家庭教育的专业化发展，2015 年 5、6 月间举办了三次全台家庭教育中心主管及人员在职训练；办理北、南区“中老年世代婚姻教育方案手册”带领人培训工作坊；7 月举办全台家庭教育咨询专线志工督导培训研习；2015 年上半年办理家庭教育志工招募训练、在职训练等相关培训活动计有 15000 人次参与。5 月出版“青少年家庭教育手册”，编印“心约定 · 牵手新旅程”中老年世代婚姻教育方案带领手册及“跨国婚姻教育手册”，提供实务工作者运用。

3. 强化高龄教育体系。台湾高龄人口逐年成长，据台“内政部”人口统计资料显示，2015 年 7 月 65 岁以上高龄者为 287 万 1311 人（占总人口 12.24%）。预计 2018 台湾老年人口为 14.6%，约 344 万 5000 人，成为高龄社会；2025 年将突破 20.1%，约 472 万 5000 人，跃居超高龄社会；2061 年老年人口将达到总人口 41%，约 735.6 万人，岛内人口呈现高龄少子化的人口结构，人口老化相当快速。为因应高龄社会来临，台湾积极推动各项高龄教育工作，并培养中高龄者具备终身学习习惯，强化其退休后学习动机，以维持身心健康，让长者保有健康活力的身心，减少医疗负担，培养长者终身学习习惯。台湾以 55 岁以上民众为主要学习族群，建构在地化中高龄体系，以“快乐学习、乐而忘龄”的“乐龄”为全台推动高龄教育主要目标。具体举措有：其一，结合在地组织成立乐龄学习中心。2015 年成立 306 所乐龄学习中心，结合在地组织如乡镇公所、学校及民间团体等单位为主要推动对象，并提供适合高龄者学习的课程，全台乐龄中心每年举办活动达 6000 场次以上。全台乐龄学习中心组成 574 个自主学习团体并进行 988 个村里拓点计划，将乐龄学习资源送到村里，落实在地化学习机制。其二，扩大办理乐龄大学计划，提供高龄者多元学习管道。岛内大学院校配合开放丰富教学资源，推动乐龄大学计划，提升岛内高龄教育教学质量。各乐龄大学每学期开设 12 至 18 周，每学年共计 216 小时，让 55 岁以上民众有机会进入校园与大学生学习。2015 学年度补助 103 所乐龄大学，开办 116 班，招收 3480 名学员让高龄者一圆就读大学的梦想。其三,发展典范型乐龄学习示范中心。岛内已有台北市、新北市、新竹县、台中市、嘉义县、台南市、屏东县、高雄市、苗栗县等9个“直辖”市、县(市)优质乐龄学习中心转型为乐龄学习示范中心,以发展“本土化”乐龄学习模式。2015年又在南投县、澎湖县及云林县设置示范中心。其四,提升高龄教育专业化。成立乐龄学习辅导团,除总辅导团外,另成立北、中、中南、南区辅导团,负责研发多元教材、办理培训、座谈会与联系会报、辅导及访视乐龄学习中心,2015年上半年已举办了21场次研习。积极研发乐龄学习系列教材,已完成编撰30余本,并上传“教育部乐龄学习网”,提供全台乐龄学习中心、相关单位及民众下载运用。另外强化高龄人力资源再运用,将高龄人力资源活化运用于社会。

## 三、两岸青年学生交流稳中有进,关注青年发展举措不断

在两岸关系各项事业发展中,教育交流合作及青年学生间的交流保持稳步推进态势,特别是青年学生群体的言行状态和发展前景越来越成为两岸关注的焦点和政策的导向重点。

1. 台生陆生就学稳步上升,首届赴台陆生毕业。1987年大陆高校首次对台招生,2010年后教育部出台了免试招收台生政策,2011至2013年台生以每年1000人速度增长,现已超万人,招收台生高校也达200多所。2011年台湾开放大陆学生赴台攻读学位至今,赴台陆生基本呈稳步上升态势。2011年核定招收攻读硕博士学位陆生653名,最终录取233人,缺额率64%;

学士班招生核定招收陆生1488名，最终录取742人，缺额率50%。2015年台湾有115所学校录取攻读学士学位陆生2024人，创历年新高。有75所大学共录取就读硕、博士学位的陆生1095名，比2014年增加246名，增幅约29%。[③]而2015年首届赴台陆生也完成学业毕业，有684人取得学士学位，其中有349人报名台湾的研究所，有312人被录取，也就是说有51%的大陆学生争取继续在台深造，最后有45%如愿。

2. 关注青年发展成为两岸交流的主要着力点

近年，台湾青年学生群体的特别表现及在政治力量中扮演了不同过去政党操作的角色，表明在台湾除了传统的蓝绿两大阵营之外，还有属于不同世代的观点和感受，这成为两岸交流相互了解的新焦点，大陆对台政策的“三中一青”正是与时俱进的体现。2015年3月政协主席俞正声在政治协商会议涉台讲话中首次提出要“为台湾青少年多做工作”。5月在上海举办的第十届两岸经贸文化论坛重点关注青年与基层，对于两岸交流中的“利益分配”不均问题，特别是岛内青年群体面临低工资、就业难、住房难等问题，论坛做出积极回应，专门设置了青年组，重点探讨岛内青年的心态与处境。俞正声主席特别指出，继续助力两岸青年实现人生梦想。参会的国民党主席朱立伦在行程中安排有赴复旦大学参加“与青年有约”活动，并与北大师生座谈。

与此同时台湾当局为展现“为年轻人找出路”的决心，出台了“青年发展政策纲领”。2015年4月台“行政院”核定实施“青年发展政策纲领”，针对全台15至35岁青年，以“胸怀梦想创世代，在地全球皆舞台”作为青年愿景，开展青年健康力、创学力、公民力、全球力、就业力及幸福力等六项关键能力为施政目标，通过政策引导及资源投入，建立青年发挥创意与实践理想的友善环境，提供青年参与公共政策机会及肯定自我的舞台。[④]具体举措包括：研究青年发展指标，建构适合台湾青年发展的相关指标；推动青年生涯发展与壮游体验学习；扩大青年多元参与及服务学习；扩大青年志工参与、政策参与和社会参与等。

3. 为两岸青年学生提供发声、交流的平台。2015 年 4 月由全国台湾研究会举办的第七届两岸青年学者论坛在三亚召开，论坛的主题定位“青年、融合、发展”，来自两岸的 50 多位青年学者就实现两岸一家亲的路径与挑战、青年与两岸关系和平发展、台湾选举投票倾向与身份认同展开探讨，特别就当前台湾青年涉及两岸关系的认同问题进行了深入讨论，就如何真正实现两岸青年的心灵契合、提升两岸青年的一致认同度献言献策。7 月由两岸关系和平发展协同创新中心、全国台联和厦门大学台研院联合举办的第二届两岸学子论坛在厦门召开。论坛以“两岸关系和平发展：青年学子的反思与成长”为主题，由来自两岸的 90 名学生与近 40 位专家学者共同就两岸议题进行深度探讨。论坛着重探讨了当下年轻人关注的两岸关系焦点问题，如台湾青年的认同问题、“一国两制”问题、“小确幸”等台湾社会现象、新媒体对两岸关系的影响、陆生在台“三限六不”等。这种交流形式和内容反映出两岸学生各有自己表达的优点，通过彼此间的碰撞成为很好的学习过程，透过这样的交流交换，可让双方更加全面的了解问题、理解对方，站在共同立场上寻找解决问题之道。

4. 两岸青年创业合作成为两岸关系发展的新助力。在大众创业、万众创新的时代，两岸青年创业合作成为两岸关系和平发展的重要推手。一方面为台湾青年来大陆就业创业提供平台。大陆积极鼓励和支持台湾青年到大陆创业，从官方到社会都在探索一套行之有效的方案，为台湾青年来大陆发展提供更多机会和选择。2015 年 10 月，国台办在福建厦门召开鼓励台湾青年来大陆就业创业工作交流会，来自北京、上海等 14 个省市台办和海峡两岸青年创业基地负责人参加会议。同时国台办公布新设包括北京中关村创业大街在内的 12 家海峡两岸青年创业基地，分布在北京、上海、江苏、浙江、福建、广东、湖北等地。12 月国台办在北京召开鼓励台湾青年来大陆就业创业交流会，并授牌新设 8 个海峡两岸青年创业基地和 1 个海峡两岸青年就业创业示范点。新设的基地和示范点均设在台资企业和地方台协，成为此项工作推动的一大特点。国台办主任张志军表示，各地台协和台资企业要积极探索，为促进两岸青年就业创业、推动两岸关系和平发展做出新贡献。

另一方面，台湾青年到大陆就业和发展的意愿渐高。随着两岸关系深入推进，受经济效益和个人成长驱动，越来越多台湾青年选择赴大陆就业。2015 年 3 月台湾 TVBC 节目民调显示，超过 50% 的 20 – 29 岁台青年，认为在大陆就业薪水与发展比台湾好；30% 愿意到大陆发展；对于“第一份正式工作落在大陆”，超过 60% 的台应届毕业生表示“会考虑”。目前在大陆就业的台湾青年约有 3 万人，在台企和外企居多，随着陆企待遇的提高其吸引力逐年增加。在大陆就业的台湾青年，从工作地点看，依次为上海、北京、广东、江苏、福建及重庆；从职业和学历看，赴大陆就业意愿较高的是白领专业人员与高学历群体；从动因看，台青年愿意“西进”，首先考虑的是薪酬福利，其次是市场发展潜力，再次是增加个人历练需要。

## 四、台湾各政党为选举大打教育牌，学生“反课纲”活动引人注目

教育政策导向与政治生态变化密不可分，教育历来是台湾各政党涉足影响的场域。近年绿营党团一直对大陆学生赴台就读非议不断并设置障碍，2015 再度出现类似“太阳花学运”的学生“反课纲”活动，并由“台独”势力推波助澜。随着台湾青年的政治社会参与感增强及抢眼的言行表现，各政党将青年学生群体作为争取对象及策动力量。

1. 绿营党团杯葛陆生纳入健保三年未果。陆生在台待遇一直是两岸关系中的热门话题。2015 年 11 月 24 日，“立法院程序委员会”将“大陆学生纳入健康保险议题”列入 27 日“院会”讨论议程。27 日由于“台联党团”扬言提出 440 项变更议程案抵制议事，致使陆生纳保案再次流产。回顾陆生纳保进程，早在 2012 年 10 月 11 日，台湾“行政院会”通过“台湾地区与大陆地区人民关系条例”部分条文修正草案，将在台就学的大陆学生纳入健保范围，送交“立法院”审议。两年后的 2014 年 9 月 24 日，台“立法院”内政、教育及文化“联席委员会”才对草案进行初审，但附带决议要求陆生、外籍生应全额自付健保费，并待“全民健康保险法”配套修正后才施行。时至今日，陆生纳保案已经提案三年之久，依然逡巡不前，并再次止步。台“教育部长”吴思华对此感到遗憾，表示站在教育立场应一视同仁。目

前侨生、外生都已有健保保障，唯独陆生没有，对校园和谐产生影响。一直杯葛陆生纳保案的绿营党团一贯“逢中必反”，其反对陆生纳入健保的理由集中在两点。一方面，主观认为大陆对台有敌意，陆生不应享用台湾的健保资源，这是完全的民粹作风、“台独”逆流。另一方面，反对者鼓吹台湾健保已经入不敷出，再将陆生纳入会增加健保负担。这种担心表面上看似乎有些道理，而实际上，完全不符客观数据。2016 年初国民党“立法院”党团举行记者会，批评民进党等阻扰大陆在台就读学生纳入岛内健康保险，加剧少子化危机，导致陆生赴台意愿降低，岛内各大学生源危机无法缓解。台湾学者也指出，纳保与否属“公平的考虑”，不应泛政治化；呼吁各政党，不要三不五时就消遣陆生。⑤

2. 效仿“太阳花学运”，部分学生发起“反课纲”活动。2015 年 3 月，时值“反服贸运动”周年，以青年为主体的社运团体高调“纪念”，绿营趁机“打马反朱”。随之舆论开始反省运动带来的负面影响，时任国民党主席朱立伦表示，经过“反服贸”学运，社会更加重视、倾听年轻人，国民党尤其知道并深自反省。

根据台教育部门 2014 年公布的普通高中语文及社会领域课程纲要微调方案，2015 学年入学的高中一年级新生在语文、历史等课目中将使用新课本。台湾史部分“课纲微调”对以往“去中国化”的内容进行拨乱反正。“台独”势力对“课纲微调”强力反对并串联发动学生抗议新课纲。虽然台教育部门做出让步，但抗议活动持续发酵。从 6 月起至 8 月初，“反课纲”学生形成组织，抗议活动逐渐升温、脱序，有明显效仿“太阳花学运”之势，期间又因“反课纲”团体发言人林冠华的自杀引发更为剧烈的抗议行动，学生数次冲击台“教育部”并持续占领“教育部”，提出“撤回课纲、撤销提告、部长下台”等诉求。后在社会舆论压力及台风将至的情况下，学生结束“占领”宣布收场。对于这波“反课纲”行动，岛内舆论认为它是在强制清洗下一代的历史记忆。这场运动的主角其实是对人生与世界仍十分懵然的青涩高中生，他们才开始接受教育，要如何承担一场以国家认同、历史脉络为核心的论证？由此可见，为政治目的而在幕后遂行操弄者，更显得用心可鄙。[6]从政治观察角度看，此次运动是民进党等“台独”势力借学生之手发动的带有明显的政治意图，其实质就是“去中国化”，而以“程序正义”为名煽动学生冲撞体制成为“台独”势力新的政治斗争手段。

3. 各政党为选举而插手教育政策。围绕台湾大选各政党竞相就教育政策发表言论，大打教育利多牌，以争取选民特别是年轻选民支持。国民党参选人朱立伦 2015 年 12 月 15 日公布教育政策，为让更多大陆学生赴台就读，当选后拟开放大陆学生于台湾科技大学就读，并主张教育经费应平均使用，“法定”经费下限从 22.5% 提高至 23.5%，公立幼稚园学童补助从 5 岁下调至 3 岁，针对经济弱势民众增加额补助，针对弱势家庭学童就读幼稚园补助。[7]亲民党参选人宋楚瑜提出若 2016 当选执政，会提出 1 年 760 亿元新台币“国安等级”人口与教育政策，要花费 20 年时间来解决少子化等问题。宋楚瑜认为，问题在于教育与社会现实脱节，在各个阶段面临不同面相的困境：首先是少子化；接着是幼教，官方补助不足，小学生压力太大；中学的校园伦理荡然无存；高中则是 12 年“国教”过度复杂；大学以上的教育最大问题就是“学用脱节”，导致毕业即失业的情况。宋楚瑜提出“小康教育”草案，将朝向产学一体、向下扎根、适性扬才、重建校园伦理、双轨多元、公平教育六大目标。民进党蔡英文则提出全面免试、降低课业压力、高中职学区划分、资优课程等主张。在最具争议的12年“国教”议题中，在高中职升学方式上的“全面免试”、“学区入学”主张引起众多质疑，认为“全面免试”是一厢情愿、甚至是民粹。

各政党参选人在教育议题上的政见未能让台湾民众满意，质疑甚多，认为是“为选举而政策”的做法，政治人物为当选跟着“开支票”。学者认为，三党政策多流于太理想性或猛打安全牌。也有学者质疑，候选人提出的教育政见都很粗糙和不完整，“是短时间、少数人写出的”，选后应重新检视。特别是担心教育制度若一变再变，将造成学生及家长无所适从。蔡英文一旦选上领导人，12年“国教”势必又要引发变动，到时如何评量初中生学习成果及高中精英教育的存废势必又会引发重大争论。[8]

随着台湾政党生态发生变化，其教育生态将面临新的变数。台湾地区大选投票结束后，台湾教育部门负责人吴思华表示，政党轮替后，他最担心“后顶尖大学计划”、高教创新转型方案、12年“国教”课纲三大研议中的教育政策因此延宕、甚至中断。[9]这将对台湾的教育造成严重影响，无法及时应对少子化危机以及国际竞争。

**注释：**

① 上海交通大学世界一流大学研究中心发布2015年“世界大学学术排名，http://www. shanghairanking. cn/index. html。

② 台湾《教育部业务概况报告》,台湾“教育部”全球资讯网 http://www. edu. tw/。

③ 《台湾高校招陆生,今年数量创新高》,新华社台北 2015 年 7 月 6 日电。

④ 台湾《教育部 2015 年度施政目标与重点》,台湾“教育部”全球资讯网 http://www. edu. tw/。

⑤ 《台湾学者呼吁各政党:不要三不五时就消遣陆生》,中新网 2016 年 1 月 8 日电。

⑥ 《反课纲是在清洗下一代的历史记忆》,台湾《联合报》2015 年 6 月 25 日。

⑦ 《朱立伦公布教育政策:让更多大陆学生赴台就读》,台湾《中时电子报》2015 年 12 月 15 日。

⑧ 《蔡英文挺全面免试家长忧房价飙》,台湾《中国时报》2015 年 12 月 29 日。

⑨ 《忧心政党轮替恐影响未来教育政策》,台湾《联合报》2016 年 1 月 20 日。

(作者单位:首都师范大学政法学院)

# A Review of Taiwan's Education in 2015

By Cui Ping

**Abstract**: It's a year of "Education Innovation in Action" for

Taiwan in 2015 when twelve education policy priorities were determined to breed high-quality talents, enhance core competitiveness for the young people, improve 12 years of basic education for citizens, and value pre-school education and education for senior citizens. During the elections, education policy became one of the key issues for parties. Protests against the syllabus have become eye-catching and also invited rethinking. Exchange programs among young people across the Strait have made steady progress. Development programs for the young have become one of the top priorities for the Mainland's efforts for cross – Strait relations.

# 2015 年台湾文学艺术综述

张　羽

**摘　要:**2015 年,台湾文学艺术资料整理与新著出版持续推进,台湾文学的外译工程提升文化软实力。为活跃地方文化,台湾各县市举办多种艺文活动,社群流派纷呈,彰显地方特色。文学纪录片《他们在岛屿写作》系列Ⅱ上映,"阅读时光"系列、"交响台湾"计划等,让台湾文学影像化、有声化走出重要一步。"台湾文学大典"网站(twlit. blogspot. tw)启用,研发"台湾文学地景 App",让台湾文学与网络科技联姻,以活泼新颖方式引领民众参与。各类文艺奖项、刊物社团庆生、作家庆生与相关纪念活动,以颁奖礼、文学营、专题演讲、艺文展览等多样方式展开。

## 一、2015 年度台湾文学艺术出版观察

2015 年,台湾文学艺术资料整理与新著出版持续推进,各体文学均有实力派新作出版,各县市推出当地作家作品的专辑

系列，台湾文学的外译工程提升文化软实力。

**(一)台湾小说出版概述**

本年度出版的小说多以叙事来聚焦台湾社会文化现象。如平路小说《黑水》借由台湾刑事案件，探讨了台湾社会问题，如司法制度缺陷、年轻女孩爱的失能、老年男女的婚姻困境，以及媒体对蛇蝎女形象的偏见。平路担忧台湾文化对待历史的方式："只是急着找一种说法就定于一尊，却吝于对人性付出一点好奇，那其实才是更危险的事。"[①]陈雪长篇小说《摩天大楼》与《黑水》题材相近，透过一位女孩钟美宝与一桩命案，来描写城市居民心理与群像。吴明益《单车失窃记》寻找失踪的脚踏车和父亲，既介绍单车发展史，也兼顾历史现实双层轨道，从读者来信、一张照片、老眷村、二战的故事中，现实与回忆交织，"收放自如、写实又炫技"。[②]萧飒阔别20年后的新著长篇小说《逆光的台北》聚焦台北都市，她说："台北就如大多数的大都会一样，因为与时俱进的关系，只会越来越年轻，越来越风华盛茂……但是繁华底下有其奠基，有难以察觉的阴影，有美丽有哀愁，有M型化的贫富差距……"。[③]游善钧首部长篇小说《骨肉》以意识流的手法，质疑在"家庭"的框架之下，各种暴力，以及个人存在的可能性。

本年度台湾少数民族题材小说主要有夏曼·蓝波安的《安洛米恩之死》，呈现了达悟人独特的海洋文化思维，"更罕见地触及了教育认同与宗教迷思。教会与学校，远不是少年达卡安的天堂，航海家族的猎鱼高手安洛米恩，适时给了达卡安一场深海的翻转教学，于是一老一小行在礁石沿岸带着鱼枪的身影，'神经病'对上'零分先生'，成了此书的奇异风景"。[④]巴代《最后的女王》讲述了被遗忘的卑南族“彪马社”女王达达的故事。甘耀明小说《邦查女孩》被认为有如台湾版阿甘正传，“展现出庞大的企图与书写的力气”，[5]讲述了 20 世纪 70 年代阿美族(邦查)女孩古阿霞和传统伐木工匠帕吉鲁相濡以沫的爱情故事。

近年，台湾作家更青睐科幻元素，出现了一批科幻作品。如作家吴明益《复眼人》、贺景滨《去年在阿鲁巴》、张启疆《26》、伊格雷《零地点》、骆以军《女儿》等，本年度李伍熏《3.5：强迫升级》“以宏观角度从全球化、公平贸易、自然生态保育和人类永续生存的观点弹唱出忧虑、恐惧和希望”。[6]张系国长篇小说《下沉的世界——海默三部曲之二》讲述联邦境遇改造员唐森到“海默城”执行任务，阴差阳错变成游击战士后的奇异经历。

还有一些作家关注异域生活，突显异域色彩。如被誉为台湾光复初期“天才少女”陈蕙贞长篇小说《漂浪的小羊》记述了 1936 到 1945 年间，一家四口怀抱回归祖国的希望，在日本生活所体验到的人情冷暖，“忠实地写下在抗战期间寓居日本的台湾人处境、日常生活与心境，同时也记录了部分当时在日本的台湾人的抗战心情，这部作品堪称是台湾作家的‘抗战’书写”。[7]李永平长篇小说《朱鸰书》讲述台北女生朱鸰独自到马来亚婆罗洲内陆，沿着当地母亲河溯源而上的奇异之旅。连明伟《西红柿街游击战》“大胆脱离传统主题，直探在菲律宾异域共存的各色族群……带领跨越所谓‘台湾人的心理疆界’”。[8]

**(二)台湾现代诗出版概述**

本年度出版的《2014 台湾诗选》主编陈义芝表示，此次诗选七分之一为首次入选，“实践了‘让位’给年轻人的历史法则”。

3月13日,《2014台湾诗选/饮食文选》新书发表会暨年度诗奖公布,年度诗奖由诗人林婉瑜获得。陈义芝赞誉林婉瑜的诗作:"在内涵上,她为爱情建筑了一座美学的城堡;在表现上,以口语提炼诗意,穿越沟通屏障,特具灵视。"

2015年,余光中出版了第20本诗集《太阳点名》,海洋诗人汪启疆出版了第12本诗集《季节》,两本诗集见证高雄四季风景,呈现对现实生活的感悟和体验。诗人张默出版第18本诗集《水汪汪的晚霞》写山水人物、日常生活点滴、游访名胜风景、品赏艺术名作等题材。萧萧《松下听涛——萧萧禅诗集》收录诗人近年新诗108首,用模拟推演诗意、以比喻翻转意象,进行情悟、物我、天人、思想、文化的交融。向明最新诗集《诗·INFINITE》其诗作被诗评家诗人李进文认为"诗风于儒雅中潜伏针贬","叛逆"是其追求的"王道";诗人鸿鸿认为其"越写越百无禁忌"。[9]吴怀晨《浪人吟》"声调吞吐自成一格,题材更从山海摹写、城市观察到以宇宙大千为尺幅的生命思虑,绝无年轻诗人首航的青涩,或是浪漫抒情的腐词。"[10]林梵《日光与黑潮》"超脱肉体病痛的捆绑,使心灵获得更大的自由,成就更为幽深高远的智慧。"[11]郑炯明诗集《凝视》书写对生命、爱和死亡的凝视。渡也《诸罗记》之"诸罗",是嘉义古地名,诗歌记录诗人在嘉义生活之点滴。

**(三)台湾散文出版概述**

本年度的散文出版中,较引人关注的是对台湾历史与文化人物的记述,杨渡《暗夜里的传灯人》记述了齐治平、台静农、姚一苇、陈映真、余纪忠、林书扬、吴耀忠、黄顺兴、王晶文等人的人文精神,特别介绍了1949年渡海赴台知识分子在传递文化与艺术精神方面的重要作用。另一部《岛屿的另一种凝视》书写的则致力于记录有“温度”的台湾历史。余光中散文《粉丝与知音》收录作者十年间新作 50 余篇作品,有《水乡招魂》《片瓦渡海》《拜冰之旅》等,或感天地深浅、或思过往乡愁、抑或怀古人古都、亦有天伦亲情等。饮食类散文 2015 年仍是热门,有焦桐《味道福尔摩莎》以《台湾味道》《台湾肚皮》《台湾舌头》为基底,重新整编并改写若干,增补四十余篇;陈晓怡等《南方有佳肴——府城文学踏查地图 5》挑选《全台诗》和《台湾古典诗选注 3——饮食与物产》中的 16 首与府城饮食文化相关的诗作,每首诗后附有导读。詹宏志《旅行与读书》(新经典)以阅读经验与旅行感受,记述生命中的挫折、惊喜与彷徨,“除了渊博的知识、丰富的阅历外,詹宏志还是个说故事的高手,总能带给读者极大的阅读乐趣”。[12]李潼《第一颗青春痘》书写童年往事,展现青年爱冒险,以及丰沛的想象力。陈雨航《日子的风景》“把自己挂记在心里的都拿出来述说一番,从日常的吃食、异国游旅到书籍的阅览纪事”。[13]郭琼森《何不认真来悲伤》书写出“家族至爱亲人(父母、哥哥、同志情人)对于叙事者的伤害,别开生面开展了台湾散文界较少碰触的‘负面’书写领域。”[14]

**(四)台湾音乐戏剧概述**

本年度,台湾文学跨界与音乐等艺术门类联姻走出重要一步。2015 年开启的“交响台湾”计划,让作曲家与台湾文学密切对话。作曲家颜名秀选择邱妙津的《鳄鱼手记》《蒙马特遗书》,潘世姬选择郭松棻的《惊婚》,赖德和选择陈玉慧《海神家族》、旅美作曲家陈士惠选了黄春明的四首诗,作曲家以台湾文学作品为灵感,以曲调传达多元文化韵律。

黄大鱼儿童剧团主办之黄春明现代人偶剧《爱漂亮的河马小姐》在宜兰演艺厅演出，该剧原名《外科整型》，是根据黄春明小说改编而成，并再度和日本 NHK 文化奖得主片冈昌以及日本瞳座人形剧团联合制作演出黑色幽默剧目。

**（五）台湾文学的外译工程持续推进**

本年度，台文馆公布的“台湾文学翻译出版补助名单”，英文翻译有李昂《迷园》、李潼《再见天人菊》、王琼玲《美人尖：梅仔传奇》、何致和《花街树屋》、张瀛太《千手玫瑰》；日文翻译有素芬《橄榄树》、苏伟贞《沉默之岛》、甘耀明《杀鬼》；韩文翻译有《李魁贤诗选 100》、舞鹤《余生》、黄锦树《鱼骸》；捷克文翻译有陈玉慧《海神家族》、蔡素芬《盐田儿女》、吴明益作品等；法语翻译有纪大伟《膜》；瑞典文翻译有林海音《城南旧事》等。“透过翻译及出版的补助，将台湾文学推向国际舞台，以文化软实力增加台湾国际能见度。”[15]该翻译出版计划是延续自 1990 年文建会执行的“中书外译”计划，自 2010 年起由台文馆执行，该项计划由作家、译者，或是国外出版社申请，可申请单纯翻译为外文，或是包含译文与出版。

值得注意的是，台湾文学作为地方重要文化资源，本年度更与现代网络科技紧密结合，以活泼新颖方式引领台湾民众参与。8 月，“台湾文学大典”网站（http://twlit. blogspot. tw）启用，网站以数字技术建构台湾经典作家主题馆，并整合台湾文学作家数字网站。10 月，台文馆主办“寻访文学 · 邂逅作家”活动，以十二场讲座与地景导览，由专家讲述、行家带路，重现柏杨、林海音、琦君等多位作家生活、创作轨痕。12 月，台文馆与廿五座文学相关博物馆合作，发表《遇见文学美丽岛》新书，研发“台湾文学地景 App”,民众开启手机定位功能后,就能查阅所在地附近的相关文学创作,使台湾文学与现代科技、在地旅游紧密结合。

## 二、2015 年度台湾文坛记事

2015 年度,第 23 届“台北国际书展”重视台湾文艺图书的推广;台文馆馆长翁志聪卸任,新任馆长陈益源教授接任;为活跃地方文化,台湾各县市举办多种艺文活动,社群流派纷呈,各县市积极建设地方文学馆、文学公园,彰显地方特色。台湾文学影像化与文学有声书取得新进展;文学大师电影《他们在岛屿写作》系列Ⅱ上映,引来观影热潮。

### (一)第 23 届“台北国际书展”重视台湾文艺图书的推广

台北国际书展已持续第 3 年在台北书展内设立的“简体馆”,2015 年共计有近百家出版社参与,共 3 千多种、1 万多册的图书展销。简体馆主办方总经理王承惠表示:“除了让台湾同业及读者可了解大陆最新的出版现况与趋势,未来也希望整合‘海峡两岸图书交易会’资源,使繁简体书的常态交流能见度更高。”[16]1 月 14 日,国际书展大奖公布。2015 年 6 位得主首见横跨海峡两岸暨香港。小说类大奖得主为林俊颖《某某人的梦》、香港作家陈浩基的推理小说《13. 67》、骆以军《女儿》。非小说类大奖得主为大陆纪录片导演张赞波《大路:高速中国里的低速人生》、刘克襄《四分之三的香港:行山 · 穿村 · 遇见风水林》、顾玉玲《回家》。书展基金会董事长王桂花指出,从中可看出华文世界的时代氛围和思考。作家骆以军也强调,这样的得奖名单,可以看见台湾在华文出版上仍有其他地方无可取代的

"文学出版魂"。[17]

### (二)台文馆馆长翁志聪卸任,陈益源教授新任馆长

7月31日,台文馆馆长翁志聪卸任,新任馆长为成功大学中文系特聘教授陈益源。陈益源学术专长为古典小说、民俗学、民间文学、越南汉文学、东南亚闽南文化,出版《台湾民间文学采录》等专著三十几部,主编《云林县民间文学集》《台中县国民中小学台湾文学读本·地方传说卷》《彰化县国民中小学台湾文学读本·地方传说卷》等书。多年担任《云林文献》主编,曾获"台湾乡土文史教育及艺术有功人员"、"好书大家读"推荐奖、中国文艺协会第43届文艺奖章、"科技部"特殊优秀人才奖励及"越南社会文化贡献勋章"等。[18]前馆长翁志聪将转任传统艺术中心台湾音乐馆馆主任,其任内完成"馆舍财产永久移拨,同时启动艺文卖店的筹备,活化文学馆服务功能;并打造齐东诗舍,成为诗的重镇及文学馆台北据点,以及加速馆藏文物数字化与运用。"[19]

### (三)台湾文学影像化与文学书有声化

为推广阅读,台湾"文化部"委托王小棣导演主持的"稻田工作室"选编台湾十部小说与散文,每部包含二十分钟剧情片及五分钟纪录片,合计二十五分钟。"阅读时光"系列共十部作品,包括郑文堂改编杨逵《送报夫》、安哲毅改编刘大任《晚风细雨》、王明台改编廖玉蕙《后来》、沈可尚改编朱天文《世纪末的华丽》、王小棣改编季季《行走的树》、郑文堂改编张惠菁《末日早晨——蛾》、廖士涵改编骆以军《降生十二星座》、王明台改编柯裕棻《冰箱》、郑有杰改编夏曼·蓝波安《老海人洛马比克》及王小棣改编王登钰《大象》。"这个堪称用影像诠释并引介文学

的实验，作品描摹的年代绵长，由日治时期的《送报夫》到年轻世代的奇幻小说《大象》。题材照应多元—都会人际冷漠的疏离焦虑；社会底层被剥削的人道关怀；环境变迁与保护的关照；亲情对应的缠绕纠葛；城乡都会间迁徙的漂流意识；也有白色恐怖下的人性撕裂……众声喧哗。”[20]十部短剧串联出台湾的缩影。12 月 16 日，由台湾“文化部”主办、《幼狮文艺》协办，邀请作家创作类型小说并改编为微电影，继 7 月吴钧尧《听香》、蔡素芬《蓝屋子》等两部由张柏瑞导演，再有郝誉翔《十八岁的夏天》、钟文音《卖身人》、骆以军《昨日之屋》等三部，分别由吴米森、陈长纶、奚佩璐等导演制作。

1 月 16 日，由台文馆推动的台湾文学有声书出版计划，《台湾民间文学》《台湾现代文学》两套丛书共八册，《台湾民间文学》含台湾念歌、台湾民歌、台湾传统戏剧三项 5 册；《台湾现代文学》含现代诗、散文、小说 3 册，共选录二十一位作家的声音、作品及手稿影像，每册各收录 7 位作家各一篇作品，邀请小说家 89 岁的钟肇政亲自朗读作品《鲁冰花》、诗人张香华吟诗《待雪》以及李乔、施叔青、张默、孙大川等多位作家参与录音。“为记录台湾民谣、珍藏作家的声音”，时任台文馆馆长翁志聪亦表示，这个计划除了推广文学，也保存作家原音、手稿，并以无障碍系统 DAISY 制作，整合图表、文字与声音，协助视障者阅读收听。[21]

**(四) 文学大师电影《他们在岛屿写作》系列Ⅱ上映**

《他们在岛屿写作》文学大师电影第二系列上映，分别是邓勇星执导《姹紫嫣红开遍》(白先勇)、王婉柔执导《无岸之河》(洛夫)、陈怀恩执导《如歌的行板》(痖弦)、齐怡、刘佩怡执导

《读中文系的人》(林文月)、陈果执导《我城》(西西)、黄劲辉执导《东西》(也斯)、《1918》刘以鬯等七位文学作家纪录片。《姹紫嫣红开遍》回顾白先勇从故乡桂林、台湾、美国与中国大陆等不同生命阶段的经历。“无论是他在台大时期创办《现代文学》的热情、写作《台北人》与《孽子》的过程、推动昆曲艺术的投入,或是近年《父亲与民国》的历史书写,以时空交错的方式,完整记下白先勇的出身际遇和对人对事的一往情深。”[22]《无岸之河》再现了诗人洛夫“从大陆、台湾、到加拿大,之后并在这三块版图中来回穿梭,像针线般缝补出来的诗的国度,美妙地呈现在世人眼前。”[23]《如歌的行板》再现了痖弦的诗观“诗是很不容易戒掉的瘾,诗是一种癖性,一种毛病,喜欢上诗,就不容易抛掉它。严肃地说,诗也是一种信仰,宗教家可以以身殉道,诗人可以以身殉美,诗人是一辈子的诗人,诗人的努力是一辈子的努力,诗人的最高完成也就是诗的完成。”[24]《读中文系的人》描述生于上海日本租界的林文月在战后举家返台,“在时代变动下由语言转换到家园迁徙,而后进入台大中文系获得台静农、郑骞等名师亲炙,又为了翻译经典《源氏物语》历时5年半的毅力。在学术成就之外,林文月的散文也因写人、说情历历在目,格外动人”。[25]还有西西、刘以鬯、也斯等香港重要作家,展现台港文坛更多元的面貌。总制片廖美立指出:该系列“不只是被动保留、记录文学家的生命轨迹和他们的作品,而是希望以新的影像媒介,吸引大家重新阅读,让文学成为启动新时代的力量”,“我们也不走传统纪录片忠实记录的方式,给导演‘再创作’的空间,用电影手法的规格与质量来呈现。诗人和文字搏斗,导演和诗搏斗,而观众就在不同风格的镜头语言中,再度亲近了文学”。[26]

本年度,侯孝贤获戛纳影展最佳导演,为华语电影打了一剂强心剂。

### (五)"2001 到 2015 华文长篇小说 20 部"票选前 10 名

本年度,还有台湾"国艺会"与《文讯》杂志共同举办的"2001 到 2015 华文长篇小说 20 部"台湾前十出炉,15 年来最受好评的华文长篇小说,票选前 10 名的台湾长篇小说依序为骆以军《西夏旅馆》、吴明益《复眼人》、陈玉慧《海神家族》、吴明益《单车失窃记》、施叔青《行过洛津》、甘耀明《邦查女孩》、骆以军《遣悲怀》、朱西宁《华太平家传》、甘耀明《杀鬼》、陈雨航《小镇生活指南》。台湾部分由 596 位作家、学者、评论家、编辑和出版人进行票选,共选出 10 部。梅家玲表示:"台湾这 15 年来的长篇小说共有 400 多部,在议题上则从乡土、国别、历史记忆到科幻都有,可谓丰收。"[27]陈昌明指出,其实台湾长篇小说近 10 年已逐渐出现创作萎缩的情况,但也看到能获得补助,专心致力于创作的作家所交出的佳作亦不少。[28]针对台湾票选出来的前十强,他指出除了骆以军的作品长期受到肯定之外,也看到如吴明益、甘耀明这些作家"紧追在后";且在易读性、故事性上,都让读者更容易亲近,可以期待未来台湾小说的样貌会逐渐转向。[29]

### (六)各县市持续推动文学活动,建立地方文学馆

为活跃地方文化环境,台湾各县市寻找自身特点,举办多种文化活动,彰显地方特色。台北文学活动包括"台北出版记忆:文学手工时代"特展,在中山堂光复厅展出,有"出版人"、"作家"、"编辑"、"美术设计"四区,集结超过 30 位出版人的私房记忆故事。深度探访了包括远流王荣文、宝瓶朱亚君、前卫林文

钦、联经林载爵、立绪郝碧莲与钟惠民、洪范叶步荣、新经典叶美瑶、远景叶丽晴、允晨廖志峰、尔雅隐地等多家台北人文出版社出版人，分享在文学手工时代出版的最自豪的文学作品，让读者看到一本书背后的故事。特展展出作家王文兴、王鼎钧、朱宥勋、吴明益、刘克襄、蔡珠儿等人的创作现场，也介绍了台湾文学史上的重要出版书系远景1979年《光复前台湾文学作品集》与联经1982年《联副30年文学大系》。策展人封德屏指出："特展不只呈现手工出版的年代，也期望呈现手工出版的精神，因此展出10家人文出版社及其掌舵者的故事。"[30]2015台北诗歌节在台北市多处艺文空间开展，举行"大师专题——伤痛的时光·幽深的花园"座谈，同时举办有多场诗讲座、跨领域诗展演《背着你跳舞》、大师专题电影放映，"诗人夜店趴踢"、"诗人早餐会报"等诗行动活动。台中的"百师入学"活动为推广全民阅读，邀请作家洛夫、郑愁予、余光中、李乔、管管、郑清文、导演王小棣等100位海内外知名作家及导演，进行文化开讲，"期望以文学讲座指路，为学生与市民点亮一盏明灯，让生活注入新能量，进而开启探索文学美好的可能性"。[31]2015台南文学季以"一场盛宴、两档特展、三条文学旅行路线、四大节庆、八种城市新文学体验、十场文学专题讲座"整合大台南12大文学主题活动，"以艺术串联文学，展现台南及台湾文学的多元丰采"。[32]花莲的2015太平洋诗歌节进入第十年，以"水之湄，天之涯：梦的洄澜，诗的圆周"为主题，太平洋诗歌节策展人陈黎表示："因为花莲的好山好水好人情，孕育出花莲独特的人文氛围。以多国语言及闽、客、台湾少数民族方言朗读各种诗歌，让读者徜徉在曼妙众声的岛屿诗歌氛围。"

除了丰富多彩的艺文活动，各县市积极建设地方文学馆、文学公园，如彰化文学馆于“赖和日”开幕，2010 年，明订 5 月 28 日赖和生日这天为彰化市的“赖和日”。开幕当日，诗人李长青朗诵其创作的长诗《一代宗师》，长诗中，串连了包括赖和、宋泽莱、吴晟、翁闹、洪醒夫、萧萧、康原等作家的诗句，讴歌文学作家们对彰化所付出的努力和关心。文学馆初期展示的彰化市文学家有吴德功、赖和、陈虚谷、杨守愚、林亨泰、锦连、姚嘉文、康原等 8 位作家，[33]展现彰化文学独特的魅力。台中市政府文化局主办的“台中文学公园”开幕，将建于 1932 年的日据时期警察官舍群重新规划翻修为“台中文学公园”，台中文学馆将于 2016 年开幕。

概括言之，台湾文学艺术不断在流行文化与严肃文学间求取平衡，注重城乡间文化传递，如台湾文学馆与《中国时报》开卷版共同主办的“文学回乡”系列演讲已迈入第六年。首场由王浩一、刘克襄以“浩克慢游在南台湾过见在地风物”为讲题，在高雄市畅谈旗山香蕉、大树荔枝的传承、运销、推广等，探寻各地风土人情，关注当地特色产业。“文学回乡”活动“期待将书香散布至台湾大小城镇，改善文化发展不均现象。……系列讲座遍撒阅读的种籽，让文学的奇花异草开遍全台各地”。[34]

## 三、2015 年度台湾文艺奖项观察报告

台湾文艺奖项对艺文界产生强劲的推动力，在活化艺文环境、推介文坛新人新作、推动文艺作品出版、分享创作经验等方面，其激活文坛能量不容小觑。各类文艺奖项以颁奖礼、文学

营、专题演讲、艺文展览等多样方式展开。

## （一）第19届台湾“国家文艺奖”

第19届台湾“国家文艺奖”得主分别为作家李永平、艺术家吴玛悧、舞蹈家何晓玫、北管艺师庄进才和建筑师潘冀。其中舞蹈类中止7年，终于由何晓玫出线。李永平是第一位以马华文学获得文学类奖项的得主。李永平1947年生，台湾大学外国语文学系毕业。代表作品包括《海东青》《大河尽头》等书，有“文字炼金师”之誉，近年完成《朱鸰书》，“写作视野不仅放眼台湾，更扩大场域至婆罗洲热带雨林，在原乡与他乡、故乡与异乡，纵横于时间与空间的交错点，充分发挥作家的文学想象力。他的作品反映一部分海外华裔文学青年对于中国情怀、中华文化母体的追寻与渴望”。[35]美术类得奖者吴玛悧是美术类第一位女性得主，2005年起陆续推动“北回归线环境艺术行动”、“人在江湖：淡水河溯河行动”、“还我河山：基隆河上基隆河下”、“树梅坑溪环境艺术行动”等计划，“与艺术家深入小区与民众互动，建立艺术走入生活、社会底层及历史现场的模式，扩大艺术创作的视野及文化包容力”。[36]2013年，何晓玫曾与艺术家吴耿祯合作《亲爱的》，获得第12届台新艺术奖，2010年起推动《钮扣计划》，“为旅外优秀舞蹈人才搭建平台，创造新联结，此一创举有助于国内外的舞蹈生态交流”。[37]北管艺师庄进才创立“汉阳北管团”，是北管表演艺术翘楚，精擅各项乐器操作，也是跨界于歌仔戏的全能艺师，[38]至今仍创作、演出、教育传承不辍。建筑类得主潘冀因为长期致力绿建筑、展现人文价值而获肯定。潘冀表示，他希望个人的荣耀可以唤起更多人对建筑的重视，也期望所有建筑师都能善用资源，永续关心绿建筑该如何实践。[39]

### (二)2015 年台湾文学“金典奖”

2015 年台湾文学奖得奖名单如下:图书类长篇小说金典奖为吴明益《单车失窃记》和甘耀明《邦查女孩》;图书类新诗金典奖由吴晟《他还年轻》(洪范)获得;创作类剧本金典奖由沈琬婷的《吉卜拉》获得;创作类客语短篇小说金典奖,由叶国居客家方言小说《看毋到个田》夺得。其中,吴明益《单车失窃记》以脚踏车为主轴,“借由寻找失踪父亲和脚踏车,透过岛屿地景,时空交错拉出一个现实和回忆的故事”,[40]评审委员古蒙仁认为“艺术创新方面很有突破性”,“悬疑性强,从每个悬疑的背后拉出一段台湾历史,又拉到收藏癖好;作者在细部知识的掌握上花了很多心血,让人有翻新出奇的惊喜。整本小说牵涉二次大战台湾史,有性情、魂魄、历史、故事,而且轮回不已。”[41]甘耀明《邦查女孩》描写花莲的摩里沙卡,加入大量史料与口述,小说中的主角走入山林冒险。古蒙仁认为《邦查女孩》:“除了题材特殊以外,也将台湾山林文学写得特别深刻,探触到台湾各方面的样貌,可以看出作者异乎寻常的掌握能力。”[42]“文化部长”洪孟启指出:“台湾文学奖是文学界里的诺贝尔奖,盼文学界许多优秀作品能透过外译方式,让台湾文学推展至国际,而诗词、儿童文学都是可发展的形式之一。”[43]

### (三)第二届《联合报》文学大奖

第二届《联合报》文学大奖由王定国获得,王定国自 2013 年复出后,相继出版了《那么热,那么冷》《谁在暗中眨眼睛》等书,曾获金鼎奖、台北国际书展等获奖。曾有“学生作家”之誉,中间停笔二十五年,专注于建筑业。直至 2013 年正式复出文坛,2015 年也因这些作品,再度获文学大奖的肯定。9 月 6 日,由联合报副刊、联合报文化基金会共同主办“第二届联合报文学大奖赠奖典礼暨联报文学大奖高峰对谈”举行。由联合报社长项国宁赠奖予得奖人王定国，随后进行高峰对谈，由杨照主持，王定国、李奭学、周芬伶、陈芳明、杨泽等对谈王定国的作品与创作历程。周芬伶认为：“抓住平凡人物的平凡挣扎，在小格局中用心刻画，色彩、画面、动作无一不讲究，让我们看到老派小说家的精细工序。”[44]李奭学形容王定国的小说像在画设计图，透过精准设计，“每一句话、每个动作都有言外之意”。[45]

**（四）2015 年度《中国时报》“开卷好书奖”**

本年度十大好书中文学类作品有郭琼森《何不认真来悲伤》、甘耀明《邦查女孩》、詹宏志《旅行与读书》、吴明益《单车失窃记》、连明伟《西红柿街游击战》、余秀华《摇摇晃晃的人间：余秀华诗选》（印刻）、王定国《敌人的樱花》。[46]《何不认真来悲伤》书写出“细腻、深刻而忧伤的家族史”，[47]评委向阳推荐语是“作者勇于面对心灵和肉身的悲伤，真挚记录并书写一个家庭的残败、离散和伤痕，使得向来被隐藏的暗黑角落，发出微光，特别动人，深刻如绘”；[48]《邦查女孩》评委赖香吟推荐语是：“邦查女孩游台湾，留下 70 年代草木山川，被漠视之乡野众生史。笔法既写实又不写实，前者天地万物细腻有情，后者有时荒诞但能莞尔一笑。作者善于从口述传统与大自然汲取养分，如今情深义重还礼之”；[49]《旅行与读书》评委罗智成的推荐语是：“总能以别具一格的视角或观点，在枯燥平凡中找到有趣，在有趣中找到深刻的意涵。跟着他去上山下海去旅行，或锲而不舍地追求种种美食的奇遇，一定十分好玩”；[50]《单车失窃记》评委向阳推荐语是：“小说家以博物学式的叙事语法，带领读者进入生存与死亡、命运与运命的旅程;细节的描绘和知识的铺陈,形成迷人的文体,勾勒大时代的故事,成功表现出当代台湾文化的深沉语码”;[51]连明伟《西红柿街游击战》推荐语:“新生代作家令人眼睛一亮的新作,三个中篇透过在地第一人称观点,身历其境带领我们进入就在台湾身旁但又视而不见的菲律宾底层生活百态。文字鲜辣逗趣,逼视现实却不凝重,是难得大步走出岛国狭隘自恋窠臼的成功突破(朱伟诚)”;[52]王定国《敌人的樱花》讲述“残缺无奈的爱情故事,以简单又具亲和力的主题和可读性胜出”,[53]苏伟贞推荐语是“读王定国总是让我想起瑞蒙·卡佛,简白的文句勾描出余味无穷的情节。……《敌人的樱花》亦在一些看似不紧要处,感觉到叙事很小、很美”。[54]

**(五)第 39 届金鼎奖**

第 39 届金鼎奖公布,《印刻文学生活志》获杂志年度大奖。吴明益摄影散文作品《浮光》(新经典图文传播公司)获得图书类年度大奖、特别贡献奖得主为资深出版人何政广、文学图书奖由尉天聪《荆棘中的探索:我的读书札记》、顾玉玲《回家》、郭英声及黄丽群《寂境:看见郭英声》、林俊颖《某某人的梦》获奖、非文学图书奖由《湾生回家》《良露家之味》获奖、儿童少年图书奖得奖作品之一《拐杖狗》亦获图书插画奖。《印刻文学生活志》创刊于 2003 年,以文学为主,涵盖美术、表演、音乐等艺术领域,创办人初安民担任文学杂志总编辑多年。

上述文学奖项的颁布,引发了台湾文坛的繁盛局面,开拓了创作与出版市场。但也不乏质疑之声。台湾每年有一百多个文学奖项产出,被戏称为“文学奖之岛”。近年,更有“凡文学奖作品必然不好看”的说辞。罗智成指出:“目前台湾,如果不是文学奖太多，就是好的作品太少；如果不是好的作品太少，就是评选委员的同构型太高——或是文学奖项的个性、独特性太低，没有意识到要在态度或创作美学上和其他奖项做区隔。”[55]“是否有些作品太刻意于书写策略，或过度重复特定主题？他们是否超越了过去的自己？”[56]朱宥勋也指出：“在《联合报》、《中国时报》两大报副刊互别苗头的脉络下，当代意义下的‘文学奖’，作为一种媒体企划诞生了。从这种文学奖的规则和设计里，我们可以看到浓厚的‘副刊脉络’”，[57]这种副刊特质表现为篇幅越来越短小、主题相似性，呈现某种特定的社会观和文艺观。近年来，联合报文学奖、联合文学小说新人奖陆续停办，全台学生文学奖转型。台湾文坛必须要面对的问题是：“如何找到另一个鼓励文学生产的动力？下一个新人拔擢机制在哪里？能够趁着旧体制被冲垮的时刻，重整出另一套新的美学吗？”[58]一系列问题尚需台湾艺文界后续更为务实地去爬梳和评判。

## 四、刊物、出版社、作家、评论家相关纪念文化活动

### （一）1895 乙未年事件 120 周年纪念活动

2015 年适逢台湾被割让 120 周年，台湾被割让给日本，是台湾文化与历史的重大转折点。台湾各地推出多组特展与研讨论坛。台湾文学馆推出“从甲午战争到乙未割台文学特展”，展出了珍贵文献、史料、唱和作品、论著，与俚语、歌谣等民间文学资料，“呈现时代变局下台湾与日本文人的文学表现，并从中探索台湾文学发展的辩证与省思”。[59]辅以系列讲座，以战争记述、

文献佐证与历史回顾等，对甲午战争、日本殖民时期的文学、庶民生活等均有深入介绍。苗栗县举行“1895 乙未年事件 120 周年纪念活动”。追思与纪念苗栗抗日先贤的爱国情操，包括研讨论坛、历史特展及历史巡礼参访，回顾 1895 年台湾抗战历史，缅怀客家抗日烈士的感人事迹。

**（二）《笠》诗社创社五十周年**

《笠》诗社创社五十周年，台文馆举办“笠之风华——创社五十周年《笠》特展”。特展展出 50 位诗人的手稿、作品集、诗社与亚洲诗人会议内容及相关研究数据，记载成员们重要活动的“笠年表”，诗人们的第一本诗集或代表诗集，像是陈秀喜的《树的哀乐》、非马的《白马集》等。[60]特展举办的同时，并发表由李敏勇主编的《台湾诗风景》及《世界诗风景》两书，介绍台湾 50 名诗人和世界 50 名诗人的重要诗作。笠诗社创立于 1964 年，创刊《笠》双月刊，连续出版 50 年，至今 300 余期，标举关注台湾本土，坚持译介外国文学作品。

**（三）尔雅出版社四十周年庆**

隐地创立的尔雅出版社四十周年庆，举办“尔雅不惑 · 诗心无限”作品朗诵会，及“尔雅精选作品展”。尔雅作者群参与诗歌朗诵、小说创作朗诵、散文创作朗诵。还于纪州庵文学森林展出“尔雅精选作品展”。尔雅印行过八百种文学书。由隐地开端的“年度小说选”从 1968 年至 1998 年，连续出版 31 册，王德威认为：尔雅 30 年的小说选提供了极有利的角度，去探勘文学典律的生成及文化生产的制约因素；小说创作者与创作环境的互动关系；作品与（文学）历史书写间的摩擦与对话；小说文类与叙述模式的持续蜕变。[61]此外，尔雅还编有“年度诗选”。

1975 年 7 月成立的尔雅出版社，不走商业路线，以纯文学出版为主。

**（四）远流出版社四十周年庆**

由王荣文创立的远流出版社四十周年庆，王荣文曾说："找到勇敢的编辑，和作家一起努力为社会沟通，为每一本逆风而行的书找到特殊的位置。"[62]远流出版社自 1975 年创办以来，一路走来，远流为作家的创作提供多元的可能，包括"小说馆"、"台湾馆""日本馆"等。"小说馆"出版了多部文学作品，张大春《四喜忧国》、吴念真《特别的一天》、吴祥辉《拒绝联考的小子》、保真《森林三部曲》、朱西宁、朱天文与朱天心的作品《春城无处不飞花》、《朱天文电影小说选》与《我记得》等。还出版了大陆作家作品。2008 年，王荣文荣获"金鼎奖"特别贡献奖。2015 年，远流由传统出版向数位转型、向文创转型。

**（五）作家寿辰庆生及相关学术活动**

1 月 20 日，作家钟肇政在客家文化馆欢度九十一岁寿辰。他生于 1925 年，完成两部大河小说《浊流三部曲》《台湾人三部曲》，是台湾第一位以小说记述"雾社事件"的作家，长篇小说《鲁冰花》被改编为电影、连续剧。作品被翻译为多国语言。创作之余，"极力争取客家族群权益，年轻时领导台湾及海外台湾客家人，成立'客家公共事务协会'，积极关心公共议题，成立多个客语广播电台，为客家发声"。[63]5 月 30－31 日，静宜大学台湾研究中心主办"钟肇政文学国际学术研讨会"。

**（六）台湾知名作家相关纪念活动**

作家杨逵逝世 30 周年纪念活动及杨逵文学纪念馆建馆 10 周年。3 月 14 日，杨逵文学纪念馆举办"杨逵逝世 30 周年春光音乐会”，由新化地区多所中小学联合演出。其中有杨逵馆导览志工陈楠修作词的杨逵纪念歌曲《春光关不住》。杨逵馆成立以来每年都会举办音乐会，2015 年是第十年。杨逵居住在台中东海花园时，常到东海大学操场跑步。东海大学特别在操场旁规划杨逵纪念花园，台中市文化局 3 月 8 日在此举办纪念活动，由歌手朱约信演唱杨逵的《鹅妈妈出嫁》《玫瑰》等作品揭开序幕。杨逵后代及各界人士在杨逵纪念花园栽植各色玫瑰，期待传承杨逵“压不扁的玫瑰”精神。杨逵生前“双手致力于人民文学，双脚奔走于社会运动”，而他的生活则是“天天用锄头在大地上写诗”，简单朴素维持生活，写出社会底层的声音。[64]

“不为人知的幸福——龙瑛宗捐赠展”。7 月 14 日，台湾文学馆举办“不为人知的幸福——龙瑛宗捐赠展”。1997 年台文馆筹备处时期，龙瑛宗捐赠毕生收藏文物，馆方首次完整展出，借其短篇《不为人知的幸福》为展名。其中展有其 1937 年踏入文坛的第一部小说作品《植有木瓜树的小镇》，到战后最后刊载的短篇小说《瞭望海峡的祖坟》等创作手稿，以及图书期刊、证书等多件文物。

钟理和百岁纪念系列活动。10 月 10 日，被誉为“台湾乡土文学之父”钟理和（1915 – 1960）百岁诞辰纪念音乐会，在高树乡钟理和故居登场。主办方表示：“钟理和的作品也被纳入为国中、高中国文教材；日本东洋大学文学教授野间信幸还将钟理和的文学作品翻译为日文版，并在日本出版专书，轰动日本艺文界……诚为六堆之光、台湾文学之光。”[65]

11 月 1 日，叶石涛文学纪念馆三周年庆，台南文化局以“怀味叶老”为题，根据叶石涛作品对府城美食的描述，重现其文学中的美食记忆,并推出限量文学餐盒。

## 五、结语

纵观2015年台湾文艺界,呈现出几大特点:一是台湾艺文界持续深耕,重视台湾文学艺术资料整理与新著出版,为活跃地方文化,台湾各县市举办多种艺文活动,社群流派纷呈,推广活动立体多元,在地建设文学公园、文学馆,活化艺文资源,彰显地方特色文艺。台湾文学的外译工程提升文化软实力。二是艺文界跨界融合,积极借助现代科技,以活泼新颖方式引领民众参与。文学纪录片《他们在岛屿写作》系列Ⅱ上映,“阅读时光”系列、“交响台湾”计划等,让台湾文学影像化、有声化,走出重要一步。“台湾文学大典”网站(twlit. blogspot. tw)启用,研发“台湾文学地景App”,让台湾文学与网络科技联姻。三是各类文艺奖项、刊物社团庆生、作家庆生与相关纪念活动,以颁奖礼、文学营、专题演讲、艺文展览等多样方式展开,吸引更多年轻人参与。回顾过去一年来,台湾文艺界鼓励资助原创作品、培育艺文人才、强调艺文与现代科技的联姻,台湾文学融入旅行、融入生活,激发了民众的阅读兴趣和参与感。

**注释:**

① 颜讷:《贴着玻璃窗的小说家——专访平路》,《文讯》2015年12月,第46页。

② 罗智成:《华文世界最具影响力的年度指标2015开卷好书奖文学组/评审报告主题形式多样,美学理念分歧》,《中国时报》2015－12－

26，X19。

③　张俐璇:《台北杀手座——专访萧飒》,《文讯》2015 年 10 月号，第 37 页。

④　张瑞芬:《飞鱼教室的夏午——读夏曼·蓝波安〈安洛米恩之死〉》,《文讯》2015 年 9 月，第 123 页。

⑤　同注释 2。

⑥　黄海:《改变世界，寻找解药——评介李伍熏〈3.5:强迫升级〉》,《文讯》2015 年 8 月，第 130 页。

⑦　黄英哲:《台湾作家的“抗战”书写——读〈漂浪的小羊〉》,陈蕙贞:《漂浪的小羊》台北大学出版中心 2015 年，第 25 页。

⑧　同注释 2。

⑨　向明:《诗的追求，永无止境——写在〈诗·INFINITE〉》出版之前，《文讯》2015 年 12 月号，第 29 页。

⑩　鸿鸿:《宇宙的冲浪者——读吴怀晨诗集《浪人吟》》,《文讯》第 362 期，2015 年 12 月，第 178 页。

⑪　詹宇霈:《文学新书 2015 年 8 月 ~9 月》,《文讯》2015 年 10 月号，第 248 页。

⑫　同注释 2。

⑬　沉默:《最安静的鞘，宛如时光——读陈雨航〈日子的风景〉》,《文讯》2015 年 7 月，第 204 页。

⑭　苏伟贞:《华文世界最具影响力的年度指标 2015 开卷好书奖年度好书·中文创作》,《中国时报》2015－12－26，X17。

⑮　杨媛婷:《台湾文学翻译出版 15 件获补助》,《自由时报》2015 年 2 月 4 日，D08。

⑯　李怡芸:《台北书展设简体馆规模创新高“读字小酒馆”汇聚两岸三地独立出版社》,《旺报》2015－02－11，A13。

⑰　李怡芸:《台书展大奖得主首跨两岸三地作家骆以军:台湾有华

文出版界无可取代的文学魂》,《旺报》2015－01－15,A13。

⑱　《文学记事2015年7月~8月》,《文讯》2015年9月,第150页。

⑲　郑维真:《陈益源接掌台文馆》,《联合报》2015－08－01,B2Y。

⑳　廖玉蕙:《推广阅读的另一种可能》,《联合报》2015－03－26,A17。

㉑　林欣谊:《作家献声——听钟肇政读〈鲁冰花〉》,《中国时报》2015－01－17,A12。

㉒　项贻斐:《他们在岛屿写作电影记录7作家第二系列问世》,《联合报》2015－12－01,C4。

㉓　李翠瑛:《永恒的探视——诗魔洛夫与他的诗》,《文讯》第362期,12月号,第95页。

㉔　龚华:《如歌的痖弦》,《文讯》第362期,12月号,第106页。

㉕　同注释22。

㉖　余佩桦,马岳琳:《“他们在岛屿写作II”系列电影文学家影像再创新文学》,《天下杂志》2015－12－23,P32－34。

㉗　李怡芸:《华文长篇小说榜台湾前10出炉票选近15年来20部作品台湾部分骆以军《西夏旅馆》居榜首》,《旺报》2015－12－17,A15。

㉘　同注释27。

㉙　同注释27。

㉚　吴思萍:《台北文学季看文人私房记忆》,《联合报》2015－04－02,B1A。

㉛　《文化报报5月号出刊!当全世界都在阅读百师入学》,《工商时报》2015－05－04,A17。

㉜　《2015台南文学季》,《文讯》2015年10月号,第225页。

㉝　吴敏菁:《赖和日彰化文学馆开幕特别挑在“台湾新文学之父”赖和生日开馆李长青创作〈一代宗师〉长诗讴歌众文学作家》,《中国时报》2015－05－29,C1b。

㉞ 《2014 作家撒野 · 文学回乡系列讲座开跑》,《中国时报》2014 年 7 月 5 日,第 X18 版。

㉟ 赵静瑜:《首位以马华文学获奖作家李永平感谢台湾下一步打算写武侠》,《中国时报》2015 - 12 - 16,A16。

㊱ 赵静瑜,李欣恬,吴垠慧:《美术类首位女性得主　艺术走入小区　吴玛悧获国艺奖》,《中国时报》2015 - 12 - 16,A16。

㊲ 同注释 36。

㊳ 杨媛婷:《第 19 届国家文艺奖公布　李永平、吴玛悧、何晓玫、庄进才、潘冀获奖》,《自由时报》2015 - 12 - 16,D07 版。

㊴ 同注释 38。

㊵ 林雪娟:《台湾文学奖　周末颁奖　吴明益和甘耀明同获长篇小说金典奖》,《中华日报》2015 - 12 - 03,B03N。

㊶ 郑维真:《台湾文学奖　吴明益、甘耀明合得　图书类长篇小说》,《联合报》2015 - 12 - 06,第 B1Y 版。

㊷ 同注释 41。

㊸ 同注释 41。

㊹ 周芬伶:《第二届联合报文学大奖得主王定国颂词》,《联合报》2015 - 07 - 01,D3。

㊺ 陈宛茜:《第二届联合报文学大奖建商文字净心禅味小说夺百万》,《联合报》2015 - 07 - 01,A11。

㊻ 《华文世界最具影响力的年度指标 2015 开卷好书奖》,《中国时报》开卷,2015 年 12 月 26 日,第 X16 版。

㊼ 同注释 2。

㊽ 同注释 14。

㊾ 同注释 14。

㊿ 同注释 14。

51 同注释 14。

㊷ 同注释14。

㊷ 同注释2。

㊹ 同注释14。

㊺ 同注释2。

㊻ 同注释2。

㊼ 朱宥勋:《肮脏的荣耀——台湾的"文学奖"》,《文讯》2015年12月号,第22页。

㊽ 同注释57。

㊾ 黄绪勋:《"从甲午战争到乙未割台文学特展"系列讲座田中实加本周六演讲:追寻湾生的动人纪录》,TNN台湾地方新闻,更新日期:2015-03-19 19:54:56。

㊿ 修瑞莹:《笠诗社50周年　台文馆展手稿》,《联合报》2015-07-09,B2Y。

(61) 王德威:《典律的生成——小说尔雅三十年》,《典律的生成——"年度小说选"三十年精编》,台北:尔雅出版社1998年版,第3页。

(62) 《面对挑战,创造出版新价值——远流四十周年》,《文讯》2015年9月,第147页。

(63) 李容萍:《钟肇政91岁生日小英贺寿》,《自由时报》2015-01-21,第A14Z。

(64) 马瑞君:《纪念"压不扁的玫瑰"精神　杨逵逝世30年书迷种玫瑰》,《中国时报》2015年3月9日,第A16版。

(65) 张丞仁:《台湾乡土文学之父——钟理和百岁纪念系列活动》,《台湾时报》2015-10-08,15X。

(作者单位:厦门大学台湾研究院)

# A Review of Taiwanese Literature and Art Programs in 2015

By Zhang Yu

**Abstract**: The year 2015 witnessed a steady progress in the compiling and publication of Taiwanese literature and art works. Besides, the translation project on Taiwanese literary helped enhancing its cultural soft power. Cities and counties in Taiwan held a variety of cultural activities to promote local culture. Literary documentary The Inspired Island Ⅱ, series of films about Reading Taiwanese Literature and the project of symphony of Taiwan have left both visual and audio record of the local literature. The website of The Taiwan Literature Archives (twlit. blogspot. tw) and the APP of Taiwan Literature landscape combined Taiwanese literature with network technology, engaging the general public in a new way. Various literary awards, the commemoration of publications or associations, the anniversaries of famous writers and other memorial activities were carried out in various ways, such as award ceremonies, literary camps, lectures and art exhibitions.

# 2015 台湾军事情况综述

白　纯

**摘　要**:2015 年台军继续按照“防卫固守、有效吓阻”战略指导,调整战略部署,特别是海上战略部署,力求歼敌于海空,不让战争带入台湾本岛,并继续推进兵役制度改革,开展大规模军事演训,重金投入武器装备升级,积极开展非战争军事行动。

2015 年台军继续秉持“防卫固守、有效吓阻”的军事战略,调整战略部署,特别是海上战略部署,力求不让战争带入台湾本岛。为达成这一目标,台军继续推进兵役制度改革,开展大规模军事演训,重金投入武器装备升级。

## 一、全募兵制陷入窘境,难以推行

台湾“全募兵制”已确定二度跳票。台湾防务部门于 2015 年 8 月 25 日表示,预订 2016 年实施的“全募兵制”难以完成。

### (一)台军募兵方式多样,募兵效果不佳

台湾兵役制度正在向募兵制大步前进,为了招兵买马,台军

这几年来可谓绞尽脑汁，增加福利、加薪、智能手机解禁、单人私密营房、不执勤时可申请营外住宿，但是效果很差，极少有人主动报名投身军营。2015 年 10 月 21 日，台湾防务机构将募兵成效列为主官升迁重要指标，各基层部队为招募士兵各出奇招，甚至有官兵到夜市摆摊，希望能找点绩效。台湾空军 737 连队的官兵，身穿军服在台中夜市摆摊来募兵引发舆论关注。当事人事后澄清他们目的很单纯，只是为了出奇招来吸引年轻人当兵。这背后凸显了原本要在 2016 年完成的募兵制改革，已经陷入了进退两难的窘境，募兵效果不佳。

**（二）军人职业缺乏吸引力，青年热情不高**

在台湾，军人这一职业已经失去了往昔的吸引力，再加上近年来台军频发丑闻，使得本来就形象不佳的台军更加不堪重负，在岛内青年中缺乏必要的威信和职业吸引力。可以说，台湾募兵制实行的困难不在于薪资的多少，而在于年轻人是否愿意加入军队，他们考虑的是将来生涯规划的问题。

**（三）军人薪水一涨再涨，总体工资仍然不高**

2014 年加薪后，台军二等兵月薪为 33625 元（新台币，下同），服役半年后升为一等兵，月薪变为 35230 元；再服役一年升为上等兵，就有 37845 元的薪水。志愿役一次签约 4 年，假设期间未升士官且忽略税金，“硬工资”就有 175.9 万元，还不算其他补贴。台湾法定最低工资为 19047 元，而当兵有接近其 2 倍的薪水，这一直是台军方的重点宣传内容。数字很好看，但时薪问题被忽略了。当兵除了休假，每天都要待在军营里，扣除每天睡眠 8 小时，时薪大概 75 元——比在便利商店打工还亏。岛内青年觉得，当兵可以存钱是事实，但适龄青年并非一无长处，大有别的选择。钱不够多，让年轻人入伍意愿降低；钱的问题，也让募兵制改革捉襟见肘。根据公开资料，2015 年的台湾防务预算为 107 亿美元，防务支出首次增长，但是军人薪水仍旧难以达到岛内青年所期望的水平。

## 二、军事演习突出实战，“汉光 31 号”演习科目增多

与 2014 年相比，2015 年台军的军事演习规模和数量有所减弱，但是训练科目显著增多，军事演习的火药味也愈演愈浓。

### （一）“汉光 31 号”演习特点突出，声势浩大

“汉光”演习是台军唯一的作战类综合演习，也是层次最高、设定最复杂、规模最大的三军联合攻防演习。“汉光 31 号”虽然规模上不如 2014 年“汉光 30 号”，但实际演练科目更多，其中海军增加了 5 项演练，空军增加了 69 架次、6 项演练科目。

5 月 4 日至 8 日，首先进行“汉光 31 号”演习的兵推演练，演习是由台“国防大学”教官扮演“红军”攻台，对抗由“副参谋总长”蒲泽春指挥的“蓝军”，根据两岸在 2016 年的实际兵力规模，进行一场超大型“在线战争游戏”。9 月 7 日，台军“汉光 31 号演习”进入实兵演练阶段。金门两栖侦察营在料罗湾进行海上特攻、突袭实兵作战演练。这项为验证两栖营特攻作战能力的演练，以实兵编组两栖特攻队及快艇分队，模拟从海上突击敌方海军雷达站，全程区分渗透、突击、撤离 3 阶段，共有橡皮艇换乘、目标确认、抢滩登陆、突击破坏、撤离会合点及海上撤离等 6 个科目。台湾空军执行“战机转场”等战力保存演练。台湾空

军部队依据演习想定，迅速将战斗部队有生力量透过“转场”，机动至预划保存位置，待命遂行后续反击任务。后勤单位的临战补保作业部分，由台湾陆军第 3 战区支持指挥部于双连坡后勤区开设前支点，设置“五类补给站”及“伤员后送管制站”，执行后勤区作业的参演官兵，分别进行“弹药补给”、“战场抢修”及“紧急医疗救护”等操演。之后，台陆军模拟陆航基地遭受敌军攻击后，AH－64E 阿帕奇攻击直升机进行疏散与重新装弹补给等战力保存演练。同时台军 8 日起在台湾北部实施了淡水河反突击演练，主要是防止未来解放军从这里登陆。接着，台陆军机步 333 旅在屏东三军联训基地实施地空整体作战实弹操演。陆军航空特战部 AH－1W 眼镜蛇攻击直升机和 155 榴炮等各式火炮参与操演。地空整体作战实弹操演区分 2 阶段，在仁寿山、保力山教练场进行，陆军机步 333 旅由机步 1 营编成机步特遣队，采全员全装进行操演，另配属反装甲、装骑、防空、化学兵烟雾排、工兵及陆航特遣队等，以及增援海军康定级军舰，遂行联合攻击演练。

较之以往历次汉光系列演习，2015“汉光 31 号”演习呈现这样几个突出特点：一是台军演习重点放在反斩首科目的演习。二是参演主力主要以志愿兵役人员为主。三是主战装备“闻战则藏”。在本次演习中，台军大量的主战装备，例如阿帕奇武装直升机，M1A1 战车以及新式战舰等装备在演习初期主要以阵地转移训练为主，以此来规避远程伤害。四是“固守台北”已然成为演练主轴。

**（二）军事演训加强与美军合作，拉近美台关系**

台军一直在谋求参与美军联合演习，妄图以此来达到共同保卫台湾的目的。所以台军在2015年积极谋划与美军的联合演习。同时,还向美派出部队接受美军的军事训练,以期拉近美台军事关系。

2015年3月4日,台陆军秘密派遣一支26人的侦搜排前往美国本土受训,与美军交流高寒地带作战技能。台陆军派出的这支侦搜排在美国驻训半年时间。这是台军地面部队首度以部队编制,赴美国本土与美军演训互动。6月18日美国参议院通过参院版的2016年度国防授权法案,参院军事委员会主席约翰·麦凯恩提出鼓励台湾参与空对空实战训练"红旗"军演的条文,在表决中以71票对25票过关。美国与台湾现役将领及防务部门现职高级别官员可进行交流互访、美国现役高级别将领可访问台湾的增修案,也获得通过。众议院版的国防授权法案中还纳入了邀请台湾参与"环太平洋"军事演习的增修条文。可见,美国高度重视台湾战略地位,亚洲局势的变化是台湾在美国国防政策中受到重视的主要因素。获通过的提案显示,为加强美台军事关系,美国国防部长将执行双方"资深军官"(部队现役将领)与"资深官员"(防务部门"助理部长"级的文官)的交流计划。

**(三)军事演训强调实兵实弹,检验部队实战能力**

2015年6月28日,位于屏东牡丹及满州乡交界的九鹏基地进行"三军联合实弹射击104-1号"的各式飞弹实弹射击演训",28、29两天主要是进行中短程防空导弹的射击,项目包括车载型"天剑"防空飞弹、"天弓2"型及"爱国者2"型防空飞弹。台军结合状况想定,模拟敌军兵力来自不同方向的攻击,依接战程序组织实施实弹射击,验证部队训练成效。此次操演由台军

"副总参谋长"韩更生中将督导,以靶机、靶船、照明弹为假想目标,分别由海、空军机、舰及飞弹指挥部各型防空兵火力进行接战,射击天弓二型等各式飞弹,过程顺利。

8 月 17 日与 19 日,台湾陆军第八军团 43 炮指部在屏东车城乡小尖山海域进行重炮保养射击的"天雷操演",两天的演训操演 72 门火炮,包括 M110 自走炮及 105、155 毫米口径榴弹炮。9 月 8 日,金门防卫指挥部在后湖炮阵地实施"联信 104 -2 号"重炮实弹操演。此次重炮操演全程区分陆海通联、海上阻扰射击、海上弹幕射击、掩护射击等 4 个科目,结合海军运补船团紧急运补任务,依阶段时间管制及状况诱导方式,模拟敌船舰对台湾运补船团实施攻击,并由炮兵、迫炮部队,对进犯敌人实施火力射击,掩护船团实施抢滩运补作业。此次操演配合"汉光演习",操演射击火炮合计 5 类 28 门,使用弹药 5 类 208 发。

**(四)演训科目丰富,非战争军事行动演训受到重视**

2015 年 3 月 6 日,敦睦远航训练支队台湾环岛航训在高雄启航,航训任务包括油弹运补舰武夷舰、康定级西宁舰、成功级班超舰等 3 型舰艇,分别靠泊高雄、安平、马公、台中、基隆、苏澳及花莲等港口,举办 14 场次开放活动。

6 月 11 日,台湾最大海军训练舰"高雄舰"在全程保密下出海,担纲执行"碧海操演",首航南沙太平岛。碧海操演惯例由"海巡署"舰艇编组海军舰艇,组成任务支队,藉由执行太平岛补给与护渔任务巡弋南海。本次操演主要目的在于维护台湾在南海合法权益,宣示其对南海部分岛屿的"主权"。

台湾当局在 9 月 21 -23 日进行了"年度核安全演习",以日本"3 · 11"福岛核灾为借鉴,模拟台湾遭遇强震、豪雨及一连串的人为疏失后，北部核电厂遭重创，核辐射外泄，台北市、新北市及基隆市等北部地区进行大量人口疏散、大批伤员救治等模拟演练，参演人数创下历年之最。台湾若是遭受重大复合式灾难的袭击，“国安”及军事单位将立即启动应变计划，以防次生灾害发生和后续人员伤亡。

10 月 29 日，台军组织最强部队陆战队特勤队进行海上反恐训练。模拟解救外海遭挟持的商船与受困人质，夺回船舰控制权。演习中特勤队员运用反恐任务中船舰攀登技巧、CQB（近距离作战）与船舱搜索技巧，背负循环式水肺在幽闭阴暗的海里进行水域突击作战训练。

## 三、武器装备加速发展，海、空装备加快升级换代

2015 年 10 月 24 日马英九办公室发言人陈以信表示，马英九高度重视与支持防务，上任后对美军购总额已达 183 亿美元（约新台币 5950 亿元），是过去 20 年来最高金额。

### （一）陆军武器装备发展情况

为了全面落实“制空、制海、地面防卫”的军事战略构想，台陆军以“指挥管理自动化、作战主体化、装备机械化”为主要整建目标，筹建以直升机与装甲车为组合的陆空一体化战力。为了早日形成陆军的陆空一体化战力，台军对陆军部队进行了一系列的武器装备采购和升级。

台湾“陆军”规划采购 120 辆二手 M1A1 战车的“锐捷项目”，主要是挑选美国现有封存的 M1A1 坦克，再更新火控系统

与动力系统。因此 2017 年编列预算执行后，这 120 辆 M1A1 战车更新后会逐批逐次运往台湾，未来 M1A1 战车将优先部署新竹湖口的坦克营，增加台北地区“防卫作战”的战力。台陆军原计划采购 200 辆，供 4 个装甲旅(2 个装甲旅在北部，中、南部各有 1 个装甲旅)各配备 1 个 M1A1 坦克营，但受限“国防预算”的额度，先编列新台币 330 亿元，规划先采购 2 个营建制的坦克数量是 88 辆，再加上供装甲兵学校、后勤学校的教学之用的坦克，所需的数量可能再加 1 个连，使得采购数量可能达到 120 辆，再以拉长采购期程方式，逐次逐批完成这 120 辆 M1A1 战车。

台湾自美采购的阿帕奇武装直升机从 2013 年 11 月进行首次接装，至 2014 年 10 月共分 5 批 30 架阿帕奇全数抵台。不过 2014 年 4 月一架编号 808 的阿帕奇坠落，目前陆军仅剩 29 架阿帕奇。2015 年 3 月 21 日，阿帕奇攻击直升机首次在台湾进行实弹射击，包括发射空对空的刺针导弹，及台湾最先进的毫米波地狱火导弹，均命中目标。这是台军方接装阿帕奇后首次在台湾进行射训验证。阿帕奇所载的刺针导弹为携带型防空导弹，采用红外线导引热追踪以及紫外线物体追踪；地狱火导弹定位为“反坦克破坏兵器”，可以从装甲载具或直升机发射。毫米波地狱火是原始地狱火的升级版，在低能见度的状况下，可用阿帕奇配备的长弓毫米波雷达导向，射击更精准。然而，近期台湾军方爆出，现存的 29 架阿帕奇，至今竟然只剩下 8 架能飞，剩下的不是零件锈蚀，就是飞机还在待料，甚至将未来两年的待料件都用光了，还拿美军旧的阿帕奇零件来顶替。台军花了将近 600 亿买来的阿帕奇，却只能锁在机库里，未来阿帕奇能否形成战力还未可知。

## (二)海军武器发展情况

2015 年台军的海军装备发展速度较快,并且武器装备现代化程度较高,台湾海军整建目标是实现指挥管理自动化、反潜立体化、武器导弹化的整建目标。

台湾海军新型综合补给舰“磐石”号于2015 年1 月23 日举行交舰典礼,将与“武夷”号补给舰共同承担台湾海军舰队的补给任务。这是台湾海军通过代号“祯祥案”的造舰计划,花费4 年时间和40 多亿元新台币,打造出的新一代补给舰。“磐石”号是台湾海军舰队中吨位最大的军舰,编号为“AOE-532”,舰名取自花莲“磐石山”,象征“固若磐石”。“磐石”号长196 米,宽25.2 米,吃水为8.6 米,轻载排水量约1.3 万吨,满载排水量为2.8 万吨,载员165 人,最高航速为22 节,续航力达8000 海里。“磐石”号具备在航行期间为左右2 舷各1 艘船舰进行油料与弹药物资补给的能力。“磐石”号服役后,将提升台湾海军的持续作战能力。2015 年12 月17 日美国政府正式公布对台军售清单,其中包括2 艘二手佩里级巡防舰。

在潜艇方面,马英九曾经公开表示过,台湾并不需要核潜艇,因台湾海面并不适合,所以计划自己造柴电潜艇。台当局2016 年度防务预算书公开部分,其中海军2016 年开始编列潜艇自造经费,首年编列5 亿余元(新台币),进行自造潜艇的合约设计。除了新建潜艇计划外,台军同时也在试图延长现役潜艇的寿命。台湾海军9 月间率领一支军、民人士组成的团队,赴欧洲与多个船厂讨论“剑龙级潜舰延寿计划”,取得两个拥有潜艇制造技术的原厂表态愿提供协助设计规划,取得舰上消失性商源零件。“剑龙级潜舰延寿计划”表面上是消极针对现有两艘海龙、海虎舰（SS793、SS794）就舰体、电瓶、鱼雷与推进主机等系统进行延寿，实则上也试图藉由外籍船厂为全舰进行延寿过程，藉此衍生新构型“剑龙级 plus”设计蓝图，作为潜舰自造蓝图来源之一。

**（三）空军武器发展情况**

台空军现有武器装备涵盖战斗机、预警机、机载导弹和预警雷达等，主要通过外购和自研相结合。台军现役战机种类主要有美国的 F16A/B、法国的幻影 2000 和自产的“经国号”IDF 战斗机。由于上述战机服役时间较长，台军又难以从美国获得更为先进的战斗机，所以台军现阶段所采用的措施主要以机型的更新升级为主。

台空军所装备的 F16A/B 战机主要来源于 20 世纪 90 年代的对美军购，台军在 20 世纪 90 年代采购的 150 架 F－16A/B 战机，目前还有 145 架在役，其中，有 10 架留在美国亚利桑纳州路克空军基地，作为“飞行员训练交流计划”之用。该项自 1996 年开始的计划，台军每年大概要支付 30 亿元（新台币）的维持费、弹药费和训练费，收获的则是近 600 名 F－16 飞行员。虽然 F16A/B 机型老旧，但是台军一直设法改进。美国洛克希德·马丁公司（Lockheed Martin）2015 年 8 月 13 日宣布，台湾空军选择在 F－16 战机上装配“先进狙击标定荚舱”（Sniper ATP），以达成 F－16 战机的精确攻击的需求。先进狙击标定荚舱能让飞行员在远距精准标定目标，并将高画质影像传回作战指挥中心。先进狙击标定荚舱可在 15000 米的高空侦测地面目标，准确度是 LANTIRN 荚舱的 10 倍，侦测距离可达 5 倍，驾驶可准确攻击，大幅提高攻击效力，减少平民伤亡。

除了装备新型的精准瞄准系统外，台军也在谋求F16A/B战机更大程度的提升。洛马公司8月21日在其官网宣布，F－16家族最新成员F－16V战机，在德州首度完成试飞测试，该机是美方为台湾升级研制的。F－16V外观上并没有明显改变，关键的升级在于内装。其中最关键的，在于加装了一具诺格AN/APG－83型AESA（有源相控阵）雷达，使战机可以同时执行搜索、追踪并锁定多个目标。该雷达据称采用部分F－22、F－35的雷达技术研制而成，远程探测能力是现有F－16雷达的2倍。F－16V还加装了新型敌我识别系统，真正具备了混战中超视距空战能力，座舱罩上的电磁波吸附涂层，提升了战机的隐身性能，增设的战术终端，则可以通过LINK－16数据链，将战机与台军的预警机连为一体，获得现代化的联合网络作战能力。

**（四）其他武器发展情况**

台军在高雄市鸟松区及仁武区交界处的考潭基地，设置南部首座“爱国者”导弹基地。这处基地主要作为“爱国者”三型导弹部署的基地，是南部唯一一套“爱国者”导弹阵地，搭配大岗山未来强化部署的天弓二与天弓三防空导弹，强化高雄都会区与左营军港空防安全。台军在进行常规武器建设的同时，一直积极进行太空卫星的研制和发展。台湾自主研制的地球遥测卫星“福卫5号”将在2016年初由美国“猎鹰9号”火箭在美国范登堡空军基地发射升空。“福卫5号”对于台当局有一项重要价值，那就是军事情报方面的搜集能力。虽然为了减少政治阻力，台当局每次发射卫星都会对外宣称是“纯粹的气象卫星”，但卫星强大的遥测能力，使它天然具备很多军事价值。一般来说,卫星的遥测分辨率小于 3 米就能用于军事侦察。遥测分辨率 2 米的“福卫 5 号”,可以清晰观测到地面上汽车大小的物体,在军事情报上的用处很明显。

## 四、救灾行动广受关注,岛内、岛外多方救援

2015 年,台湾岛内外发生多起灾害,台军能及时做出响应,尤其是台军空军航空服务队出动积极,顺利完成多起救援、引导任务。根据台湾“国防部”统计,全年共实施救援 20 余次,表现优异,反应迅速。

### (一)岛内灾害处置及时

2015 年 2 月 4 日,台军下令北部地区部队,包括陆军六军团指挥部、五三工兵群、海军水下作业大队、空军防空炮兵群、宪兵 202 指挥部、后备指挥部、“三军”总医院等单位全力投入救援任务。2 月 29 日凌晨,台籍渔船“长信 2 号”船长突发阑尾炎,台军下令空军嘉义基地 EC－225 飞机执行病患后送任务。4 月 9 日,台中市雪霸公园 2 名登山客疑因高山症需要救援,空军嘉义基地派出海鸥直升机救援,2 名登山客成功获救。5 月 2 日,鹅銮鼻东南方约 150 里海域,台籍渔船上两名印尼籍船员腹部剧烈疼痛,等待就医。台军下令嘉义基地 EC－225 飞机执行救援任务,随后送至台东医院,圆满完成任务。5 月 20 日,台南市南化区发生森林火灾,“陆军司令部”接获台湾“国家搜救中心”救援电令后,派出一架 CH47SD 直升机吊挂水袋,加入空中洒水灭火任务,共执行空中洒水 10 次。5 月 26 日,因梅雨锋面带来强降雨,陆军 43 炮兵指挥部动员官兵和中型装甲车等装

备,投入土石滑坡区进行预防性撤离,并且帮助安置安全住所。6月21日,台籍渔船"大进满10号"于澎湖西方6海里处搁浅,船上4人等待救援。空军嘉义基地S－70C机型、EC－225机型各一架执行该项任务,任务机起飞后吊挂4名船员返回马公基地,圆满完成任务。9月30日,强台风"杜鹃"袭击了桃园等地,陆军第三地区支援指挥部大溪弹药分库派遣两组共32名兵力前往协助灾后复原任务。

**(二)积极进行岛外救援**

2015年1月25日,巴拿马籍"富维轮"号位于嘉义西南方172海里处,船上一名中国大陆籍船员腹部发生剧烈疼痛,需紧急后送就医。台军下令嘉义空军基地派出一架S－70C直升机执行救援任务,运送伤员至高雄小港机场,并被岸上消防力量送至高雄大同医院进行紧急救治。7月22日,马绍尔籍油船一名船员疑似心脏病发,空军嘉义基地一架EC－225飞机(编号K－491)紧急升空进行救援,运送伤员至高雄小港机场医院进行救治。

## 四、台军丑闻频发,"劳乃成案"备受关注

虽然台军领导层极力改善台军形象,但是2015年台军丑闻频发,陆、海、空三军都有涉及。其中"劳乃成案"备受关注,致使台军方多名高级将领受到处分。虐兵、性丑闻、采购弊案频发,严重影响了台军在台湾民众心中的形象。

**(一)"劳乃成案"备受关注**

2015年3月29日,台陆军航特601旅第二作战队副队长劳乃成私带艺人李蒨蓉等亲友进入营区,观赏并模拟驾驶台军最

先进的阿帕奇武装直升机。艺人李蒨蓉事后将在阿帕奇座舱内的照片上传至社交网站,引起轩然大波。按台军规定非军职人员只有三军统帅也就是领导人马英九才能进入直升机驾驶座,李蒨蓉一行人是继马英九之后第二位登上阿帕奇的非军职人员,引发外界抨击军纪涣散。随着事件调查的不断深入,最终查明此次"阿帕奇观光团"成员共有 27 人,其中外籍人士 7 名,包括一名日本人。此外,劳乃成在 2014 年万圣节时,曾穿飞行员装、戴造价 200 万元新台币的阿帕奇头盔参加私人万圣节聚会。把头盔当私人物品向在场的李蒨蓉等人炫耀,离谱行径再度引发各界痛批。台湾"陆军司令部"在调查"陆航 601 旅违反内部管理案"时,未能善尽查证之责,致该部记者会中所提的参访人数与实际人数有落差,引发外界质疑,让台军受到伤害,因此台"陆军司令"邱国正自请处分。台当局"国防部长"高广圻亲率"参谋总长"、"三军司令"等人赴"总统府"报告,七位上将共同向马英九"请罪"。经过马英九及幕僚商议,最终决定对"参谋总长"严德发上将督导不周,记过 1 次;"陆军司令"邱国正上将督导不周,记过 2 次。同时另有 20 名将校军官受到不同程度的处罚。陆军航特部 601 旅,其旅徽有英文 I、H 两字母,代表台湾岛内第一支成军的航空旅,是战力坚强的拳头旅。陆航 601 旅代号"龙城部队",意为"但使龙城飞将在,不教胡马度阴山"。然而正是这支负责镇守北台湾的"龙城部队",却"转业"成为台军精锐战机"观光引导团"。这种军纪涣散的丑闻使台湾民众对军队的信任度大大降级,民间反对意见极大。

### (二) 军队演训问题时有发生

2015 年 10 月 6 日,台湾海军 146 舰队成功级"子仪"军舰出港执行任务时，触碰浅滩，该舰随即返港，经水下检查，音鼓护罩轻微受损。台湾海军认为此案不影响该舰执行任务，并声称发生原因是一位刚训练完毕的新进人员，可能因为经验不足，把舰长下达右舵的指令听成左舵，导致事故。子仪舰音鼓受损是因进出港或领港流程某个环节出现问题，且子仪舰大轴有可变螺距功能，若发现舵转向错误，紧急扭转都来得及，若真由新手掌舵，根本不符编装执掌，此事与船上训练或临时装备故障有极大关系，但海军却刻意轻描淡写。11 月 14 日，金门县守备大队机步营机步三连，在金门后湖中心营区执行战备任务。下午 3 时 10 分结束任务，4 辆 CM21 装甲车欲返回太湖营区时，最后一辆车疑因机械故障而失控，先冲撞路旁树木，再掉到水深四五米深的湖中，车上两名志愿役士兵先站在车顶待援，但随着甲车沉入水中，两人也不见踪影。军方出动蛙人下水搜救。失踪的士兵在下午 4 时 20 分拉上岸，两人均无生命迹象。台中市后备指挥部接连遗失台军通讯密码本、“极机密”等重要武器装备，至今尚未寻获。出事后的台中市后备指挥官邱文铎上校不但一开始未受任何处分，台中市指挥部方面对于业务承办军官也未做处置，还辩称销毁，最后才坦承遗失。

**（三）体罚、性丑闻屡见不鲜**

2015 年 7 月 21 日，台湾“国防部”发言人脸谱网接获一名女士官家属投诉指出，他的妻子服役于台陆军 104 旅，19 日早上大约八点多，被部队上校军官以紧急召集名义叫回办公室，其妻随后被上校抱住并遭强吻，致造成心理极度恐慌害怕，这位女士官丈夫因此向“国防部”发言人脸谱网具名贴文检举。台“陆军司令”邱国正也相当关切此一具名检控的性骚案，随即前往台军十军团了解处置过程。11 月 9 日,台军空军军官学校 3 年级学生因学弟违反校规抽烟,未依学则处理,私自对学弟施以体能训练,"体罚"起立蹲下及交互蹲跳达 1 小时,造成李姓学生体力不支昏倒送医。

(作者单位:南京政治学院)

# A Review of Taiwan's Military Affairs in 2015

By Bai Chun

**Abstract**: In 2015, Taiwan's armed forces continued to adjust the strategic deployment, especially maritime strategic deployment, in accordance with the strategic guiding principles of "tenacious defense, effective deterrence", in order to annihilate enemy troops in the sea and amid the air, and not to allow the war into Taiwan. The military continued to promote the reform of military service, conduct large-scale military exercises, invest heavily to upgrade weapons and equipment, and actively carry out military operations other than war.

# 2015年"习马会"综述

严安林

**摘　要**:2015年11月7日,举世瞩目的"习马会"在新加坡举行,是为1949年以来两岸领导人首度会晤,是两岸交流交往新高点、两岸关系重大突破。其背景是2008年以来两岸关系和平发展,意在巩固两岸和平、维护两岸现状。会晤达成诸多积极共识,为两岸关系未来发展开辟新的空间。

2015年11月7日,中共中央总书记习近平与台湾地区领导人马英九在新加坡正式举行举世瞩目的"习马会"。这是1949年以来两岸领导人的首度会晤,是两岸关系的重大突破,翻开了两岸关系历史性的一页。

## 一、"习马会"的背景、成因与目的

1."习马会"的背景。从时间背景看,"习马会"的举行有两点是非常值得注意的:

其一是七年来两岸关系的和平发展及其成果。2008年5

月以来，两岸关系走上和平发展道路，取得一系列重大进展，其成果不仅表现在两岸经济合作的制度化、社会交往扩大化，而且在坚持“九二共识”、反对“台独”的共同政治基础，两岸双方彼此之间建立了政治互信，两岸人员交往由海协会与海基会之间的两会制度化协商，发展到高层领导之间的互动，特别是由 2014 年 2 月中旬时任台湾陆委会主委王郁琦登陆、首度“张王会”（张志军与王郁琦）所开启的国台办与陆委会之间建立了常态化联系沟通机制，推动了两岸政治关系的新进展。因此，如果没有双方之间共同的政治基础、政治互信与政治互动，“习马会”是难以实现的。正如张志军主任所指出：“两岸领导人会面得以实现，来自于两岸双方和两岸同胞的共同努力，得益于两岸关系和平发展累积的丰硕成果，可以说是两岸民心所向，两岸关系发展大势所趋。”[①]台湾学者称“两岸关系发展所累积之和平红利，亦为两岸关系在‘九二共识’下政治互信的成果。”[②]

其二是即将举行的两项选举可能改变台湾政局走向及对两岸关系造成冲击。2016 年 1 月 16 日台湾地区领导人选举与第 9 届“立委”选举及其结果，不仅将改变台湾政治发展走向，而且对两岸关系造成一定程度的影响。即习近平总书记多次指出的两岸关系处于一个重要关键节点，这是一场选举、两种结果，关系到两岸关系两条道路的选择，“攸关两岸关系发展前景，攸关台海地区和平稳定，攸关两岸同胞切身利益”。[③]

2. “习马会”的成因。举行两岸领导人会晤是中国大陆新一届中央领导集体的主动作为，是主动做出的战略决策。“习马会”的成功举行与领导人的人格特质和决策风格有关，尤其需要强调的是，习近平的大气与马英九的勇气以及两岸中国人的智慧，是“习马会”得以实现的重要原因。因为，“习马会”是“在两岸政治分歧尚未彻底解决的情况下根据一个中国原则做出的务实安排”，体现“搁置争议、相互尊重”的精神，即“习马会”不仅是在“九二共识”的基础上进行政治行为，而且体现了双方务实、平等对话的态度，包括会晤的地方，是借助在大陆与台湾之外的第三地——新加坡；双方会晤的身份是“两岸领导人”；称谓是互称“先生”；共进晚餐的买单采取“AA 制”。“习马会”的细节处处充分与体现了两岸中国人的政治智慧。

3.“习马会”的目的。大陆方面推动两岸关系的立足点是两岸关系长远未来，事实上早在 20 年前大陆方面就提出两岸领导人会晤的议题。因此，“习马会”的目的主要是二个：

其一，巩固两岸和平。即期待通过“习马会”巩固 2008 年 5 月以来两岸关系所走上的和平发展道路，确保两岸关系和平发展的成果。

其二，维持“两岸同属一个中国”的现状，维持 2008 年 5 月以来两岸关系和平发展的现状。马英九在会晤后记者会上也强调他与习近平会晤的目的是“建立两岸领导人一个互动的模式”。

## 二、“习马会”基本情况及会晤主要内容

1.“习马会”基本情况。11 月 7 日的“习马会”在新加坡香格里拉酒店举行，陆方陪同 6 位人员是王沪宁、栗战书、杨洁篪、丁薛祥、张志军与陈元丰；台方陪同人员是曾永权、高华柱、邱坤玄、夏立言、吴美红与萧旭岑。尽管时间不长，除了公开会晤各

自阐述观点 10 多分钟和闭门会晤一个多小时外，接着是各自召开记者会，再就是共进晚餐。会晤中，习近平提出四个坚持，即坚持两岸共同政治基础不动摇，坚持巩固深化两岸关系和平发展，坚持为两岸同胞谋福祉，坚持同心实现中华民族伟大复兴。马英九提出五点主张，即巩固“九二共识”、维持和平现状；降低敌对状态，和平处理争端；扩大两岸交流，增进互利双赢；设置两岸热线，处理急要问题；两岸共同合作，致力振兴中华。

2. “习马会”主要亮点。双方围绕“推进和平发展、致力民族复兴”的主题，就两岸关系中的相关问题坦诚交换意见，达成积极共识。既肯定 7 年来两岸关系和平发展成果，又共同认为应继续坚持“九二共识”、巩固共同政治基础，推动和平发展，维护台海和平，并致力于中华民族复兴。“习马会”亮点主要在以下五个方面：

其一，两岸和平是会谈的主题。习近平强调要巩固两岸和平：“我们今天坐在一起，是为了让历史悲剧不再重演，让两岸关系和平发展成果不得而复失，让两岸同胞继续开创和平安宁的生活，让我们的子孙后代共用美好未来。”④马英九在会晤中也表示过去 7 年多两岸关系和平发展取得了巨大成果，这些巨大改变的基础，都在于“和平”，提出“降低敌对状态，和平处理争端”。提出不论在政治、军事、涉外、社会、文化、法律，各个领域的争议，都希望用和平的方式解决，来增加双方心理层面友善的感受，“为两岸关系奠下和平的基石。”⑤

其二，再度确认实现两岸和平的关键在于“九二共识”的共同政治基础。习近平指出“坚持两岸政治基础不动摇”。他说：“近年以来，两岸关系实现和平发展关键在于双方确立了坚持九二共识、反对台独的政治基础。没有这一定海神针，和平发展之舟就会遭遇惊涛骇浪甚至彻底倾覆。”“九二共识之所以重要，就在于它体现了一个中国的原则，明确界定了两岸关系的根本性质。它表明，大陆和台湾同属一个中国，两岸关系不是国与国的关系，也不是一中一台，虽然两岸迄今尚未统一，但中国主权和领土完整从未分裂，两岸同属一个国家，两岸同胞同属一个民族，这一历史和法理基础从未改变，也不可能改变”。他呼吁：“希望台湾各党派各团体能正视九二共识，无论哪个党派和团体，不论其过去主张过什么，只要承认九二共识的历史事实，认同其核心内涵，我们都愿意同其交往。对于任何分裂国家的行为，两岸同胞绝不答应。在维护国家主权和领土完整这一原则问题上，我们的意志坚如磐石，态度始终如一。”习近平强调反对“台独”是确保两岸关系和平发展的必要前提，“当前对两岸关系和平发展的最大现实威胁是台独势力及其分裂活动。台独煽动两岸同胞敌意和对立，损害国家主权和领土完整，破坏台海和平稳定，阻挠两岸关系发展，只会给两岸同胞带来沉重伤害。对此，两岸同胞要团结一致坚决反对”。[6]马英九也提出“巩固九二共识，维持和平现状”，认为“九二共识”是两岸推动和平发展的共同政治基础。正是因为双方共同尊重“九二共识”，过去七年半来，两岸才能获致包括达成23项协议在内的丰硕成果与和平荣景，让两岸关系处于66年来最和平稳定的状态。

其三，巩固与深化两岸关系和平发展，努力为两岸同胞多谋福祉。习近平指出：大陆对台工作着眼点与落脚点是“增进两岸同胞的亲情和福祉，让两岸同胞过上更加美好的生活”。他提出三个有利于：“只要是有利于增进两岸同胞的亲情和福祉的事，只要是有利于推动两岸关系和平发展的事，只要是有利于维护中华民族整体利益的事，两岸双方都应该尽最大努力去做，并且把好事办好。”[7]双方讨论了如何让两岸和平红利与交流所产生利益更惠及两岸民众，因此，有关两岸货贸协议、两会互设办事机构、“陆客中转”及设立两岸热线等都要加快推动；造福于两岸民众的具体政策举措，如台湾参与区域经济合作、台湾以适当名义参与亚投行、中国大陆的一带一路倡议中台湾如何参与等工作，都要抓紧推进。

其四，设立更高层次的两岸热线。近年来通过海协会与海基会的两会渠道、国台办与陆委会之间的常态化联系沟通机制，两岸双方之间直接联系沟通与会晤解决了若干政策性问题。“习马会”中，双方决定在国台办主任与陆委会主委之间建立“两岸热线”，目的是“有助于双方及时沟通，避免误判，处理紧急问题”。[8]

其五，两岸合作振兴中华。推动两岸关系、共同振兴中华是“习马会”中双方重要交集点。习近平提出“两岸是不可分割的命运共同体，民族强盛是两岸同胞之福，民族祸乱是两岸同胞之祸”。马英九也提出“为生民立命，为万世开太平，为中华民族开创更和平灿烂的未来”。[9]

## 三、“习马会”的作用与意义

第一，“习马会”是 66 年来海峡两岸领导人首度会晤，是历史性的里程碑。自 1949 年以来，两岸领导人从未会面过。因此，两岸最高层领导人直接会面本身就是一个突破，是政治互动的新的高度，是两岸关系发展上历史性的重大事件。“是两岸关系发展史上具有里程碑意义的大事，踏出了两岸高层政治互动往来的关键性一步”，[10]“开创了两岸领导人直接对话沟通的先河”，[11]标志着长达数十年的冷战对抗时代的彻底崩解和对和平发展时代的认同与肯定，从而“对两岸关系未来发展具有深远影响，必将载入两岸关系史册”。[12]

第二，“习马会”为两岸关系未来发展开辟了新的空间。首先，“习马会”肯定过去 7 年两岸关系和平发展的成果，增进了彼此间的政治互信，特别是两岸领导人的直接会面，对两岸政治互信的增进大有帮助。中国人有句俗话：“见面三分情”。其次，“习马会”强化了“九二共识”对于两岸关系和平发展的基础性与法理性地位，通过两岸最高级别领导人会晤，强化“九二共识”是两岸之间的共识，也是“两岸现状”的重要组成部分。第三，“习马会”维护台海地区的和平稳定，确定了台海两岸未来和平发展的基本方向。台湾《旺报》评论认为“习马会”“进一步巩固‘九二共识’作为两岸政治对话的基础，有助于维系台海和平稳定”。[13]正是两岸领导人对于两岸关系发展的基础定位、方向的选择与道路的把握，充分显示了两岸领导人的远大的历史使命感与战略高度及政治智慧，展现了两岸领导人的政治勇气、决心和维护政治信念的现实范例。所以，媒体评论称“习马会”“握住了历史，握住了未来，握住了和平，也握住了希望”！[14]“为两岸关系发展壁画了蓝图，指明了方向”。[15]

第三，“习马会”开启了两岸之间的政治对话。如果说两会协商是事务性谈判，国台办与陆委会主管会面是“政策对话”，那么两岸领导人会面就是“政治对话”。这样的对话有利于两岸未来协商与解决两岸关系中的一系列敏感的政治性矛盾与问题。所以台湾媒体评论称，通过“习马会”，两岸未来的走向将迎来“由经入政”的新局面，带来新的契机。[16]打破了过去一直存在的“只经不政”局面，包括马英九谈话中要求扩大国际参与等“摆上了台面，于是，台湾回避政治接触与对话的政策也就此破功”。[17]由此开启政治对话之门，也成为两岸关系的重要组成部分，并将为和平发展提供更加强有力的保障，成为推动两岸关系持续发展的强大动力。

第四，“习马会”有利于两岸政治问题在台湾社会中“去敏感化”。台湾社会对两岸政治议题的协商，包括两岸领导人会晤，一直持高度关注与高度紧张状态，担忧在双方的会晤中政治地位被“矮化”，甚至利益“被出卖”。因此，通过这样的两岸领导人会晤，两岸政治议题的协商与处理，今后台湾社会对类似议题就不是那么敏感了。特别是透过台湾媒体对两岸领导人的大幅度报道，台湾民众认识到“习马会”不仅没有“矮化”台湾，更没有如民进党所言“出卖”台湾，而且为台湾社会与民众谋求到实际的政治、经济等利益。同时，“习马会”也有利于化解台湾社会“疑共”、“惧共”、“反中”、“反共”的社会思潮，有利于引导台湾民众理性、客观地看待大陆的发展。

第五，“习马会”对台湾政局产生一定的影响。一是对国民党的影响在于，不仅巩固马英九在国民党内部的政治领导地位，而且有利于巩固“传统蓝”及其理念在国民党内部继续掌握两岸政策话语权。二是对民进党两岸政策调整产生不小的压力。面对“习马会”所产生正面作用与和平融合成为两岸经济社会发展大趋势，民进党只能反复强调也主张“维持两岸现状”。郭正亮认为“习马会”“实质上是对蔡英文做政治摊牌”，这是民进党必须面临的挑战。[18]三是大大压缩了“台独”政策与“台独”势力发展的空间。“习马会”是做台湾民众工作的好机会。通过媒体的大幅、连篇报道，让习近平总书记政治形象与大陆对台政策主张在台湾社会进行了扩散，树立正面的形象，大陆对台民众的善意能够入岛与入心，这当然不利于“台独”势力的发展。

第六，“习马会”对国际社会产生示范效应。“习马会”也是区域和平的一个里程碑，透过会面，向海峡两岸民众也包括国际社会表明和平发展是两岸负责任的政党做出的重大选择，坚持和平发展的道路决不动摇，对东亚地区和平稳定具有启示意义。同时，“习马会”的“蝴蝶效应”对国际和平也有不小的贡献。曾几何时，台海地区与朝鲜半岛及南海地区被国际媒体称之为亚太地区的“三大火药库”。台海两岸自 1949 年以来的军事冲突与政治对峙，不仅隔绝了两岸民众的往来，而且造成东亚地区局势的长期紧张与不稳定。所幸 2008 年 5 月以来，两岸双方在坚持“九二共识”、反对“台独”的共同政治基础上，推动两岸关系走上和平发展的轨道，不仅让两岸之间的交流交往日益密切，两岸民众充分享受到两岸关系和平发展的红利，而且给周边国家与地区带来了外溢的和平红利。这是近年来，无论美国还是日本，或者东南亚国家都对两岸关系和平发展给予高度肯定与支持的原因所在。尤其是两岸最高层领导人之间的直接对话，为亚太地区解决政治分歧树立典范，不仅“以行动向世人表明，两岸中国人完全有能力、有智慧解决好自己的问题”，而且“为世界与地区和平稳定，发展繁荣做出更大贡献”。对此，美国白宫发言人表示美国目前的根本利益还是在于稳定、和平的两岸关系。美方当然会欢迎台海两岸为缓和紧张局势和改善两岸关系所采取的行动。日方表示,台湾海峡的和平与稳定对地区乃至整个世界而言都是极为重要。日本将密切关注两岸领导人对话的进展。

**注释:**

① 张志军:《跨越 66 年时空的历史性握手》,《人民日报》2015 年 11 月 9 日,第 1 版。

② 何思慎:《结构变动中的东亚》,赵春山主编:《东亚区域安全形势评估 2014 –2015》,台湾两岸交流远景基金会 2015 年 12 月,第 14 页。

③ 张志军:《跨越 66 年时空的历史性握手》,《人民日报》,2015 年 11 月 9 日,第 1 版。

④ 王尧、丁子:《习近平同马英九会面》,《人民日报》2015 年 11 月 8 日,第 1 版。

⑤ 何思慎:《结构变动中的东亚》,赵春山主编:《东亚区域安全形势评估 2014 –2015》,台湾两岸交流远景基金会 2015 年 12 月,第 15 页。

⑥ 王尧、丁子:《习近平同马英九会面》,《人民日报》2015 年 11 月 8 日,第 1 版。

⑦ 王尧、丁子:《习近平同马英九会面》,《人民日报》2015 年 11 月 8 日,第 1 版。

⑧ 王尧、丁子:《习近平同马英九会面》,《人民日报》2015 年 11 月 8 日,第 1 版。

⑨ 王尧、丁子:《习近平同马英九会面》,《人民日报》2015 年 11 月 8 日,第 1 版。罗印冲:《习拍板,固 92 共识促政治协商》,台湾《旺报》2015 年 11 月 5 日,A2 版。

⑩ 本报评论员:《两岸关系翻开历史性的一页》,《人民日报》2015 年 11 月 8 日,第 5 版。

⑪　本报评论员:《坚持两岸共同政治基础不动摇》,《人民日报》2015年11月9日,第1版。

⑫　张志军:《跨越66年时空的历史性握手》,《人民日报》2015年11月9日,第1版。

⑬　罗印冲:《马习会,两岸分治66年翻新页》,台湾《旺报》2015年12月27日,A2版。

⑭　社论:《习马会的历史启示与感悟》,香港《中国评论》月刊2015年12月号,第1页。

⑮　本报评论员:《坚持两岸共同政治基础不动摇》,《人民日报》2015年11月9日,第1版。

⑯　张郁琦:《马习会巩固共识,蔡英文压力增》,台湾《旺报》2015年11月11日,A8版。

⑰　张麟徵:《"马习会":两岸一中,一锤定音》,台湾《观察》2016年第12期,第7页。

⑱　思想者论坛:《习马会的意涵与影响》,香港《中国评论》月刊2015年12月号,第82页。

(作者单位:上海国际问题研究院)

# A Review of the“Xi – Ma Meeting”

By Yan Anlin

**Abstract**: On November 7, 2015, a historic meeting between Mr. Xi Jinping and Mr. Ma Ying-jeou was held in Singapore, the first meeting between leaders across the Taiwan Strait since 1949. In the context of the peaceful development of cross – Strait relations since 2008 and growing commitment of both sides to consolidating peace and the status quo across the Strait, the meeting witnessed the achievement of many positive consensuses and marked the beginning of political dialogues across the Taiwan Strait, thus establishing a good foundation for future development of cross – Strait relations.

# 台湾大事记

常　超　徐亦鹏

# 2015 年台湾大事记

## 1 月

**1 日** 马英九发表以“和解、合作、和平”为主题的元旦贺词,强调“社会和解”、“朝野合作”与“两岸和平”。关于两岸关系,马指出,推动两岸关系最重要的目的,“第一是和平,第二也是和平,第三还是和平”。马同时表示,台湾今天面临许多内外挑战,为了公共利益与人民福祉,“朝野”需要从对立走向合作,“台湾没有分裂的本钱”,“所有的不满应该到我为止,由我承担”。

台“驻美代表”沈吕巡在“代表处”双橡园庭院举行升旗典礼及军事代表团授勋仪式,沈吕巡夫妇、“代表处”工作人员与侨界人士等上百人出席活动。

台海基会就 2014 年 12 月 31 日晚上海外滩陈毅广场拥挤踩踏事故造成台湾同胞 1 死 2 伤一事,联系海协会与上海市台办表达关心慰问,希望大陆对台湾伤亡民众提供协助。

台湾开放大陆观光客到金门、马祖、澎湖三个离岛落地签证政策。陆客赴金马澎旅游只需前往出入境管理部门申办大陆居民往来台湾通行证和个人赴台湾旅游签注，而后进入厦门海关，即可办理落地加签手续。

**2日**　台“总统府”表示，“驻美代表处在双橡园举行升旗典礼及军事代表团授勋仪式，象征两国友好关系更上层楼，也证明政府6年多来推动‘活路外交’的政策正确，中华民国在国际社会有更多奥援、也更有尊严。”

**5日**　外交部发言人华春莹就台“驻美代表处”进行升旗典礼一事表示，大陆坚决反对台湾举行升旗仪式，并已向美方严正交涉，要求美方恪守一个中国政策和中美三个联合公报原则，审慎妥善处理涉台问题。

鉴于陈水扁病情，“法务部矫正署”同意让其保外就医1个月。陈结束6年零40天的牢狱生活，返回高雄住所。

**6日**　美国国务院发言人表示，美对台“驻美代表处”升旗典礼“事先不知情”，“没有美国官员以任何身份出席”，升旗活动“与美方政策的精神不一致”，美国“继续恪守以三个联合公报及《与台湾关系法》为基础的美国一中政策”；而“台美间的互信并未因此改变”；8日，“美国在台协会”亦发表3点声明，进一步表示美国对此举动感到失望并严正关切，希望台湾确保此类事件不再发生。

**7日**　台高铁财改案未过关，“交通部长”叶匡时请辞，“行政院长”毛治国全力慰留未果，于9日准辞；随后台湾高铁董事长范志强也宣布请辞，于17日正式辞职。

**8日**　台湾的中南美洲8个“邦交国”参加首届“中国－拉丁美洲与加勒比海共同体论坛”，且巴拿马外交部发表声明倡议提升论坛为拉丁美洲加勒比海地区与中国间首脑级峰会，引发岛内各界关注。

**11 日** 台“农委会防检局”就禽流感疫情表示，全台共有24 个禽场鸭鹅检体送验，验出 1 场染 H5N8、5 场染 H5N2，两种病毒都是台湾没有发现过的，其中 H5N2 还是全球首例；13 日，“行政院副院长”张善政表示，“防疫视同作战”，指示“农委会”以超前部署精神，拟定应变计划及防疫标准作业程序。

**12 日** 大陆民航部门公告划设 M503、W121、W122 及 W123 等新航线，并于 3 月 5 日生效。台“交通部”、陆委会、“外交部”对大陆“单方面划设新航线”表达“不接受”并联美对陆施压。16 日，“立法院长”王金平宣读“朝野”共同声明称，“行政院”应就大陆“片面划设 M503 等航线一事立即要求大陆就航线之划设与台方协商”，并要求陆委会、“交通部”等“部会”向大陆提出抗议。

**14 日** 就台“驻美代表处”元旦在双橡园举行升旗典礼一事，国台办发言人马晓光表示，大陆坚决反对任何违反一个中国原则的言行；就大陆划设 M503 等新航线一事再次做出解释，澄清台方飞行安全疑虑，指出新设航线是大陆民航空域管理的一项常规工作，也是大陆经济、民航业发展所必需；并且，M503 已经于 2007 年与美国等其他国家的航空专家合作完成设计及评估，亦经过国际民航组织的核准。

民进党中常会通过“中国事务委员会设置要点”修正案，委员会成员由原 7 至 9 人增加到 9 至 11 人，邀请林佳龙、郑文灿 2 人加入，并定于 21 日开会。

前台中市长胡志强宣布，在旺旺集团总裁蔡衍明邀请下，将从 2 月 1 日起到旺旺中时媒体集团任职，希望“为媒体找回社会责任和企业良心”。

**15 日** 美国国务院发言人就大陆划设新航线事宜表示,美国鼓励中国大陆与受影响的各方沟通协商,解决对空域安全的担忧,“这对美国极为重要”。

台“外交部长”林永乐在“立法院”报告称,“中拉论坛”是中国大陆基于战略考量并回敬美国“向亚洲再平衡”的政策。台与南美洲“邦交国”“邦谊稳固”,但台“友邦”可能要求台湾增加双边合作计划或对其投资,将加重台湾援外的压力。台湾未来将持续维持一定援外资源,并采取灵活、多层次的方式推动同“邦交国”的互动交流,争取“友邦”对台的向心力。

**17 日** 国台办发言人马晓光表示,大陆已透过民航“小两会”管道致函台湾,愿就 M503 航路使用中的技术性问题,近日再作进一步沟通。希望台湾有关方面对大陆开通这条航线的有关情况有更充分了解,客观看待,并利用此航线便利两岸人员往来,促进两岸民航事业发展。

国民党副主席、新北市长朱立伦在等额竞选情况下,以 196065 票、99.61% 的得票率当选国民党主席。

**19 日** 朱立伦就任国民党主席,废除马英九时代所设立的“中山会报”,同时以党章并无“荣誉主席”之规定为由,不再尊称连战和吴伯雄为“荣誉主席”,改称为“前主席”;并任命前台北市长郝龙斌、前嘉义市长黄敏惠为专任副主席,李四川为秘书长。

**20 日** 由中华全国供销合作社主办的“海峡两岸农渔业交流座谈会暨第五届海峡两岸农民基层合作经济组织恳谈交流会”在平潭召开。国台办主任张志军赴平潭倾听台湾农渔业代表的建言，就代表提出的关税和增值税等问题做出回应，表示“两岸同属一个中国”，为何还要搞关税，一席话让在场台湾农渔民大受感动。

台“经济部投资审议委员会”公布，2014 年全年共核准陆资赴台投资项目 136 个。统计数据显示，自 2009 年 6 月 30 日开放大陆企业赴台投资以来，台方累计核准陆资投资项目 619 个，投(增)资金额计近 12 亿美元；28 日，国台办发言人马晓光表示，两岸的贸易投资在经过高速发展之后进入新常态，陆资赴台比例下降，“应该说也和《两岸服贸协议》推迟有一定关联”。

**21 日** 国民党主席朱立伦主持任内首场中常会，宣布党内改革计划，党产交国民党籍“立委”廖正井、律师王如玄筹组相关人员进行检视；副主席郝龙斌负责智库重建工作；副主席黄敏惠进行组织调整工作，以达“内造化、志工化、战斗化”目标；朱立伦也针对撤销“立法院长”王金平党籍案上诉裁示交考纪会研议。

民进党“中国事务委员会”召开会议，对国际、两岸、台湾内外整体情势进行评估，并就两岸城市交流议题进行讨论。

**22 日** 陆委会主委王郁琦主持陆委会年终记者会，总结过去一年重要成果及陆委会新年度工作展望；肯定两岸事务首长互访制度化、两岸关系未因“深水区”而倒退，并表示未来将持续推动两岸对话协商与交流。但“习马会”及商谈两岸和平协议等议题目前尚未规划。

台“行政院主计总处”公布 2014 年 12 月失业率为 3.79%，较 11 月下降 0.1 个百分点，为近 14 年来最低水准；2014 年全年失业率 3.96%，较 2013 年下降 0.22 个百分点。

**23 日**　台“行政院”宣布“交通部长”、“文化部长”分由“政务次长”陈建宇、洪孟启接任,“科技部长”由“工研院长”徐爵民出任,“行政院秘书长”则由前“政务委员”简太郎出任。

台“立法院”三读通过 2015 年度“中央政府”总预算案,岁出预算原列 19596. 6 亿元新台币,删减 250. 2 亿元、1. 28% 。

**25 日**　马英九赴新竹科学园区出席财团法人“国家同步辐射研究中心”台湾光子源同步加速器落成典礼,见证台湾尖端科技新进展。根据“国辐中心”资料,台湾光子源的亮度是台湾在 1993 年所启用的第一座台湾光源同步加速器的 10 万倍,至 2015 年底将成为全球最亮的同步加速器光源设施。

“公民组合”执行理事林峰正、闪灵乐队主唱林昶佐等成立“时代力量党”,同时开放政党官网,供支持者注册、登记成为党员。创党记者会还邀请了作家冯光远及洪仲丘的姐姐洪慈庸当贵宾。

**26 日**　台湾海峡两岸观光旅游协会宣布,大陆团客到离岛或经离岛赴台湾观光,凡符合一定条件,可不受现行每日 5000 名团体配额限制,每日开放名额 500 名,自 2015 年 2 月 1 日至 2016 年 1 月 31 日试办 1 年。

**27 日**　马英九作出任内最大幅度军方高阶将官人事调整,“国防部长”严明由“参谋总长”高广圻接任;“陆军司令”严德发升任“参谋总长”,“国防部军备副部长”邱国正接任“陆军司令”;“空军司令”刘震武调任“军备副部长”;“国防部常务次长”沈一鸣晋升上将,接任“空军司令”;“国防部副参谋总长兼执行官”廖荣鑫与“海军司令”陈永康皆调任“总统府战略顾问”;“国防部副参谋总长”李喜明晋升上将,接任“海军司令”;

“海军副司令”蒲泽春晋升上将，接任“国防部副参谋总长兼执行官”，相关人事命令皆于1月30日生效。

国民党主席朱立伦与负责推动智库重整的副主席郝龙斌拜会智库董事长、国民党前主席连战，达成共识，未来智库将进行人事制度化改革，智库董事职务依照制度换人担任，且由党主席兼任董事长。

国民党“立委”、中常委徐欣莹宣布退出国民党，外界传徐将与亲民党前“立委”陈振盛共组新政党“民国党”，并担任党主席。对此，徐回应称，她与陈并不熟悉，但将审慎思考是否组成新政党。

**28日** 台北市商业会理事长王应杰率理、监事干部前往台北市政府拜会市长柯文哲，谈及6月台北、上海“双城论坛”议题。柯采纳王的建议并表示，“双城论坛”可以扩大为“两岸城市论坛”，让台湾和大陆的更多城市可以参与到这个平台中来；国台办与上海市长杨雄29日就此指出，两岸关系和平发展成果和“双城论坛”都建立在“九二共识”基础上，希望通过两岸各项交流维护两岸和平发展的政治基础。

**29日** 两岸经济合作委员会第7次例会在台北召开，海协会常务副会长郑立中、海基会副董事长施惠芬、商务部副部长高燕与台“经济部政务次长”卓士昭与陆委会、“经济部”、“国发会”代表一道出席会谈。双方循例检视ECFA工作进展，并就两岸食品安全及通关检验检疫、中小企业合作等议题进行交流。会谈取得新的共识和成果，一是宣布成立中小企业合作工作小组；二是台方宣布核准陆方海峡两岸经贸交流协会赴台设立办事处的申请；此外，两岸经合会下设其他小组的工作也取得一定进展。

台“国发会主委”管中闵请辞,“行政院长”毛治国批准辞呈,遗缺由“政务委员”杜紫军接任。

## 2 月

**2 日**　针对台北市长柯文哲日前“两国一制”及“殖民愈久愈进步”的言论,国台办发言人马晓光表示,“大陆和台湾同属一个中国,两岸不是国与国关系,这具有不可辩驳的法理基础和事实依据。两岸关系的底线不容挑衅。任何不利于两岸关系的言行都违背两岸同胞的意愿,损害两岸同胞的利益。”

**3 日**　台湾海基会董事长林中森在海基会第九届董、监事第二次联席会议上表示,两岸两会第 11 次会谈将聚焦 6 项议题,包括货物贸易、争端解决、两岸两会互设办事机构、避免双重课税及加强税务合作、环境保护合作及飞航安全及适航标准合作等。此 6 项议题都在紧张协商中,且有几个议题文本接近完成,待达成共识并经当局授权后,将在大陆举行两会第 11 次会谈。林指出,除海基会、海协会这一平台外,陆委会与国台办也将建立协商管道与机制。

**4 日**　复兴航空一架 ATR72 – 600 型飞机坠落在台北基隆河,截至 7 日下午 6 时,机上乘客 40 人罹难、15 人受伤、3 人失踪;另造成环东大道上一部出租车内 2 人受伤。“飞安会”6 日公布黑匣子关键内容,飞机两部发动机在坠落前都失去动力。

鉴于陈水扁返家治疗后病况未有明显改善,仍有持续在外治疗必要,“矫正署”决定让陈水扁继续保外就医 3 个月。

涉嫌拉法叶舰采购弊案的台军火商汪传浦在逃亡 15 年后据传逝世。台“法务部”通过“驻英代表处”、英国驻台处、英国政府查证，尚无法确认汪的生死。如果汪确实死亡，那么台当局与英政府谈判引渡汪回台受审的计划将终止，拉法叶舰弊案的真相恐将石沉大海。

**5 日** 就国台办主任张志军与陆委会主委王郁琦 2 月在金门会谈延迟事宜，陆委会副主委兼发言人吴美红称，复兴航空坠机事件导致多名大陆游客伤亡，目前两岸尚需全力处理相关事宜；而对于大陆划设 M503 等新航线议题，国台办与陆委会的沟通尚未完成，经充分商议后，双方决定暂时延后张志军访问金门的时间，而确切访问时间要视双方就新航线议题的沟通状况而定。对此，国台办发言人马晓光表示，张志军原拟于 7 日、8 日赴金门参访，但 4 日发生复兴航空客机坠河事件，造成两岸同胞重大伤亡，当前双方需集中精力处理善后，故延迟了访问时间。双方还将就两岸关系有关议题进一步沟通，待有关安排确定后会及时发布。

国民党新考纪制度出炉，未来考纪委员人选仍将由党主席圈选，但名单及处分结果均须送中常会通过，让考纪制度更符合民意。考纪会代理主委黄昭顺明确表示，新考纪会组成后，不会重新处理王金平党籍案。

**6 日** “总统府”宣布新的人事任免案，“总统府秘书长”杨进添请辞获准，遗缺由前“立法院副院长”曾永权接任；“国安会秘书长”金溥聪请辞获准，遗缺由前“国防部长”高华柱接任。相关人事安排于 12 日交接生效。

**7 日** 台“中选会”办理“立委”补选，这次补选被岛内媒体视为国民党主席朱立伦上任后与民进党主席蔡英文交手的“首场战役”。投票结果为：国民党候选人许淑华、徐志荣，民进党候选人庄瑞雄、黄国书、陈素月当选；民进党保住屏东、彰化及台中三席，国民党保住南投及苗栗二席，两党维持平盘。

**9 日**　马英九会见美国传统基金会贸易暨经济中心主任米勒时表示，近 7 年来台美高层互信恢复，推动了许多过去不曾推动的政策与措施；美国在他任内同意对台 3 批军售，共计 183 亿美元，达到 20 年来对台军售的新高；且去年 12 月美国总统奥巴马还签署法案同意出售 4 艘佩里级导弹护卫舰给台湾，这是双方安全合作继续迈进的例证。

**10 日**　台北地方法院检察署侦结陆委会前副主委张显耀被控泄密案，因犯罪嫌疑不足，予以张显耀等 3 人不起诉处分。陆委会主委王郁琦表示，他无法认同，愿负起政治责任，请辞陆委会主委一职。

台北地检署侦结 2014 年 3 月、4 月“反服贸运动”期间“3 · 18”占领“立法院”、“3 · 23”占领“行政院”及“4 · 11”包围台北市警察局中正一分局等案，对学生林飞帆、陈为廷、魏扬、洪崇晏及学者黄国昌等人进行起诉。

台南地方法院以“有串证、灭证、逃亡之虞”为由裁定收押台南市议长李全教，民进党台南市党部评委会召集人蔡启新、前台南县议员杨明达、人冠游艇公司副厂长林聪彬三人涉嫌居间帮李买票，也被羁押禁见。

国民党文传会主委林奕华宣布，国民党智库财团法人国家政策基金会已完成人事改组，董事长由国民党主席朱立伦兼任；朱立伦对前任董事长连战及所有董事支持此次智库改造表达由衷感谢与敬意。

**11 日** 针对陆委会主委王郁琦请辞，台陆委会就未来与国台办建立沟通联系机制及两岸事务首长互访表示，这是“两岸关系制度化和双方官方互动往来常态化的重要象征，有助双方沟通、务实处理两岸重要议题，并可增进相互了解”。“目前两岸和平稳定发展格局已有坚实基础，未来上述机制仍将持续稳定运作”。陆委会就国台办主任张志军延迟访台事宜称，“有关陆方具体来访时间将视后续沟通情形，再对外公布”。新任海基会副董事长周继祥表示，两岸关系发展趋势不可能逆转，“不以个人意志为转移”，王郁琦离职很难对两岸关系造成重大影响。

以郑立德为首的高雄大寮监狱 6 名重刑犯持枪挟持典狱长陈世志、戒护科长王世仓，在与警方僵持 14 小时后，6 人于 12 日凌晨自杀。

**13 日** 对于陆委会主委王郁琦请辞，国台办主任张志军称，处理两岸关系遇到问题而建立的机制不应该因为人事变化就中止运行，保持常态化运作有利两关系稳定和发展。张表示，“去年这一年过得非常热闹”，“两岸关系的确碰到新情况、新问题”，但两岸关系克难前行，保持总体稳定，同时取得新的进展。

马英九接受 UDNTV 专访，谈及张显耀被控泄密获不起诉时表示，对于陆委会前副主委张显耀泄密案，王郁琦的处置符合体制内标准作业程序，且采取措施的做法也是必需的。但张显耀的反应使问题复杂化，因此为了“国家安全”必须起诉。

**14 日** 民进党主席蔡英文宣布投入本党“总统”初选，并于 15 日完成党内初选登记。在没有其他竞争者的情况下，蔡将笃定出线。

**16 日** 台“行政院”发布新闻稿表示，同意陆委会主委王郁琦的请辞案，并任命“国防部军政副部长”夏立言担任陆委会主委。就此，国台办发言人马晓光表示，去年以来，国台办和陆委会在“九二共识”基础上建立了常态化联系沟通机制，实现双方两岸事务主管部门负责人互访，为推进两岸关系和平发展发挥了重要作用。我们希望双方共同努力，维护和巩固“九二共识”，继续推进两部门联系沟通，良性互动，相向而行，持续推动两岸关系取得新进展，以更多成果造福两岸同胞。

**18 日** 马英九发表除夕谈话，表示“台湾所面对的经济、两岸、教育、文化与社会各项改革，都仰赖人民把台湾看作是一个大家庭，以更务实、更民主、更和谐与更宽容的态度迎向挑战”；当局必须更努力地达成民众期待，虚心倾听各方指教与批评，期望民众务实促进“社会和解、朝野合作、两岸和平”。

**24 日** 海基会在台北圆山大饭店举办 2015 大陆台商春节联谊活动，马英九致辞时称，当局目前的大政方针是正确的，虽然过去一年来两岸出现一些小波折、小风波，但会一步一步处理并解决。马强调，这 6 年多来整合同美国、日本及中国大陆的关系，找出一条能够可长可久的路，其中非常重要的因素就是坚持“九二共识、一中各表”，一步步把两岸关系建立在永续发展的基础上。陆委会副主委林祖嘉致辞时称，复兴空难与航路议题都涉及飞航安全，呼吁大陆方面“应该考虑台湾民意，重视对此一议题的反应、尊重台湾人民的感受，务实与我方进行沟通。”就陆委会未来工作重点，林称，新的一年将双轨推进两岸经贸合作与台湾参与区域经济整合。

亲民党籍“立委”李桐豪、陈怡洁、已退出国民党的无党籍“立委”徐欣莹与无党团结联盟“立委”高金素梅在“立法院”举行记者会，宣布成立“新联盟政团”。就新政团运作，李桐豪表示，其他3名“立委”都是政团干事长，政团没党纪或罚钱问题，政团透过沟通形成共识，没共识就尊重个别“立委”意见，秉持民主原则在“国会”投票；政团自我定位为“在野政团”，与不同政党进行必要合作，不会运用没必要的议事操作造成对立。

**26日** 台“国防部发言人”罗绍和说，“海军副司令”许培山中将将接任“国防部常务次长”，许的遗缺由“海军舰队指挥部指挥官”黄曙光中将接任。

# 3月

**1日** 两岸民航“小两会”在上海举行工作会议，并沟通M503航路问题。2日，台陆委会、“民航局”宣布，大陆4条新航路原定3月5日的正式飞行日期将予延后。M503再往大陆方向西移6海里，待大陆实际测飞、试飞后，再由双方沟通确定实施日期。W121、W122及W123等三航线现阶段不实施、不启用。

**3日** 大陆民航官员表示，原有的A470航路已经饱和，必须开新航路才能满足需求，M503航路并非暂不开通，而是待M503航路择期试飞后决定，但目前试飞时间还未确定。

**4日** 国家主席习近平看望出席全国政协第十二届三次会议的民革、台盟、台联委员并发表重要讲话。习近平强调，“我们应该坚定不移走和平发展道路，坚定不移坚持共同政治基础，坚定不移为两岸同胞谋福祉，坚定不移携手实现民族复兴”。

台“行政院发言人”孙立群就两岸协商 M503 新航线结果表示，“行政院”对此协商成果感到满意，因为“海峡本来就有中线”，大陆“是在他们的飞航区里做试飞等动作”。而两岸之间经过很多次的协商，“虽然结果有不同的政治解读”，但“肯定相关人员的努力”。

美国务院发言人就两岸协商 M503 新航线结果表示，欢迎中国大陆延迟执行台海新航路的决定，美方鼓励中方与受 M503 等新航路影响的各方合作，支持透过对话来解决事件。

台湾亚东关系协会与日本交流协会 4 日至 6 日在日本东京举行第 4 次台日渔业委员会会议；7 日，台“外交部”称，双方就台日渔民关切的八重山群岛附近特别合作海域内的作业规则达成修正共识，将原日方通报后采 4 海里船间距的作业方式调整为实施日夜轮作。

**5 日**　第十二届全国人民代表大会第三次会议开幕，国务院总理李克强在政府工作报告中阐述了对台工作方针：“我们将坚持对台工作大政方针，巩固两岸坚持‘九二共识’、反对‘台独’的政治基础，保持两岸关系和平发展正确方向”。

民进党提出七点“修宪”主张，包括：公民投票权下修至 18 岁，公民工作、居住及其他相关社会权利“入宪”，下修“修宪”门槛，赋予公民联署“修宪”权，“立委”选举改为联立制，将“立委”总额由现行 113 席增加到 158 席，废除“考试院”、“监察院”，变“五权宪政”体制为“三权”，“行政院”可提不信任案。

马英九表示，台当局将在 2015 年 7 月 7 日“七七事变”纪念日到 10 月 25 日台湾光复纪念日期间，举办一系列活动纪念抗日战争胜利70周年“这样一个非常具有历史意义的日子”；台“行政院”9日举行记者会，说明“行政院”联合各“部会”的一系列相关活动。

**6日** 国民党主席、新北市长朱立伦6日至10日出访新加坡、香港，分别与新加坡总理李显龙、香港特首梁振英进行了会晤。

**7日** 美国战略与国际研究中心高级顾问葛来仪表示，习近平关于两岸同胞要对“台独”势力保持高度警惕的表态，表明北京对民进党可能在台湾重返执政愈益担忧，是想告诫台湾人民：支持民进党有可能给两岸关系带来消极后果；同时也警告民进党：他们迄今提出的立场在北京看来是不够的。

**9日** 陆委会主委夏立言表示，“九二共识、一中各表”一直是台湾的坚定立场，也由于上述立场，台海双方才能在过去这段时间务实地推展两岸关系。

民进党发言人徐佳青2月在美爆料陈水扁曾收受营造业数十亿元新台币的演讲曝光，引发党内政治风暴，徐请辞发言人获准。徐声明称，因年代久远未经查证，对陈水扁造成伤害表示歉意；这是她个人言论，并非以发言人身份表达，造成各界议论非其所乐见。

**10日** 马英九向岛内工商界大老表示，“两岸协议监督条例”草案及《两岸服务贸易协议》等攸关台湾未来发展的重大法案尚卡在“立法院”，盼“立法院”能加快相关审查进度，“否则损害的将是台湾的利益”。

**13日** 陈水扁之子陈致中在外界巨大压力下宣布不再参与民进党高雄市第九选区“立委”初选。

**14 日**　民进党主席蔡英文与美国众议院外交委员会主席罗艾斯所率领的访问团会面,蔡表示 2015 年将访问美国。

岛内民间团体成立的“全台废核行动平台”发起“废核大游行”,诉求“告别核电、能源新愿”。

**15 日**　大陆官方宣布上午 11 时实施新划设的 M503 航路空中飞行测试,台当局各部门对此“全程监控”。

**17 日**　台北市长柯文哲在受访时首度引用“一家亲”的说法表示,“两岸交流前提是互爱互信互谅,不会是意识形态,互爱是‘两岸一家亲’,有这个观念,相信可以往共同美好的未来前进”。对此,国台办发言人范丽青 20 日表示,2008 年以来,两岸双方在坚持“九二共识”的政治基础上,推动两岸关系和平发展取得一系列重要成果,“秉持‘两岸一家亲’的理念,有利于两岸交流合作”。

台湾“中央选举委员会”决议,2016 年“总统”与“立委”选举合并举行,投票日定为 2016 年 1 月 16 日。

**18 日**　台“交通部观光局”宣布,陆客赴台个人游增加第 5 批 11 个开放城市,包括:海口、呼和浩特、兰州、银川、常州、舟山、惠州、威海、龙岩、桂林、徐州等,将于 4 月 15 日启动。至此,大陆已有 47 个城市开放赴台自由行。

台湾民国党举行成立大会,日前退出国民党的“立委”徐欣莹出任党主席。

**19 日**　“时代力量党”推出第三波区域“立委”参选人,闪灵乐队主唱林昶佐将参选台北市中正万华区“立委”,挑战国民党籍“立委”林郁方;人权律师柯劭臻将参选台中市第五选举区“立委”,挑战国民党籍“立委”卢秀燕。

**20 日** “美国在台协会”前执行理事施蓝旗、台海问题专家任雪莉就民进党主席蔡英文的两岸政策强调，民进党难以搁置“九二共识”，蔡尚未提出各方可以接受的两岸政策；希望蔡在“缩小台湾与中国大陆政策的差异，将美国与国际社会的关切纳入考虑”的基础上，“直接向美国说明”，在 2016 年选举前对美国的关切有个交代。

**20 日** 大陆依两岸民航主管部门有关 M503 航路沟通达成的初步结果发布飞航公告，M503 航路于 29 日启用；航机在实际飞行时，依公告往大陆方向西移 6 海里。

萧万长以“我看金门的未来”为题在金门发表演讲，称金门有条件举办“金门论坛”，如果朝着博鳌论坛的方向走，必定能唤起国际社会对中华文化有兴趣的人士共鸣。对此，国台办发言人范丽青 25 日表示，闽南文化是闽台两地民众共同拥有的民俗文化，也是中华文化的重要组成部分。打造闽南文化交流平台，有利于两岸同胞相互了解、增加感情，携手传承和弘扬中华文化。我们乐见金门在两岸交流合作中发挥更大作用。

**22 日** 蔡英文回应美国学者施蓝旗对其两岸政策的质疑称，处理两岸政策“是一个很困难的工作”，“我们也很认真积极地在处理”，“这需要时间”，“希望在复杂国际情势下，维持两岸和平稳定的同时，也能够守住台湾最大利益”；也希望“沟通能够很顺利地进行，能够有一个各方都可以接受的立场”。

**23 日** 新加坡开国总理李光耀病逝；24 日，马英九以私人身份赴新加坡吊唁。台湾各界也纷纷回忆，肯定李对两岸关系起到的积极作用。

**24 日** 第 18 届海峡两岸旅行业联谊会在台北举行，620 多名两岸观光业界人士与会。联谊会以“深化合作、创新机制、提升品质”为主题，期待通过密切交流，强化合作发展，多元突破创新思维，全面提升旅游品质。

**28 日** 台湾两岸共同市场基金会荣誉董事长萧万长率团出席博鳌亚洲论坛2015年年会，在论坛开幕前与中共中央总书记、国家主席习近平合影并短暂交谈，表达了台湾参与区域经济整合及加入亚投行的意愿。

**29 日** 台湾社会民主党宣布成立，该党召集人——台湾大学社会系教授范云发表政见称，该党致力于提高薪资、捍卫劳动权、强化受雇阶级力量。财团富人应该加税，同时强调政治应该公平透明，政党不被财团收买。社民党在两岸议题上的立场明确，就是“反并吞”，坚持“台湾是一个主权独立的国家”。社民党将目标放在2016年的“立委”选举，希望至少获得5席不分区“立委”。

**31 日** 为期3天的两岸货贸第十回合正式谈判在北京登场，于4月2日结束。台“经济部国贸局长”杨珍妮傍晚以电话会议方式向台湾媒体说明谈判进展，表示在市场开放降税方面谈判进展缓慢，但就技术性贸易障碍、食品安全检验与动植物防疫检疫措施、海关程序、原产地规则，“双方这次谈得满好”。

就台31日向大陆递交加入亚投行意向书一事，陆委会主委夏立言与“财政部长”张盛和于晚10点举行“参与亚投行相关事宜”临时说明会。夏表示在维持“国家尊严”、符合“国家整体利益”前提下，考量亚投行创始会员国具有制定有关会员权利义务章程之权利，因此向大陆提出参与该行的意向书，经“财政部长”署名，由陆委会请国台办提交亚投行筹备秘书处申请加入,此举将有益于两岸关系。

## 4 月

**1 日** 美军两架 F-18 战机降落台南机场,美官方称是由于故障原因迫降,但美舆论称这是对日前中国军事演习的回应;绿营解读为对马当局和大陆的警告,蓝营称不要过度联想。2 日晚间,一架载有美军维护人员以及替换零件的美 C-130 运输机抵达台南机场,经检修,两机于 3 日下午离台。

**2 日** 台南市议长李全教在被羁押近 2 个月后,被台南检察机关起诉,当晚经台南地方法院裁定,获准上缴 1500 万元新台币保释金后恢复自由。

**3 日** 国台办发言人马晓光针对“民进党若发表与台北市长柯文哲相同的两岸主张,‘民共交流’是否就能实现”的言论指出,大陆的对台方针政策是一贯的、明确的。大陆始终把“坚持‘九二共识’作为与台湾当局和各政党开展交流的基础和条件”,核心是“认同台湾和大陆同属一个中国”。民进党坚持“一边一国”的“台独”分裂立场是与大陆交往的根本障碍。民进党“只有放弃‘台独’分裂主张,才能真正做到维护两岸关系和平发展,维护台海和平稳定”。

台“立法院副院长”洪秀柱宣布投入国民党“总统”初选,并强调“心意已决,话出如风”,一定破釜沉舟,参选到底。

**6 日** 日本教科书审定结果在钓鱼岛主权问题上表述为“日本支配,不存在领土主权问题”,台“外交部发言人”高安 7 日表示严正抗议;8 日,台“外交部”再发布新闻稿,强调台当局

“坚定捍卫钓鱼岛主权”。

**7 日**　海基会董事长林中森率团赴大陆陕西参访，10 日转赴福建厦门和漳州，和海协会长陈德铭一同出席 2015 海峡两岸经贸论坛。林中森与陈德铭正式会谈，就彼此关心的议题进行沟通，达成多项共识。

就台军官私带亲友参观阿帕奇直升机一事，台“国防部长”高广圻致歉并敦促陆军严肃检讨；8 日，台“国防部”召开高层级军纪安全检讨会，会后高广圻向马英九报告惩处名单，共计 17 名军职人员受处罚。

**8 日**　马英九赴台湾外籍记者联谊会演讲并就台加入亚投行事宜答记者问，马表示用“中华台北”的名称“是一个很好的惯例”，如果加入过程中有任何“矮化台湾地位”、伤害“国格”的情况，“我们就不会参加了”。

国民党中常会通过“总统”提名作业时程及要点，预定 4 月 15 日公告，4 月 20 日到 5 月 16 日领表和党员联署，5 月 17 日、18 日登记，5 月 19 日到 24 日查核党员联署，25 日资格审查，26 日号次抽签，5 月 27 日到 6 月 5 日举行政见说明会，6 月 5 日至 13 日民调，6 月 14 日公布民调结果及党员投票，17 日将结果报请中常会核备，7 月中旬前将提名名单报请全代会通过。

**9 日**　民进党全程闭门召开“中国事务委员会”，发言人郑运鹏转述，党主席蔡英文表示民进党处理两岸关系的基本原则就是“维持两岸现状”，也就是“维系台海和平及持续两岸关系稳定发展的现状”。

**10 日**　国民党发布新闻稿，宣布将于 5 月 3 日参加在上海举行的第十届两岸经贸文化论坛；21 日，国民党主席朱立伦宣布将率团出席该论坛，并于5月4日在人民大会堂与中共中央总书记习近平会面，当天返台。

**12日** 台“内政部”公告，当局开放大陆游客赴台自由行城市新增海口、呼和浩特、兰州、银川、常州、惠州、威海、桂林、徐州、舟山及龙岩等11个，自4月15日起生效。

**13日** 国台办证实台湾未能成为亚投行意向创始成员。台“行政院”表示，保留亚投行参与选择权，并将密切关注研拟中的亚投行章程，对于新成员加入是否符合尊严与公平的原则，未来也将在“立法院”的监督下，维护台湾的最大利益。

**13日** 由全国台湾研究会举办的第七届两岸青年学者论坛在海南三亚召开，论坛的主题定位为“青年·融合·发展”，来自海峡两岸的50多位青年学者就实现“两岸一家亲”的路径与挑战、青年与两岸关系和平发展及台湾选举投票倾向与身份认同展开探讨。

**15日** 民进党召开中执会，正式提名党主席蔡英文代表民进党参加2016年大选。蔡英文发表声明，批评马当局执政期间决策失误，提出推动经济发展的新内容与新模式，并提出“超越既有国共关系框架，建立常态化两岸关系”。

**16日** 陆委会副主委吴美红证实，柯文哲与夏立言在双方业务主管同仁陪同下，就两岸关系与两岸城市交流交换了意见。吴表示，陆委会与岛内各县市政府有常态化沟通互动，会适时为地方政府处理各项两岸交流事务提供咨询与帮助。

**17日** 民进党主席蔡英文展开“点亮台湾、希望行脚”行程，首先拜访高雄市、台南市、嘉义县、云林县及台中市等5县市首长；19日，参访桃园、新竹两市；20日，赴彰化拜会县长魏明谷;21 日,赴屏东拜访县长潘孟安。

“公投护台湾联盟”召集人蔡丁贵、台湾大学历史系教授李永识及“台左维新”、“民主斗阵”、“革命议会”等30个团体与个人在台大校友会馆举行记者会,宣布联合组建自由台湾党。该党具有明显的“台独”性质,公开主张“台湾独立”。

**20 日**　民进党召开重大议题协调会报讨论“两岸协议监督条例”,党团与党中央决定将之列为最优先法案,送交21日的“立法院程序委员会”审查。

**21 日**　台“立法院院会”通过“台湾地区与大陆地区人民关系条例”部分条文修正案,规定中国大陆渔船违法进入台湾地区限制或禁止水域,经扣留者,得处船舶所有人、营运人或船长、驾驶人30万新台币以上、1千万新台币以下罚款。

**22 日**　“国防部”发言人罗绍和表示,欢迎曾经参与过8年抗战、现在居住于大陆地区的国军前辈赴台参加在非营区举办的抗战胜利纪念活动。

因国民党“立委”退席拒审“公投法”修正草案而使民进党取得主导优势,连夜初审并通过该草案。草案欲将争议多时的“公审会”废除,提案门槛下修为万分之一,即约1800人联署即可提案;联署门槛下修为百分之一,即由90万人下调为18万人;通过门槛则修为只要同意票数多于不同意票数就算通过,也就是“简单多数决”。

台南市议会排定召开首次定期大会。台南市长赖清德仍以市议会议长李全教涉贪为由,率市政府官员缺席,民进党市议员也拒不出席议会。

22日第五届“两岸及香港《经济日报》财经高峰论坛”(“三

经论坛”）在台北举行，论坛由台湾、北京、香港等海峡两岸暨香港的《经济日报》主办、中国银行协办，邀请国台办副主任李亚飞、大陆证监会副主席姜洋、两岸共同市场基金会董事长萧万长、“金管会主委”曾铭宗、海基会董事长林中森等重量级人士出席。

**23 日** 台湾前“卫生署长”杨志良受访时宣布参加 2016 年大选，并将于 5 月 1 日领表。

台“立法院长”王金平党籍案由于国民党迟未补呈律师委任书，“最高法院”下午裁定驳回上诉，国民党败诉，全案定谳。此前，王金平已于 10 日证实其办公室 9 日收到法院判决书。

台“副总统”吴敦义主持 2015 年“司法院大法官”被提名人介绍记者会，公布律师黄虹霞、“法务部政务次长”吴陈镮、台大法律学院教授蔡明诚及台湾士林地方法院法官兼院长林俊益等 4 位“大法官”被提名人。

**24 日** 台“法务部”主办的《海峡两岸共同打击犯罪及司法互助协议》签署 6 周年执行成果展举行开幕式，马英九、“法务部长”罗莹雪及陆委会主委夏立言应邀出席并致辞。

**25 日** 国民党智库——国家政策研究基金会与大陆海峡两岸关系研究中心，会同南京大学台湾研究院在南京市规划建设展览馆共同举办“两岸关系和平发展回顾与展望、纪念两岸和平发展共同愿景 10 周年”研讨会。国共双方与会高层，中共代表包括中央台办主任张志军、海协会前会长陈云林、副会长孙亚夫；国民党方面，党副主席郝龙斌率党副秘书长卢秀燕、“立委”徐志荣、台北市党部主委陈永仁等人参加。

**27 日** 日本首相安倍晋三胞弟岸信夫、众议员萩生田光一访台，要求台湾松绑核辐射灾区食品入台的严格限制，台当局对此谨慎低调，甚至不愿证实接见岸信夫等人的行程。

**28 日**　“立法院”讨论延宕多时的“两岸协议监督条例”，但被“台联党”恶意杯葛，“两岸协议监督条例”审查再次受阻。

**29 日**　马英九前往陆委会纪念“辜汪会谈”22 周年及“胡连会”10 周年，并就“九二共识”发表谈话。马表示，22 年前的今天，海基会董事长辜振甫与海协会会长汪道涵在新加坡举行了“辜汪会谈”，签署四项协议，这是两岸达成“九二共识”后的第一个成果，也是开启两岸制度化协商的一个重要里程碑。

**29 日**　台“外交部发言人”高安表示，日前美日会谈并发布修订版“防卫合作指南”提及“钓鱼台列屿”，仅涉行政管辖范围，与主权归属无关。高表示，台当局多次重申“钓鱼台列屿”是“台湾固有领土”，“主权问题无庸置疑”，呼吁各界遵循《东海和平倡议》的理念，妥善处理相关议题。

《两岸服贸协议》自 2013 年 6 月 21 日签署后，在“立法院”卡关近 2 年，有感于此，台湾商业总会发起“企业挺服贸”联署活动，并于 30 日由理事长赖正镒领军拜会“立法院长”王金平，表达企业支持当局推动《服贸协议》。

## 5 月

**1 日**　投入国民党“总统”初选的“立法院副院长”洪秀柱发表万字两岸政治论述说帖，将她对于两岸关系的政治论述“做完整与清晰的介绍”。

“立法院院会”在民进党“立法院党团”变更议程的要求下，

将“两岸协议监督条例”复议案提到讨论事项第一案，但国民党因不愿意该条例让民进党“立委”主审，国民党以人数优势表决胜出，“监督条例”草案再度卡关。

中国统一联盟第23届执行委员会暨监察委员会召开临时会议，进行主席、副主席及监察委员会召集人改选。选举结果为：戚嘉林当选主席，李尚贤当选第一副主席，王永当选第二副主席，陈钦铭当选监委会召集人。

自陈水扁获保外就医后，病况未获改善，继上次获准延长3个月至5月4日保外就医后，“法务部矫正署”核准再延长陈保外就医3个月至8月4日止。

**3日** 第十届两岸经贸文化论坛在上海举行，国民党主席朱立伦率团出席。全国政协主席俞正声和朱立伦在论坛致辞中都强调要继续推动两岸关系发展，论坛也围绕岛内青年等问题进行了热烈探讨。

**4日** 中共中央总书记习近平在北京人民大会堂与国民党主席朱立伦会面。习总书记就维护两岸关系和平发展进程、携手建设两岸命运共同体提出5点主张。

**7日** 马英九出席陆委会主办的“两岸互动与交流——历史时光回廊特展”开幕典礼，并回击了绿营意图模糊两岸政治基础的种种说法，维护“九二共识”。

**8日** 台北市长柯文哲筹建的体制外“廉政委员会”发布报告称，马英九主政台北时兴建的“大巨蛋”存在违法图利行为，并建请将马移送“法务部”侦办。

**9日** 陆委会公布台湾20岁以上成年民众“对当局大陆政策及两岸关系之看法”民调，数据显示，多数民众肯定2008年以来马当局的大陆政策重要成果,59.4% 认为“维持两岸关系和平稳定”;53.9%“支持政府在‘九二共识,一中各表’基础上,稳健推动两岸协商和交流”;58.7%“认为两岸官方互动常态化有助两岸关系和平稳定”;58% 认同“两岸制度化协商有助两岸事务处理”;49.8% 对两岸协议为人民交流往来带来便利,保障人身安全与维护社会秩序,增加许多商机等成果表示满意。

**10 日**　马英九在会见“美国在台协会”主席薄瑞光时强调“九二共识”的重要性,称“九二共识、一中各表”是“维持现状很重要的基础”,“没有‘九二共识’,不可能有现在的现状”。

**11 日**　台“立法院交通委员会”、“内政委员会”联席审查“台湾地区与大陆地区海运直航许可管理办法”部分条文的修正案,决议退回更正,将大陆船舶行经禁限水域范围限缩为金、马地区禁限水域。

**12 日**　台“立法院长”王金平召集朝野“党团”针对“两岸协议监督条例”草案复议案进行协商,最后因“台联党”抵制协商破裂。

**13 日**　蔡英文会见了“美国在台协会”主席薄瑞光,民进党发布新闻稿称,双方针对台美关系现况、台湾民主发展以及两岸关系进行讨论。蔡英文于当天亦会见了美国主管亚太经济合作会议事务的资深官员王晓岷。蔡表示,强化台美经贸合作是民进党长期推动的目标,展开与重要贸易伙伴的合作也是“台湾经济发展新模式”的重要策略。

**14 日**　台陆委会主委夏立言受访表示,“张夏会”一定会在 5 月 29 日以前举行,待两岸商洽后将一起公布具体安排。夏指出,此次会面会涉及与金门居民攸关的饮水、海漂垃圾、非法抽砂、非法捕鱼等民生议题，也会对《两岸货贸协议》、飞行安全及签署部分司法安全协议等进行讨论。

**15日** 国台办、陆委会同步宣布，国台办主任张志军应陆委会主委夏立言邀请，于23、24日访问金门，并于23日与陆委会主委夏立言举行第3次两岸事务首长会议，即“张夏会”。

就大陆日前公布《国家安全法》（草案二次审议稿）称“维护国家统一也是台湾同胞的义务”，陆委会副主委吴美红表示，陆委会将对《国安法》指涉台湾表达严正抗议，在即将举行的“张夏会”中，即向国台办主任张志军表达台当局立场。

**16日** 国民党“总统”初选领表联署截止，5月17、18日登记。已领表人选仅有“立法院副院长”洪秀柱、前“卫生署长”杨志良、前桃园市大园区公所主任秘书黄柏寿3人，截至18日，完成登记的只有洪秀柱和杨志良两人。

**17日** 台北市政府举行BOT制度研讨会，会上柯文哲主动为“五大弊案（大巨蛋、美河市、松烟、三创和双子星）”正名，要求把“五大弊案”称为“五大案”。

**18日** 台“立法院修宪委员会”进入“修宪”提案的实质审查阶段，将讨论国民两党提出的各项“修宪”主张。蓝绿阵营“修宪”主张差异大且互不让步，故纷纷指责对方“玩假的”，阻碍“宪改”进行。

**19日** 关于南海议题，台“外交部发言人”高安表示，台湾愿积极参与相关对话及合作机制，因循和平方式解决纷争，以维护区域和平及稳定、促进区域发展。

造访台湾的美智库大西洋理事会会长洪博培会晤民进党主席蔡英文，双方就台湾政治现状、陆美台关系及2016年选举等议题交换意见;20 日,国民党主席朱立伦会晤洪博培,朱立伦表示,国民党执政让台湾通货膨胀率、失业率都相当低,在两岸及台美关系上是美国较能相信的稳定力量。

**20 日**　马英九就任台湾地区领导人满 7 周年,他发表了“5·20”讲话,内容多涉“九二共识”、两岸关系和平发展诸议题,引起岛内各界广泛关注。

**21 日**　根据美军陆战队发布的新闻,美方邀请台湾参加在夏威夷举行的美军太平洋司令部两栖领导人研讨会。这是美国首次邀请台湾与会并观摩演习,让台军有机会与区域国家和地区增进认识与合作。

民进党前主席、前“红衫军”总指挥施明德举办记者会,宣布将参加台湾 2016 年大选,将以独立参选人身份展开联署。

**25 日**　国民党中央提名审核委员会公布 2016 党内初选复查结果,仅洪秀柱一人通过联署门槛,杨志良由于联署书未达 1 万 5000 份,未能通过资格审查。

**26 日**　马英九在“2015 年世界国际法学会与美国国际法学会亚太研究论坛”开幕式上提出《南海和平倡议》,称希望相关国家能共同维护南海地区海、空域航行及飞越自由安全。

民进党公布第 9 号、第 10 号、第 11 号及第 12 号 4 本“国防蓝皮书”。党秘书长吴钊燮表示,将会向美方说明台湾面临的“国防”弱点,以及希望未来采取的具体措施。

**27 日**　英国驻台代表胡克定宣布,自 5 月 26 日起,“英国贸易文化办事处”正式更名为“英国在台办事处”,业务内容并没有任何改变,更名纯粹是一次“品牌化的动作”。

由于本月台湾、菲律宾之间接连发生渔船纠纷事件,为长远解决台菲渔业执法纠纷，台“驻菲代表”林松焕邀约菲国高层负责官员，在“驻菲代表处”召开会议进行解决。

**28日** 由中华全国台湾同胞联谊会、漳州市人民政府、闽南师范大学联合主办的第一届“台商发展论坛”在漳州台商投资区隆重开幕。全国政协、全国台联、福建省统战部、两岸高校、研究院(所)专家学者及台商代表共250余人参加了开幕式。

**29日** 《远见》杂志公布最新县市长满意度调查，台中市林佳龙在“六都”中垫底，国民党议员遂质疑“百日有感”目标破功，民进党议员称台中捷运事件使民调遭受重创。

## 6月

**1日** 民进党主席暨2016年大选候选人蔡英文率团赴美国华盛顿，蔡一行先后拜会美国在台协会、布鲁金斯研究所、美国防部亚太事务首席副助理部长马格莎曼、美贸易代表署主管亚太事务副代表郝丽曼、美参议院军事委员会，并在美智库战略与国际研究中心发表演说，与美国副国务卿布林肯、前副国务卿阿米蒂奇会面。蔡还在华盛顿、休斯敦参加了侨胞晚宴，于8日晚搭机返台。

**2日** 中国驻美大使崔天凯答媒体问时斥责民进党主席蔡英文访美是“找外国人面试”，称其首先要过得了“13亿中国人民的考试”，“接受一个中国的原则”，而不是“含糊其辞蒙混过关”。对此，台陆委会主委夏立言3日在“立法院”答复“立委”质询时称，“‘中华民国总统’是由台湾2300万人决定”，呼吁大陆方面“应正视两岸分治现实，应珍惜过去7年来两岸良性互动的成果,持续在此基础上推动两岸和平繁荣发展”。

**3 日**　马英九在“总统府”致赠“大绶景星勋章”给即将卸任的“美国在台协会台北办事处处长”马启思,感谢马启思对台美关系的贡献。

马英九与美国斯坦福大学民主、发展暨法治中心合办纪念抗战胜利 70 周年系列活动视频会议,发表约 20 分钟的演说。马表示,自从 2008 年上任以来,就坚持在“中华民国宪法”架构下,维持台海现状。在此框架中,所谓的“现状”指的是“不统、不独、不武”的现状,并在“九二共识、一中各表”的基础上,推动两岸和平与发展。

国民党中常会通过“中国国民党党员违反党纪处分规程”24 条、34 条修正案,分别更改为,被处分人如不服,得向中常会提出申诉 1 次,中常会受理后,交由中央考核纪律委员会再行审议处理,提请中常会决定;党员受撤销党籍处分,申请恢复党籍年限延长为 3 年;开除党籍处分者,申请恢复党籍年限延长为 6 年。

**4 日**　“美国在台协会”脸书贴文称,美国太平洋司令部和美国太平洋舰队于 5 月 27 日在珍珠港希卡姆联合基地举行了联合司令交接仪式,并特别指出台“参谋总长”严德发与“海军司令”李喜明皆参加了交接仪式,“彰显了美国和台湾之间坚强的安全合作关系”。

**7 日**　“立法院长”王金平针对是否会答应国民党征召他选“总统”一事表示,身为国民党员对于党的决策“义不容辞”。王金平的表态使国民党“总统”候选人提名再添变数。

**8 日**　“教育部次长”陈德华就陆生政策表示,关涉陆生来台及大陆学历采认标准的“三限六不”政策，只会保留“陆生毕业不能留台就业”及“不采认大陆医事学历”两项，其他都将陆续解禁，让陆生可领取当局的奖学金及担任助教；至于纳健保问题则需要“立法院”支持，花费一定时间才能达成。

**10日** 国台办发言人马晓光就蔡英文访美议题答记者问表示，“民进党领导人这次在美国就两岸关系讲了各种各样的话，但就是没有讲清楚最核心的问题。反对‘台独’、坚持‘九二共识’，是两岸关系和平发展的共同政治基础，核心在于认同大陆和台湾同属一个中国。两岸不是国与国的关系。民进党最需要明确回答的是，两岸之间是什么关系。”

**11日** 台“内政部”通过“香港澳门居民进入台湾地区及居留定居许可办法”修正草案，增列港澳创业家得申请赴台居留及定居，居留连续满5年且符合要件者得申请定居规定。

陆委会发言人吴美红针对民进党“总统”参选人蔡英文访美谈论两岸事务首长交流表示，“九二共识、一中各表”彰显“中华民国”存在的事实，也是两岸互动协商往来的基础。在此基础上，两岸关系7年来有大幅改善和发展。

**13日** 第七届海峡论坛在福建拉开帷幕，全国政协主席俞正声、国台办主任张志军以及国民党副主席郝龙斌、亲民党秘书长秦金生、新党主席郁慕明、无党团结联盟主席林炳坤、台湾有关县市长、县市议长及30多个民间团体等单位代表出席论坛。论坛以“关注青年、服务基层”为主议题，安排了大会活动、青年交流、基层交流、经贸交流四大板块、17项活动。俞正声主席在论坛上宣布，大陆将对台湾居民来往大陆免于签注，并适时实施卡式台胞证。

“立法院院会”行使“司法院大法官”被提名人黄虹霞等4人同意权案投票,在国民党“立法院党团”强力支持下,4人均获得超过57票的同意票,获“立法院”同意任“大法官”。

**14日** 陆委会就大陆将实施台胞证免签注措施表示,将密切关切大陆提出的后续相关具体执行细节,以期两岸交流过程中,让两岸人员的交流互动能有序健康地发展,增进民众权益与福祉。

国民党秘书长李四川宣布党内“总统”初选民调结果,“立法院副院长”洪秀柱以过46.2%的平均支持率,通过30%“防砖”民调的考验,并顺利通过国民党中常会核备程序,可望于7月中旬全代会正式获国民党提名为“总统”候选人。

**16日** 大陆海峡两岸经贸交流协会台北办事处揭牌,海基会董事长林中森、海贸会名誉会长、商务部副部长房爱卿、台“经济部次长”卓士昭等人出席揭牌仪式。林中森在仪式上表示,两岸经贸交流紧密,需要台湾对外贸易发展协会(台湾贸易中心)、大陆机电产品进出口商会台北办事处、台湾区电机电子工业同业公会、海贸会台北办事处等专门机构为此提供服务。

**18日** 国务院公布修改后的《中国公民往来台湾地区管理办法》,规定台胞来往大陆免予签注,新办法自2015年7月1日起施行。公安部为进一步简化台胞来往大陆入出境手续,根据国务院有关规定,自7月1日起,实施取消台胞签注政策,台胞持有效台湾居民来往大陆通行证即可经开放口岸来往大陆并在大陆停居留,无须办理签注。台胞证有效期不变,仍为5年。同时,公安机关表示年内将实施电子台胞证。

**22日** 由海基会牵头,陆委会及“经济部”共同主办的

2015 大陆台商端午节座谈联谊活动在海基会举行，陆委会主委夏立言与“经济部长”邓振中与会，250 多位来自大陆各地台商协会会长、主要干部与民间团体代表等参加。会上讨论了“一带一路”、产业升级、“总统”选举等议题。

“投审会”公布 5 月核准侨外投资、陆资赴台投资、“国外”投资、对中国大陆投资统计结果，其中前 5 月核准侨外投资件数、金额分别增加 6.1%、14.29%，显示外资赴台投资情况逐渐升温。

**23 日** 海协会与海基会换函通报，双方已完成《海峡两岸气象合作协议》和《海峡两岸地震监测合作协议》实施的相关准备。根据协议生效条款的规定，两项协议于 2015 年 6 月 24 日生效。

**24 日** 马英九视察台“外交部”，说明“活路外交”理念，总结“活路外交”成果，指出过去 7 年的“活路外交”是以全新思维同时处理两岸与“外交”这两组关系，并找出一种对两岸有利，也受到国际社会欢迎的良性循环运作模式。马还强调“外交部”未来工作重点是加强宣传“南海和平倡议”。

台“国防部”表示，经马英九核定，“国防部”晋任中将 6 人、少将 20 人，“海巡署”晋任中将 1 人，“教育部”晋任少将 1 人，“国安局”晋任少将 1 人，合计 29 人，7 月 1 日生效。

台“行政院长”毛治国听取“财政部”有关民间加薪状况的“大数据”报告，了解民间自 2011 年至 2014 年的加薪状况。数据显示，2011 年与 2012 年台湾民众平均薪资 57 万余元新台币、2013 年 563057 元新台币、2014 年 584583 元新台币。

**25 日** 台“行政院长”毛治国在“行政院会”上听取“国防

部”“纪念抗战胜利暨台湾光复70周年活动筹办情形”报告后表示，希望通过一系列纪念活动的举办，建构抗日战争的历史诠释权，除缅怀国军将士的牺牲奉献精神外，还要凸显台湾光复与对日抗战密不可分，“让国际社会能正视中华民国主导抗战的正确史实以及对二战胜利的贡献”。

**30日** 最高人民法院公布了新出台的两则涉台司法互助司法解释，即《最高人民法院关于认可和执行台湾地区法院民事判决的规定》和《最高人民法院关于认可和执行台湾地区仲裁裁决的规定》，这两则司法解释于6月2日由最高人民法院审判委员会第1653次全体会议审议通过，自7月1日起施行，为涉台司法互助提供了更为清晰、便利的司法服务。

## 7月

**1日** 全国人民代表大会常务委员会通过《国家安全法》并公布施行，其中明订“维护国家主权、统一和领土完整是包括港澳同胞和台湾同胞在内的全中国人民的共同义务”。《国家安全法》草案在二次审议稿时，相关内容因“指涉台湾”，陆委会主委夏立言在金门“张夏会”中已向国台办主任张志军表达“严正抗议”，而民进党也表示反对。

对于大陆宣布自6日起试点签发卡式台胞证，陆委会主委夏立言表示，陆方已告知相关事项。面对绿营“卡式台胞证恐将台湾民众中国公民化”的质疑，夏称，虽然陆方表示只是把台胞证从过去的纸本变成卡式，其他完全没有改变，但既然有疑虑，就应妥善说明，而非仅以一句“不要泛政治化”的说法带过。

**2日** 两岸货贸谈判技术性磋商在台北登场。商务部台港澳司副司长孙兆麟与台“经济部国际贸易局副局长”徐戴维进行谈判。嗣后,台“经济部”表示,双方主要针对市场开放以及技术性贸易障碍、食品安全检验与动植物防疫检疫等议题进行讨论,沟通气氛“十分正面”。

马英九接受台“华视新闻”专访,就两岸关系表示,台湾跟大陆的关系“亦友亦敌”,这 7 年就是把“友”的部分扩大,把“敌”的部分减少,但不可能完全没有;两岸关系“不是国际关系,是一个特殊的关系”。

因不满民进党路线向中间靠拢,亲绿作家金恒炜串联前“总统府资政”彭明敏与前“总统府秘书长”陈师孟等“独派”人士筹组以“制宪建国”为主张的新政党“台湾独立行动党”,试图集中“独派”票源抢攻明年不分区“立委”席次。

**3日** 台湾“国防部”、“文化部”等单位在“国父纪念馆”举办“烽火浮生录”抗战照片展,马英九、“行政院政务委员”林政则及台湾抗日志士亲属代表等与会。此外,为加强台湾和抗日战争的联结,“国父纪念馆”也特辟一区,展示对日抗战台籍英雄蒋渭水的资料与照片。

**4日** “国防部”在新竹湖口基地举行“国防战力展示”,并结合抗战胜利暨台湾光复 70 周年合并办理,134 位抗战老兵出席战力展示,马英九校阅三军并为 10 位抗战老兵颁赠抗战纪念章。

**5日** 不满台“教育部”微调“台独”课纲的岛内高中生在全台发起抗议行动,要求改用“九八课纲”。对此,马英九 8 日表示课纲有争议是事实,但不需要退回、暂缓或重启。“教育部长”吴思华 9 日重申,不会退回课纲。

国民党力劝党籍“总统”参选人洪秀柱回到“九二共识”基调无果后,发新闻稿定调党的两岸政策是以“九二共识”为核心,坚守“中华民国宪法”、巩固“九二共识”、捍卫台湾“对等尊严”,维护台海永久和平。新闻稿还强调将在 19 日党代会通过巩固“九二共识”的政纲草案。8 日,党主席朱立伦在中常会发表谈话巩固“九二共识”论述,为洪秀柱“一中同表”带来的争议降温。

**7 日**　台“国史馆”、“中央研究院”近代史研究所与台北故宫博物院在台北圆山饭店合办为期 3 天的大型国际学术研讨会——“战争的历史与记忆:抗战胜利 70 周年国际学术讨论会”,邀请海内外学者 50 人与会。会议设有 8 场讨论会、14 项主题,全方位讨论抗战时的中国。马英九出席 6 日晚间举行的酒会时表示,“纪念抗战不是在炫耀胜利,而是希望防止战争;不是要挑起仇恨,而是要谴责侵略,促进和平”。

针对近期备受国际社会关注的南海议题,台“外交部”提出 8 点主张重申南海主权立场,表示“无论就历史、地理及国际法而言,南海诸岛及其周遭海域属‘中华民国’固有领土及海域,‘中华民国’对其享有国际法上权利”。“‘中华民国政府’秉持‘主权在我、搁置争议、和平互惠、共同开发’的基本原则,愿在平等协商基础上,与相关国家共同促进南海区域和平与稳定”。

**9 日**　洪秀柱竞选团队发言人游梓翔表示,经内部沟通,洪秀柱在两岸政策上不再讲“一中同表”,而以“一个共识、三个内涵”强调实质精神;一个共识就是“九二共识”,三个内涵包括:正视“中华民国”事实存在,捍卫“中华民国”、反对“台独”,希望两岸建立稳定长远的和平协议。讲“一中同表”容易造成误解,因此不再讲“一中同表”。

**11日** 马英九过境美国波士顿,12日到达中美洲,依次访问多米尼加、海地与尼加拉瓜3国;16日回程过境美国洛杉矶,18日返抵桃园机场。访问团成员共计104人,“经济部长”邓振中、“外交部长”林永乐、“侨务委员会委员长”陈士魁等随团参访。

**13日** 台陆委会主委夏立言在美国布鲁金斯研究所举行的“两岸关系的回顾与前瞻”研讨会上发表演讲,强调“‘九二共识、一中各表’的意涵及当年的历史事实必须受到尊重”。他表示,台当局坚守“九二共识、一中各表”处理两岸事务,不论哪一党的“总统”参选人,对两岸关系的论述都应阐述清楚自己的立场。

**14日** 由全国台湾研究会、中华全国台湾同胞联谊会、中国社会科学院台湾研究所联合举办的第24届海峡两岸关系学术研讨会在宁夏银川举行,本届研讨会主题为“坚持共同基础维护和平成果”,会议为期3天,来自大陆、台湾、港澳和海外的近百名专家学者与会。

台高中生不满“教育部”微调“台独”课纲,串联发起“反黑箱课纲微调”抗议,民进党发言人郑运鹏就此表示,民进党“有提供物资”,民进党青年部、社运部在能力所及范围内将“尽量提供物质协助”。

**15日** 针对国民党籍不分区“立委”纪国栋、前“立委”张硕文、台北市议员李庆元、前台北市议员杨实秋等人屡次“恶意攻讦本党致损害党的利益”,严重违反党纪一事,国民党考纪会依党章建请开除 4 人党籍。纪国栋因此丧失不分区“立委”资格，所空出的席位将由不分区名单第一顺位的政治大学教授詹满容递补。此外，中央委员李柏融也因屡次抗议国民党、提告国民党被一并开除。

**19 日**　国民党第 19 次全代会第 3 次会议在台北举行，本次会议应到 1604 人，实到 1353 人，出席率达 84%。会议以“团结、承担，领航台湾”为主旨，全力营造团结拼 2016 大选胜选氛围。大会无异议通过“立法院副院长”洪秀柱为国民党“总统”提名人；并将“胡连五项愿景”和“九二共识”列入党纲。

**20 日**　福建省长苏树林率领经贸访问团赴金门参访。此访围绕“谈民生、会乡亲、促合作”三项核心内容展开 10 多项行程，成果丰硕；其中，福建省供水公司董事长朱金良和金门县自来水厂厂长翁文贵签订大陆金门供(购)水合同最受瞩目。

**21 日**　台北市长柯文哲被媒体询及“双城论坛”是否会延期，柯认为“还是会举行”，只是时间和内容尚未敲定，柯表示希望“大家不要预设太多立场”，将目标统一为“促进交流、增加善意”。

李登辉展开对日本为期 6 天的访问。李在日期间再度抛出两岸关系是“特殊国与国关系”，并宣称钓鱼岛是“日本领土”、台“感谢”日本对台统治，还表示与日首相安倍晋三进行了面谈。但安倍对会谈一事予以否认。对此，国台办发言人马晓光于 24 日表示，“李登辉公开发表‘台独’言论，美化日本对台湾殖民统治，妄称钓鱼岛属于日本，遭到两岸一致谴责。他的卑劣言行，让两岸同胞更加看清‘台独’分裂势力对两岸关系和平发展和中华民族整体利益的极端危害性，必将遭到两岸同胞唾弃”。此外,国民党主席朱立伦、新党主席郁慕明、国民党“总统”参选人洪秀柱等都对李的言论进行抨击。

**22日** “北区反课纲高校联盟”发动“包围教育部”活动,“包围”活动持续到23日晚间,33名学生及民众强行闯入“教育部”前庭及“部长”办公室。警方驱离硬闯者并逮捕非法入侵人员。24日,“教育部长”吴思华对闯入学生、记者等提告。30日,被提告学生之一、“反课纲”团体发言人林冠华在家中自杀。“反课纲”团体借机再度发动抗议,数百学生、民众聚集“教育部”门外,一度冲入“教育部”前庭。

**23日** 台“观光局”公布修正后的“旅行业接待大陆地区人民来台观光旅游团质量注意事项”,增订大陆观光团体旅客赴台旅游应投保旅游伤害、突发疾病医疗及善后处理费用等保险,希望打造台湾友善观光环境,减少医疗纠纷。

**27日** 马英九接受BBC专访。就两岸领导人会面,马表示任内未能与习总书记举行会谈令他感到可惜。对此,他的态度仍是“不排除、但也不强求”。

民进党台南市长赖清德成立台南市两岸小组,并主持第一次委员会议,正式聘请现任南台科技大学校长戴谦、成功大学前校长黄煌辉、绿营学者董立文等人出任委员。

**29日** 海峡两岸观光交流圆桌会议在宁夏银川举行,大陆海峡两岸旅游交流协会、台湾海峡两岸观光旅游协会、台湾优质观光协会、中华两岸旅行协会等及旅行业界代表出席会议。会议主题为“把握新机遇,实现新发展”,针对加强整治陆客赴台旅游市场秩序、持续推动优质行程等议题讨论。

由于前新北市副市长许志坚涉嫌收受百万贿赂违法包庇建

商，台北地检署联合“廉政署”约谈相关公司负责人、许志坚、许的儿子和哥哥及相关业者共 13 人到案厘清。

**30 日**　日本医师会与“中华民国医师公会全联会”及台湾路竹医疗和平会在“外交部”见证下，签署《台日民间医疗团体同意于灾害发生时相互派遣医师与医疗系统救援协议》，为双方民间医疗合作开创新合作模式。

## 8 月

**3 日**　针对“反课纲”学生质疑课纲微调审议委员资格的问题，台“教育部”承诺在 10 天内征得委员同意后，公布“课审会高中分组委员会”名单。4 日，吴思华赴“立法院”参加“朝野党团”协商的谈话会，表示同意启动“课审会”。随后，“教育部次长”林腾蛟向抗争的学生喊话，强调将重启“课审会”检讨新课纲，“不会关闭沟通的大门”。

针对李登辉日前访问日本发表“钓鱼台是日本的”言论，马英九投书《中国时报》批评李登辉。马指出，李的“钓鱼台是日本的”说法，“违反史实、宪法、国际法，严重伤害国家主权、人民感情与台湾主体性，是重大失言，应收回并向国人道歉”。

柯文哲接受访问时称对大陆提出“‘九二共识’是两岸关系和平发展的基础”表示“了解与尊重”，并称他提出的“一五新观点”具另外一个积极正面的意义，“只要有利两岸和平发展，都不会拒绝”；“只要有利台北与上海交流，能够增进两市民众福祉，都会积极去做”。对此，国台办发言人范丽青表示，“只要秉持两岸既有的政治基础，两岸交流合作包括上海与台北两市的交流合作一定可以取得积极进展”。

台“矫正署”再准陈水扁延长 3 个月保外就医。至此，陈水扁自 2015 年 1 月 5 日获“矫正署”同意保外就医后第 3 次延长保外就医期限。

**4 日** 民进党台南市长赖清德因为不列席台南市议会大会，遭市议会送请“监察院”弹劾，“监察院”遂以 7 票比 2 票通过弹劾赖案。弹劾案由指出，赖“首开地方自治史上官员集体不进议会恶例，违失事证明确，情节重大”。“监察院”通过弹劾案后，送至“司法院公务员惩戒委员会”。

民进党主席蔡英文前往“教育部”探视因“反课纲”“占领教育部”的学生并为之加油，表达力挺学生的态度。此外，“台独基本教义派”大老史明、姚嘉文、游锡堃等人先后到场支持“反课纲”学生，高雄市长陈菊、台南市长赖清德及多名党籍“立委”、政务官也纷纷前往“教育部”探望抗议学生，表示力挺“反课纲运动”。

**5 日** 民进党县市长陈菊、赖清德、林佳龙、郑文灿等人完成联署，要求“行政院”重新公告 2012 年版旧课纲，并以预备金支应加印旧课纲教材所需经费。

美国台海问题专家郝志坚在权威学术期刊《外交家》发文称，民进党寻求“台独”会把美国拖入台海危机，但蔡英文并未尽力消除美国的疑虑；美担忧民进党“背弃民主”、蔡“租用暴力”，资助激进分子攻击当局，令台湾走上“中东暴民路线”。故美政府必须检视与台湾的关系，尤其是对台海安全的承诺。此外，高达 71% 的美国民众反对美介入台海战争。

**6 日** 全台面临强台风袭击。“占领教育部”的学生在与柯文哲、陈菊、赖清德等人密集沟通后，宣布因为台风来袭、诉求已获阶段性达成，即刻退场。

宋楚瑜在台北举办记者会宣布参加 2016 年大选。宋在参选声明中诉求理性中道，试图在蓝绿之外寻求更多支持，提出参选动因是“为台湾找出路”，其两岸政策强调“维持中华民国现状”。

**11 日**　国民党主席朱立伦召集各县市党部主委开扩大主委会报，并下达动员令，希望地方党部全力动员支持党籍“总统”提名人洪秀柱，这是朱首度以党主席身份主持辅选会议。

**12 日**　民进党中央正式宣布，由高雄市长陈菊担任蔡英文竞选总部主委，“希望发挥战力”。蔡表示，陈菊在台湾民主发展过程中没有缺席，扮演了关键角色；且高雄市政绩非常好，是绿色执政典范。故期待资历甚深的陈菊领导竞选总部运作，整合全体发挥作用。

13 至 14 日国台办主任张志军访美，在华盛顿会见了美国务院和白宫有关官员，双方就台湾问题深入交换意见。张接受采访表示，“我向美方人士介绍了台海形势和中国在台湾问题上的原则立场，我们希望两岸关系在“九二共识”基础上保持和平稳定发展。我们也有能力和信心来应对各种情况发生。在维护国家主权和领土完整的重大问题上，我们立场坚定，不会有丝毫动摇”。

**14 日**　日首相安倍晋三发表“日本国总理大臣谈话”，涉及日军 70 年前发动的侵略战争，但并未就日侵略事实进行清晰、直接的道歉，还称日本年轻人不必肩负“谢罪的宿命”等。台“总统府发言人”陈以信表示，期盼日本政府今后持续正视历史事实，并能深切反省、记取教训，以前瞻性思维及负责任态度，与周边国家发展友好合作关系，共同努力增进区域和平与繁荣。

17至19日台北市长柯文哲率团参加2015年度上海与台北“双城论坛”。此次论坛主题为“城市发展与青年自主创业”，共分4个分论坛，包括“青年创业、社区医疗、文化城市、智慧城市”。论坛签署4项交流合作备忘录，包括交通电子票证技术经验交流合作备忘录、公务人力发展观摩交流合作备忘录、台北中山区与上海闵行区交流、台北中正区与上海静安区交流。21日，国台办发言人范丽青就此表示，“坚持‘九二共识’、反对‘台独’是两岸关系和平发展的政治基础，这是我们一贯的立场，不会改变”。“柯文哲已经表示，他一贯秉持‘两岸一家亲’的精神及4个互相原则，期盼双方在既有政治基础上推动交流，推动两岸和平发展”。他还表示“只要有利于两岸的和平发展，他都不会拒绝”。

**18日** 国民党“总统”参选人洪秀柱与访台的美国众议员河兰珂等4人会面。会面论及两岸政策，洪主张以“九二共识”为基础维持两岸和平与经济交往，这是国、民两党的不同。19日，蔡英文也会见了美来访众议员。蔡表示，“我们正经历活力充沛的‘总统’和‘立委’选战。这是台湾有史以来第一次由两位主要政党的女性参选人角逐‘总统’，现在看来，这也有可能在美国发生”。

**20日** 马英九针对李登辉投书日本《Voice》杂志称“没有台湾抗日的事实”，他当时“是为祖国而战的日本人”表示，对于李“说出这样出卖台湾、羞辱人民、作贱自己的媚日言论感到震惊”，他“怎么对得起抗日牺牲的先贤先烈，及2000万牺牲的军民同胞”？希望李立刻收回这些话，向民众郑重道歉。

为了提振台湾经济景气，台“国发会”邀集各“部会”商讨，决定放宽大陆观光客赴台湾自由行旅客人数上限至每天 5000 人，此外，从金马转赴台湾本岛旅游的额度也会配合放宽。

**22 日**　新党举办 22 周年党庆，邀国民党主席朱立伦、台“立法院长”王金平以及国民党 2016 年大选参选人洪秀柱同台。国民党高层互动热络，营造出蓝军挺洪参选的氛围。

**24 日**　台“国防部”表示，预计 2016 年实施的全募兵制无法兑现，考虑到战斗部队兵源等诸多因素，“国防部”已报请“行政院”核定，2016 年将续征 1993 年以前出生部分役男入营服役，人数约为 23100 员。

**25 日**　蔡英文在与律师公会全台联合会理事长李家庆、民间司改会董事长林永颂等司改团体代表会面时发表司法改革政策。蔡表示，要提升司法人员素质与操守，检讨现行的进场和退场机制。

大陆海峡两岸关系协会会长陈德铭与台湾海峡交流基金会董事长林中森在福州举行两会恢复协商以来的第 11 次会谈，签署《海峡两岸避免双重课税及加强税务合作协议》、《海峡两岸民航飞行安全与适航合作协议》，回顾总结了两会各项协议执行情况，就陆客入台中转以及便于两岸同胞往来的一些问题深入交换意见，讨论和规划第 12 次会谈的议题。

**26 日**　连战核心幕僚、国民党前大陆事务部主任张荣恭证实，连战将率 10 人左右的访问团前往北京参加“9. 3”阅兵式等大陆抗战胜利 70 周年系列活动，并与中共中央总书记习近平、政协主席俞正声等大陆领导人会面。

第五届台美日三边安全对话研讨会在台召开,美国联邦众议员罗素、日本国际问题研究所理事长兼所长野上义二及台"国安会副秘书长"高振群等与会。马英九致辞称,此次会议扩大了邀请范围,并新增传统与非传统领域重要议题,对台、美、日的沟通、交流助益良多;台当局过去7年致力推动台海、东海、南海地区和平,盼相关海域成为和平与合作之海。

国民党行管会主委林佑贤在中常会上报告党产处理状况。林称,"转账拨用"取得部分,国民党以抛弃方式登记为"中华民国"的包括土地91笔、建物7笔,目前市值约38.4亿元;各级地方政府机关赠予部分,国民党已回赠土地101笔、建物68笔,目前市值9.6亿元。党主席朱立伦表示,"行政院"、"监察院"列管的争议党产已全数处理完毕。

**27日** 针对近期台方人士受邀赴大陆参加阅兵等抗战纪念活动,"总统府发言人"陈以信表示,"民间人士赴陆应坚持对等、尊严原则,充分彰显'中华民国主权'及政府领导对日抗战的历史事实"。同日,国民党文传会主委林奕华表示,"国民党现有重要党职者,包括中常委等,不管有无受邀,都不会参加大陆抗战胜利系列活动";"当时二战期间,领导对日抗战的是中华民国政府,这是历史"。

国民党为破除选举谣言,成立了"护柱者联盟",让支持者可以用手机扫描二维码加入洪秀柱的LINE群组与脸书专页;且在中央党部贴上"护柱者联盟"的标语,呼吁各方民众网络集结,支持洪秀柱。

**28日** 日本政府官网称对钓鱼岛拥有主权,对此,台"外交部发言人"王珮玲30日表示,对日本政府任何有关钓鱼岛列屿的主张一概不予承认。

**31 日**　台“国防部”向“立法院”送交“2015 年中共军力报告书”,称大陆将公告南海防空识别区。

## 9 月

**1 日**　中共中央总书记习近平在人民大会堂会见前来参加中国人民抗日战争暨世界反法西斯战争胜利 70 周年纪念活动的连战等台湾各界代表人士。习近平强调,中国人民抗日战争胜利是近代以来中国抗击外敌入侵的第一次完全胜利,是包括台湾同胞在内的全民族团结奋斗的结果。两岸同胞要牢记历史、缅怀先烈、团结一心、维护胜利成果,携手推动两岸关系和平发展,为实现中华民族伟大复兴共同努力。

**2 日**　国民党 2016 年大选参选人洪秀柱晚间突然宣布“将暂停竞选活动沉淀两三天”。对此,洪阵营强调,洪是利用这段时间思考“逆转胜的策略”,未来“绝不退选”、“不接副手”。

民进党召开中常会,邀请智库“国防小组”召集人陈文政就“改良式募兵制”进行专案报告。党主席蔡英文表示,“改良式募兵制度”是对人才的珍惜和善用。民进党希望从人才的招募来源、人才在军中的培养和运用以及人才退伍后的生涯衔接等环节来推动革新,让年轻人在军中所做的训练有助其成长,能提升他们回到社会的竞争力。

**3 日**　台“行政院会”通过两岸两会签署的《海峡两岸避免双重课税及加强税务合作协议》及《海峡两岸民航飞航安全与适航合作协议》,并送请“立法院”备查。“行政院长”毛治国表示，未来要协商推动的各项议题与台湾经济发展、民众福祉权益、两岸互动发展密切相关，请陆委会协同各主管机关持续推动协商工作，做好内外沟通及安全评估，扩大社会认同，争取台湾最大利益。陆委会表示，两项协议攸关深化台湾企业的发展竞争力。依据最新民调，避免双重课税协议获得 54.2% 的台湾民众支持，飞航安全协议获得 79.2% 的支持，两项协议都有助增进民众福祉，更为两岸和平红利增添成果。

**4 日**　国台办发言人马晓光就邀请台湾各界人士参加中国人民抗日战争暨世界反法西斯战争胜利 70 周年纪念活动表示，中国人民抗日战争胜利，是近代以来中国抗击外敌入侵的第一次完全胜利，为世界反法西斯战争胜利做出了重大贡献。纪念抗日战争胜利，是为了铭记历史、缅怀先烈、珍爱和平、开创未来。

**6 日**　洪秀柱结束“闭关”并召开记者会，发表《反省与承担》一文说明“闭关”期间的思考。洪进一步阐明了自己的政策理念，调整了竞选方式，并表明了克服“台湾病”的决心。

**7 日**　台军“汉光 31 号”演习展开为期 5 天的实兵演练，由“国安会”主导的“政军兵推”也同步展开为期一天半的状况模拟推演。8 日，台“国安会”发布新闻稿表示，2015 年“政军兵推”演习共有 700 多人次参与演练，规模较往年庞大，马英九还亲自视导参演实况。

**9 日**　国民党主席朱立伦与洪秀柱联袂出席全台蓝营县市议员组成的“论政联盟挺柱后援会”，朱三度强调国民党全党上下要“有党无我”，“唯有团结一致，共同‘挺柱’，才能胜利成功”。

**10 日**　蔡英文受邀参加观光旅游产业高峰会，提出三大观光策略：第一，提供便利的旅程；第二，打造魅力的景点；第三，做好良善的管理。针对陆客观光，蔡表示要做几件事：第一，增加自由行、优质团、高端团的配额，提升观光品质，改变大陆团客被迫高价购物的印象；第二，调节观光路线，做好路线管理，用分区、分时、分流的方式纾解集中、壅塞的压力；第三，做好观光承载分析和观光政策环评，规划每个景点的分时与分流。蔡还强调，如果民进党执政，绝对不会减少陆客来台的总量。

**12 日**　《联合报》最新民调显示，55% 的台湾民众希望两岸“永远维持现状”，较去年增加 8%，为 2010 年以来的新高。

**15 日**　公安部公告，自 9 月 21 日起全面启用 2015 版台湾居民来往大陆通行证（简称“卡式台胞证”或“电子台胞证”）；县级以上公安机关出入境管理部门 21 日起开始受理电子台胞证申请，停止签发现行纸本台胞证。

“立法院”新会期开议，国民党“立法院党团”将洪秀柱提出的“证券交易所得税修法”版本以及长久遭在野党杯葛的“自由经济示范区条例”草案径付二读，并发出甲级动员令力拼使其通过。

**16 日**　国台办发言人马晓光表示，“两岸关系和平发展的成果不是从天上掉下来的，是建立在两岸双方认同坚持‘九二共识’、反对‘台独’这一共同政治基础之上的”。“2014 年 2 月，国台办、陆委会也是在‘九二共识’基础上建立了两部门之间常态化的联系沟通机制。如果没有了‘九二共识’这一共同的政治基础，在这个基础上建立的政治互信以及相关制度化协商机制就会坍塌。”“在这一根本性问题上，任何负责任的政党都必须作出明确回答”。

国民党中常委姚江临等19人联署提案修改提名办法，要求把现行“被提名人如经‘中央委员会’出席人1/2以上不同意，才取消被提名资格”的条款，修正为“必须2/3以上同意才能被提名”。提案调升了“不分区立委”提名门槛，将大大提高王金平通过提名的难度，也被外界解读为“防王条款”。

**18日** 国民党前“立委”雷倩号召成立的信心希望联盟推出10位区域“立委”参选人，宣告投入2016年区域和不分区“立委”选举的都是“政治素人”。雷倩称，台湾社会“被仇恨动员与谎言蒙蔽而严重撕裂”，“优秀人才对投身政治灰心却步”，所以“本联盟期待能打造一个全新政治平台，鼓励青年理性参与公共事务”，“让年轻人能看到希望”。

**19日** 民进党全代会在桃园市登场，党内大老许信良、苏贞昌、谢长廷及执政县市长等出席，美国、日本、英国等10多个国家的“驻台代表处”派员参会。大会主轴是为选举造势，党主席蔡英文在会上致辞并通过了大会宣言，表示民进党锐意改革，已做好重新执政的准备。此次会议没有任何议案，并在15分钟内结束。当晚，民进党在桃园市举办党庆晚会。

**21日** 台陆委会针对大陆发卡式台胞证表示，陆方推动实施卡式台胞证，源自长期在大陆就学或工作的台生、台商基于日常生活便利需求的建议，然此举仍引发外界疑虑，陆委会已多次促请陆方尽快对外澄清卡式台胞证只会作旅行证件用途，但“大陆的作法欠缺完善思考及周延配套，也没有与我方进行良好的沟通，做法上不尊重我方，伤害台湾民众的感情，我方已多次表达不满。”就此，国台办发言人马晓光表示，卡式台胞证是对目前5年有效纸质台胞证的电子化改版，而“台湾居民来往大陆通行证”这一证件名称没有改变，出入境证件的功能没有改变，有效期仍然是5年。台湾居民凭有效卡式台胞证可实现自助出入境，来去更加便捷。此举是为两岸民众谋福祉，因此也得到两岸民众、特别是台湾民众的热烈欢迎。

台“经济部”公布8月份台湾外销订单为350.3亿美元，年减达8.3%；并且，外销订单连续5个月衰退，已至2009年9月以来的最大跌幅，仅资讯订单维持增长。

**22日**　国台办主任张志军在武汉出席第十二届湖北·武汉台湾周开幕式上致辞称，当前，两岸关系处于重要节点，前路如何选择，方向如何把握，攸关两岸民众福祉未来。决不能让两岸关系走回头路，不能让“台独”分裂势力破坏台海和平稳定。张志军还会见了台湾海峡交流基金会董事长林中森一行，张表示，推进协商谈判和深化交流合作是推动两岸关系和平发展的重要途径。在新的形势下，两岸关系是百尺竿头更进一步，还是原地踏步甚至漂移倒退，考验着两岸同胞的决心和智慧。

22－25日，中国国家主席习近平应美国总统奥巴马之邀，对美进行国事访问。22日，在华盛顿举行的“习奥会”简报会上，美国国家安全委员会亚洲事务高级主任康达表示，在两岸议题和台湾问题上，美国长期以来的立场不变，美方仍信守基于中美三个联合公报与《与台湾关系法》的“一个中国”政策，近期没有计划发布涉及总体双边关系的大联合声明。30日，国台办发言人马晓光对此表示，习近平主席强调中华民族对事关中国主权和领土完整问题高度敏感。希望美方恪守有关承诺，不支持任何旨在损害中国统一和稳定的行动。奥巴马总统重申，美国坚持一个中国政策,恪守中美三个联合公报原则,这一立场不会改变。他还强调,美国不支持“台独”。中美两国元首重新确认双方在对待和处理台湾问题上的有关立场和态度,有助于国际社会巩固和强化一个中国的格局,也说明了“台独”在国际上没有任何空间。

**23日** 台湾竞争力论坛公布“两岸关系对2016年大选影响”的民调,结果显示,有82.3%的民众同意两岸现状就是“不统、不独、不武”。不过,因民进党的“台独党纲”尚存,有45%的民众认为蔡英文的“维持现状说”只是争取选票的口号;若民进党2016年执政,但仍不承认“九二共识”的话,5成民众担心两岸关系将陷入倒退或停滞。

**24日** 上海市人大常委会表决通过《上海市台湾同胞投资权益保护规定》,为在当地投资就业的台湾同胞及其亲属就医、求学提供市民待遇,同时也对在上海的投资权益保护,以及其他相关权益保护进行加强,《规定》将于11月1日起施行。

**25日** 国台办主任张志军在两岸纪念刘铭传首任台湾巡抚130年周年活动上,针对2016年台湾大选的两岸政治情势表示,“两岸关系不是国与国的关系,不是一中一台关系,是一个国家两个部分之间的关系”;“这是一个最根本问题,这需要不管是谁,明年选举胜利都要明确回答”。“我们希望通过这么一个对两岸关系政治基础的重新确认,来为两岸关系的未来奠定更加坚实的基础”。民进党主席蔡英文就此表示,其立场就是“维持两岸现状”,“希望台海与两岸维持和平稳定发展,这是台湾社会现在最大共识,也符合各方最大利益”。

## 10 月

**1 日** 马英九接受美国汤森路透社专访时表示，7 年来，两岸双方都能以互信的基础、和平的方式来处理问题，使得过去 7 年能以相当稳定、和平的方式创造两岸的繁荣与友善；但是，两岸政治情况仍然大不相同，讨论统一并不适当，时机还未成熟。

台美第 9 届贸易暨投资架构协定（TIFA）会议在台举行，马英九会见率团参会的美国贸易代表署副贸易代表何礼曼时强调，台湾非常希望能加入跨太平洋战略经济伙伴关系协议（TPP），以加入区域贸易整合。

**5 日** 台“立法院外交暨国防委员会”安排“国安局长”杨国强作“国家情报工作暨国家安全局业务”报告。杨答询时表示，如果两岸关系生变，台 80% 以上“邦交国”可能出问题。

**6 日** 蔡英文一行抵达东京，开启为期 4 天的访日行程。蔡到访众议院议员会馆，与超党派国会议员亲台组织——“日华议员恳谈会”座谈，出席在日台湾人团体主办的欢迎晚宴，访问日本首相安倍晋三的故乡三口县，拜访民主党和自民党，并出席台湾驻日“经济文化代表处”举办的“双十”酒会。期间，蔡表达了希望日本各界支持台湾加入 TPP 下一回合谈判的愿望。

**7 日** 国民党召开中常会，朱立伦发表讲话，直指洪秀柱的两岸政策与国民党长期以来的主张有所落差，也与台湾主流民意有所偏离。之后，中常会通过中常委江硕平等 28 人要求召开临时全代会讨论如何“凝聚团结”的提案，以及中常委厉耿桂芳等 9 人要求妥慎处理大选候选人争议并力促团结的提案。会后，洪秀柱发表书面声明称，对中常会决议“感到遗憾”，但尊重中常会要求召开临时全代会的权利。

台“财政部”发布最新统计结果显示，2015 年 1 至 9 月台湾对大陆出口 539.12 亿美元，占台湾同期出口总额的 25.4%，比上年同期减少 12.3%；自大陆进口 327.48 亿美元，占台湾同期进口总额的 18.8%，比上年同期减少 8.4%。另悉，2015 年 1 至 9 月，台湾对东盟六国、日本、美国和欧洲的进出口也都同比减少。

**10 日** 台当局举行“双十”庆典，马英九出席并以“和平繁荣、永续台湾”为题发表“国庆”演说，确认过去 7 年两岸关系和平发展的成果及“维持现状”已成台湾共识；强调只有坚持“九二共识、一中各表”，才能维持现状。蔡英文 8 年来首次参加“双十”庆典。

**12 日** 亲民党主席宋楚瑜主持召开内部会议，探讨与“第三势力”进行“立委”选举策略等方面合作，表示近期将拜会社民党、绿党，但不会接触比“台联党”还“独”的“时代力量党”。

**13—15 日** 陆委会主委夏立言率团赴广州，与国台办主任张志军进行两岸事务领导人工作会谈。双方都坚信两岸和平发展的政治基础、路线和方向正确，都有意愿继续推动两岸事务负责人互访机制持续进行。双方对未来两岸关系和平发展做出前瞻性安排，并取得包括持续加强国台办、陆委会两部门沟通，在互惠互利基础上继续推进《两岸货物贸易协议》商谈等 12 项共识。会后，夏参访广州历史古迹、中山大学，赴东莞探访台商台生。

**15—16 日** 国台办在福建厦门召开鼓励台湾青年来大陆

就业创业工作交流会。国台办主任张志军出席会议并讲话。北京、天津、上海、江苏、广东等 14 个省市台办和海峡两岸青年创业基地负责人参加会议。中央台办、国台办公布新设 12 家海峡两岸青年创业基地。

**17 日**　国民党举行临时全代会,正式通过“换柱案”。会中,洪秀柱发表《孤臣可弃、但绝不折节》演说,强调尊重临全会决议,并表达绝不会弃党而去的立场。会上,国民党正式征召党主席朱立伦为新的“总统”参选人。

两岸政策协会民调显示,针对 2016 大选,蔡英文支持度 45. 2% ;朱立伦支持度 21. 9% ,比洪秀柱略升 3. 4% ;宋楚瑜滑落到 13. 8% 。泛蓝选民支持朱立伦的比例大增 7. 8% ;在“柱下朱上”的观感方面,53. 3% 民众认为“朱违背诺言”,其中泛绿和中立选民占多数;61. 5% 的泛蓝选民认为朱参选是“身不由己”。

**18 日**　蔡英文全台暨台北市竞选总部成立。民进党以“团结自信,点亮台湾”为主题举行开幕活动,党内要角及各执政县市长、竞选总部主委齐聚,政策顾问团队近 50 位专家学者首次亮相。蔡英文以“民主政治”为主轴,大谈未来施政方向,允诺实现多元平等、安居乐业,展现全面执政信心,并正式下达动员令,要求所有人员各就各位,全力冲刺,走向“改变台湾的第一哩路”。

台“外交部”针对日本政治人物前往靖国神社展开秋祭一事呼吁,日本政治人物“应正视历史事实,记取教训,深刻反省,以前瞻性思维及负责任态度,抚平历史创伤,致力与周边国家达成真正和解,发展友好合作关系,增进区域及国际和平稳定。”

**19 日**　台“中研院”社会所副研究员吴介民、纽约市立大学研究中心经济学博士廖美发文透露“中研院”社会所“中国效应主题研究小组”最近做的岛内“统独”民意调查。民调显示：在“当下统独选择”部分，46.4% 的被调查者选择“独立”，持“中间立场”者占 37.5%，16.1% 选择“统一”；不过，在“预期未来统独走向”部分，高达 49.7% 的民众选择“被统一”，35.9% 选择“独立”，“维持现状”仅有 14.4%。调查还发现，选择“独立”的人中有 37% 认为未来会“被统一”；选择“中间立场”的人有 51.3% 认为会“被统一”。

**21 日**　陆委会通过新闻稿公布“民众对两岸事务首长互访与两岸关系之看法”民调。结果显示，80.6% 受访者支持“未来继续推动两岸官方互动常态化”，82.5% 支持“续推两岸制度化协商”。对于两岸协商后续议题，65.9% 受访者支持“推动两岸货贸协议商谈，争取年底前达成共识”；80.8% 支持“尽快沟通两岸两会互设办事机构”；81.5% 支持“加快两岸环保协议沟通”。

**23 日**　纪念台湾光复 70 周年大会在北京人民大会堂隆重召开。中共中央政治局常委、全国政协主席俞正声出席大会并发表题为《共同铭记历史共圆伟大梦想》的重要讲话。

**24 日**　旺旺中时民调中心民调显示，蔡英文支持度 38.9%，朱立伦 21.8%，宋楚瑜 8.8%，尽管蔡赢面较大，但 47% 选民认为“立法院”应有制衡民进党的力量，避免民进党“整碗捧去”，学历越高越认同制衡的力量，而认同民进党完全执政的比例仅为 23.9%。此外，45.9% 选民认为蔡英文有必要进一步说明如何维持两岸现状。

**25 日**　“行政院”在 70 年前台湾接受日本呈递降书的台北公会堂(现中山堂)举办庆祝台湾光复 70 周年纪念大会,邀请在台各国代表团、侨胞代表、机关团体代表和台湾抗日英雄及先贤先烈家属代表共 1100 人。马英九、吴敦义、毛治国等高层官员出席。

新党在凯达格兰大道举办庆祝台湾光复 70 周年活动,上千名新党党员举着“国旗”、绑着头带到场。马英九到场致辞表示,“纪念这段攸关存亡的历史,应是每任‘总统’责无旁贷的重任”。

**26 日**　陈水扁亲家赵玉柱因 13 年前挪用企业捐款炒股被台“最高法院”依公益侵占罪判刑 1 年 2 月确定,赵当天前往台南地检署报到,接受检察官讯问时没有异议,交台南监狱发监执行。

**27 日**　针对近日南海中美冲突,台当局称,解决南海问题应参照马英九的《南海和平倡议》。

台湾“最高法院”举行“院长”交接典礼,郑玉山从前任“院长”杨鼎章的手中接下印信,接掌“最高法院”。

台“国防部”公布 2015 版“国防报告书”。主要内容分为战略环境、“国防政策”、“国防战力”和“全民国防”等四篇,并按安全情势、安全挑战、“国防策略”、“国防资源”、全民防卫和军民合作等八章分述。报告称,大陆目前已经具备夺取外岛离岛的能力,规划在 2020 年前完备攻台可恃战力。

台北地方法院就民进党主席蔡英文诉前“经建会主委”刘忆如的“宇昌案”做出一审判决,判决刘向蔡赔偿新台币 200 万元,全案可上诉。次日,刘发表声明,称“没有在宇昌案中抹黑及变造文书资料等情事”,将提起上诉。

**28 日** 国台办新任发言人安峰山就第二次“张夏会”回答记者提问表示,国台办与台湾陆委会在坚持“九二共识”的基础上,建立起了常态化联系沟通机制。坚持“九二共识”是两部门建立常态化联系沟通机制的重要基础,也是该机制正常运作的必要条件。

国民党中常会通过由 29 名中常委联署提案修改的不分区“立委”提名办法,规定“立法院长”担任不分区“立委”届数不应受限。“立法院长”王金平再次连任国民党不分区“立委”的制度限制随之解套。朱立伦还在会中提出“更有效率、协商透明、议长中立”等三项“国会”改革内容。

**29 日** 蔡英文公布“振兴国防产业政策”,主张从 2016 到 2020 年间发展航天、造舰、资安产业,商机约 2500 亿元新台币,可增加 8 千个工作机会。她还宣示 2016 年启动新构型 1500 吨级潜艇的原型舰研发,计划在 10 年内下水成军,并进入量产。

**30 日** 国民党“立委”李庆华发起联署,希望让“立法院长”王金平列为国民党不分区“立委”第一名,并指出目前已有 29 名“立委”联署。王金平表示,尊重党中央处理,顺其自然,如果有这个机会也“义不容辞”。

## 11 月

**1 日** 台“外交部”进行人事调整,次长史亚平将出任“驻奥地利代表”,遗缺由“驻瑞典代表”李澄然接任,2016 年 1 月履新。

**2 日**　美国会众议院通过支持台湾成为国际刑警组织观察员的法案。这是美国会继支持台湾以观察员身份参与世界卫生大会及国际民航组织后，再次以立法行动吁请行政部门协助扩大台湾的“国际参与空间”。

鉴于南海问题升温，国际仲裁法庭决定受理陆菲南海仲裁案，台“行政院”表示，“中华民国”坚决捍卫南海群岛“主权”和海洋权利，将密切关注本案。并不存在太平岛被降为岩礁的问题，将审慎考虑开放民众到太平岛观光的可行性。

**6 日**　台南地方法院检察署签结 2014 年底台南市议长、市议员选举 3 大案。台南市议长李全教、前议长赖美惠所涉贿选案，皆因无具体犯罪事证不被起诉。

台湾“最高法院”特侦组侦办国民党“换柱”案侦查终结，将全案不起诉处分。特侦组认为，“换柱”属于政党内部事务，没有违反台湾地区“选罢法”，亦无外界质疑的“换柱”录音档一事，属于罪证不足，发交台北地检署，对朱、李 2 人予以不起诉处分。

**7 日**　中共中央总书记、国家主席习近平同台湾方面领导人马英九在新加坡会面，就进一步推进两岸关系和平发展交换意见。这是 1949 年以来两岸领导人的首次会面，具有里程碑意义。会谈中，习近平就携手巩固两岸关系和平发展大格局，共同实现中华民族伟大复兴提出四点意见。马英九提出维系两岸和平繁荣现状的五点主张。

多位教授组成的“公道协会”公布“习马会”后最新大选民调，民进党“总统”参选人蔡英文支持度由 38.9% 下降到 32.7%，国民党朱立伦支持度则维持在 21%。

**10 日** 据台湾媒体报道,民进党“总统”参选人蔡英文脸书突然涌入大量大陆网友留言,内容以批蔡、批民进党、批“台独”为主。支持蔡的台湾网友与大陆网友展开笔战,留言量 11 万余笔。台“内政部”表示,由于事件不涉及网络攻击以及信息安全问题,将不予调查。

朱立伦率团访问美国,先后到访洛杉矶、华盛顿、纽约及旧金山等四个城市。与美国亚洲事务资深主任康达、主任何瑞恩,美国务院副国务卿布林肯、亚太助理国务卿罗素、亚太副助理国务卿董云裳,美国防部主管亚太事务的副助理部长邓志强等人士见面,并与美国智库布鲁金斯研究院、美国外交政策全国委员会举行闭门研讨会。17 日结束访问返台。

**11 日** 民进党公布共计 34 人的不分区“立委”名单。

台“财政部长”张盛和表示,马英九在“习马会”上提出台湾参与亚投行的需求获得大陆领导人习近平的正面响应,台湾将以“中华台北(Chinese Taipei)”名义申请入亚投行。

**12 日** 马英九在“总统府”主持 2015 年中枢纪念孙中山诞辰暨庆祝中华文化复兴节大会。

**13 日** 陆委会公布民调显示,64. 6% 的受访民众对“习马会”持肯定态度,65. 9% 认为两岸领导人会面的制度化与常态化对两岸长远和平稳定有帮助。

**16 日** 国民党公布共计 34 人的不分区“立委”名单,王金平名列第一位。

2016 年大选参选人、民进党主席蔡英文公布,前“卫生署长”、“中央研究院副院长”陈建仁为其大选副手。

**17 日** 台“立法院”表决通过了“所得税法”部分条文修正

案,决定停止课征证券交易所得税,并删除大户条款,自 2016 年元旦起实施。这意味着实施仅 2 年多的证所税将再度走入历史。

**18 日**　台前“副总统”萧万长在亚太经合会(APEC)晚宴上与中共中央总书记、国家主席习近平会面。萧万长向习近平表达了台湾地区参与区域经济整合的意愿,包括争取 APEC 会员对台湾加入跨太平洋伙伴关系协议(TPP)、台湾地区参与研究亚太自贸区的想法。习近平善意回应,表示了解台湾方面的关切,两岸可在共同政治基础上开展务实协商。萧万长还以 APEC 台方代表身份会见了美国副国务卿布林肯。

2016 年大选参选人、国民党主席朱立伦公布,前“劳委会主委”王如玄为其副手。

2016 年大选参选人、亲民党主席宋楚瑜公布,民国党主席徐欣莹为其副手。

“立委”李鸿钧宣布退出国民党,不参选国民党提名的“立委”,将帮助宋楚瑜竞选,并担任宋楚瑜竞选办公室发言人。国民党原有 65 席“立委”,在李鸿钧退党后剩余 64 席。

**19 日**　台“外交部”证实,台湾与菲律宾已签署《有关促进渔业事务执法合作协议》。包括避免使用暴力或不必要武力、建立紧急通报系统及建立迅速释放机制等 7 条内容。台“总统府”和“外交部”一致表示,此协议符合马英九所提《南海和平倡议》的精神与原则,“强化双方之互利互惠与协调合作,实为《南海和平倡议》之具体实践”。

**22 日**　美国总统奥巴马在东亚高峰会上,再次点名台湾是“反恐的密切伙伴”,引发台湾当局和多数民众担忧。24 日,极端组织“伊斯兰国”发布影片《没有停歇》，画面出现“中华民国国旗”，点名台湾为“反伊斯兰国”一员，引发岛内关注与担忧。

国民党举行121周年党庆活动，马英九、朱立伦、王如玄、王金平、吴敦义、毛治国、吴伯雄等人出席，朱立伦和王如玄进场时，万名党员簇拥争相握手，气氛热烈。

**23日** 马英九以标题《当我称呼“习先生”》撰文投稿《今日美国报》。指出他与习近平会面只有一个目的，就是巩固台海前所未见的和平与繁荣；若没有这7年来一点一滴的善意累积，他与习近平就不会有在新加坡进行会面的互信。相信无论谁继任“总统”，如果能坚持“九二共识”所打造的基础，必能维持台海和平与繁荣的现状。

两岸货物贸易第12轮谈判落幕，台湾主谈代表——“经济部国际贸易局局长”杨珍妮率谈判人员举行记者会，对外说明谈判结果。台“经济部”指出：“本次协商，双方团队展现决心与诚意，透过各章节分组协商，达成多项成果，但部分议题仍有歧见，双方将继续努力。”双方约定12月中下旬在台北进行第13轮谈判。

台“经济部”公布数据显示，10月工业生产指数较上年同期跌6.15%；上月修正后为年减5.52%。这已是工业生产指数连续六个月较上年同期衰退。

**24日** 亲民党公布共计16人的不分区“立委”名单。

**25日** 朱立伦出席全台社福暨志工团体支持朱立伦参选“中华民国总统”后援会暨国民党中彰投誓师大会，这是朱立伦接棒参选以来首次在中台湾举办的大型造势活动，现场挤满3000名社福、志工团体的支持者与台中、南投、彰化14位国民党提名的“立委”参选人，营造中台湾大团结气势。

朱立伦和副手王如玄一同到“中选会”登记参选，由于王在成为朱的副手后，其财产和购买军宅是否套利等问题被绿营狂追猛打，王通过国民党文传会人员发放 19 页的财产申报列表给在场媒体以自清。

美国彭博通讯社称，奥巴马政府将于下月中旬宣布对台湾约 10 亿美元的军售案，这也是过去四年多以来美国对台首次军售案。据透露，虽然美方整体对台军售项目细节尚未完全定案，但可能包括导弹护卫舰、AAV7 两栖突击车、AH－64 阿帕奇直升机、毒刺便携式防空导弹、标枪反坦克导弹和陶式反坦克导弹。

**26 日**　台“外交部”宣布，第 40 届台日经济贸易会议在日本东京闭幕，台日签署《避免双重课税协定》、《竞争法适用备忘录》及《灾防交流合作备忘录》。台“财政部长”张盛和说，“这是很大的突破”，台日租税协议生效后，“对台湾未来加入 TPP 有帮助”。日本是第一个与台湾签订租税协议的东北亚国家。

新党公布共计 10 人的“不分区立委”名单。

“金融新时代，携手创商机”2015 港台经贸合作论坛在台北晶华酒店举行。前中国银监会主席、中国银行董事长、现任香港中文大学商学院荣誉教授刘明康赴台进行《“一带一路”商机发展》专题演讲。

**27 日**　第五届海峡两岸抗日战争学术研讨会在台北圆山饭店召开，研讨会由台湾中正文教基金会与北京抗日战争史学会和中国人民抗日战争纪念馆共同举办。前“行政院长”郝柏村出席并发表《八年抗战大战略问题》专题演讲。

陆委会副主委吴美红日前请辞获准，转任“行政院”顾问，同时卸下发言人的工作，12 月 2 日起由副主委林祖嘉接任发言人。

**28 日** 《自由时报》创办人林荣三因病逝世，享寿 77 岁。林荣三曾任“监察院副院长”、“立法委员”和“监察委员”，所经营的事业版图横跨金融、房地产和媒体等产业。

**30 日** 海协会会长陈德铭率团赴台，走访台北、台中、新北、基隆、宜兰、新竹、苗栗、南投等 8 县市地方基层，包括农渔会、村里、大专院校创客基地等，并与大陆学生座谈。

海协会、海基会第三次两岸协议成果与策进会议在台北举行，两会盘点过去 7 年多来两岸签署并生效的 20 多项协议。海协会常务副会长郑立中致辞时表示，当前两岸关系处在重要的节点上，面临着方向和道路的重要抉择，这时候盘点 7 年多来签署的协议，具有更重要的意义。

台湾两岸和平发展论坛、中国统一联盟等十多个团体在台大校友会馆筹组“2016 大选两岸和平发展宣讲团”。两岸和平发展论坛召集人、劳动党主席吴荣元表示，希望借此唤起民众对两岸关系的重视，支持坚持“九二共识”、维护两岸和平发展的候选人。

11 月 30 日 –12 月 6 日应台湾海基会邀请，海协会会长陈德铭、副会长郑立中一行访台，围绕老年养生照护，青年教育创新，民间文化交流，以及促进全面的产业合作和互惠开放等议题，与岛内各界进行了广泛的交流，并首次会晤陆委会主委夏立言。

# 12 月

**1 日**　全国台湾研究会主办的 2015 年台湾政局暨两岸关系回顾与展望研讨会在北京友谊宾馆举行。来自大陆与台湾的五十余位专家学者就 2015 年的岛内政局与两岸关系发展形势进行了全面而深入的回顾与总结。

**2 日**　“立法院副院长”洪秀柱在新书《没有走完的总统路——铁汉柔情洪秀柱》发表会上，表示没有走完 2016“大选”很遗憾，将思考国民党的改革和是否参选下任党主席。

**3 日**　“立法院长”王金平在《新新闻》专访中明确表态不参选国民党主席，2016“立法院院长”选举是最后一战，将力图成就“国会”改革，留下个人的历史定位。

国民党主席朱立伦与洪秀柱在洪官邸举行“换柱”风波后的首次会面。

**5 日**　国民党 2016 年“总统”参选人朱立伦全台竞选总部成立，马英九、吴敦义、王金平等党内大老悉数出席，全力拉抬气势，数千支持者到场加油。同时，竞选总部重要人事安排基本底定：胡志强任竞选总部主委，王金平任后援会总会长，洪秀柱任竞选顾问团总团长，吴敦义、萧万长、连战、吴伯雄四人挂名荣誉主委，李四川兼任竞选总干事，刘兆玄、江丙坤担任荣誉总顾问。媒体分析，国民党各派势力放下成见，转向合作，冲刺选情。

就陆生纳入健保问题，民进党“总统”参选人蔡英文表态有条件地支持，并“希望更根本性处理这个问题，而不是权宜性修改两岸相关的条文”。马英九批“在台外生、侨生皆已纳保，却独漏陆生,不符人性与人权,不应再找任何理由拖延”。

**6日** 台湾大学联合40余所台湾高校学生会举办“2016总统大选青年对谈”活动,邀请国、民、亲三党参选人首度同台辩论,蔡英文借故缺席引发争议。

**7日** 台积电向“经济部投审会”申请赴大陆南京市设立12寸晶圆厂,并将于2018年下半年生产16纳米制程,总投资金额约为30亿美元。此座晶圆厂规划的月产能为2万片12寸晶圆,是2015年台积电全部产能的2.5%左右。“行政院发言人”孙立群表示,台积电虽前往大陆设厂,但最先进的技术仍根留台湾,在全球都抢进大陆市场的状况下,台积电的做法符合“国家战略”。

**8日** 国民党“副总统参选人”王如玄举行记者会,就军宅风波未能解释清楚向社会道歉,并表示将全数捐出获利的1380万元新台币。

台平面媒体举办“台湾2015代表字大选”公布投票结果,“换”字以一万三千多票领先“变”与“骗”,获选年度代表字。

台工商协进会举办的2015两岸经贸“一带一路·机会与挑战”论坛于台北举行。

**9日** “立法院长”王金平对“国会改革”议题发声,要求各党团重提“国会改革”版本,点名民进党“党团总召”柯建铭先展开辩论,邀国民党“立委”及参选人联署承诺书,邀“立法院朝野”党团协商,决议先讨论“议长中立化”及“调查听证权”议题,并火力全开应战绿营各种质疑。

**10日** 台湾与澳门签署“避免航空企业双重课税协议”。该协议有利于提升澳、台民航企业的竞争力,促进两地旅游业发展和经贸文化往来。台陆委会另拟修订“香港澳门关系条例”，作为与香港、澳门相互减免海、空运输税捐的立法依据。

国民党“立法院党团”副书记长王育敏、“立委”蔡正元和前“立委”邱毅召开记者会，批蔡英文从 1988 年至 1997 年涉嫌台北内湖重划区以内线消息炒地获暴利至少 1.8 亿元。压力之下，蔡英文在受访时拒绝媒体提问“炒地”议题，并扬言“用选票加倍奉还”。

台“劳动部长”陈雄文宣布，近十年未调整的劳保月投保薪资上限将由现行 4.39 万元调高一级到 4.58 万元，这是劳保制度近十年来的最大变革，将有 213 万高薪投保族受惠。

**12 日**　台“内政部长”陈威仁与“海巡署长”王崇仪邀集“交通部”、“科技部”、“经济部”、“卫福部”与“环保署”等相关“部会”官员，前往太平岛举行纪念碑揭幕仪式，宣示南海“主权”，而此前台媒体披露的马英九将于 12 日亲自前往太平岛的行程则因故取消。台“国安”官员称，说马任内一定会去太平岛视察。

**14 日**　台湾“外交部长”林永乐应萨尔瓦多邀请，率团出席“中美洲统合体（SICA）外长委员会与观察员国家代表会议”。

**15 日**　紫光集团以 881 亿元寻求入股台湾封测大厂力成、硅品、南茂各 25% 股权，震撼岛内半导体产业。蓝绿经“朝野”协商达成共识，在“经济部”向明年新“国会”提出专案报告前，不得核准该投资案。

**16 日**　蔡英文在会见前美国总统特别助理兼国安会亚洲资深主任麦艾文时重申，民进党会致力于创造和平稳定的外在环境，全力推动台湾的经济改革。

**17 日** 美国政府正式宣布向台湾地区出售两艘佩里级护卫舰、标枪反坦克导弹、陶式 –2B 反坦克导弹、AAV –7 两栖突击车、毒刺防空导弹及其他装备,共 18. 3 亿美元的一揽子军售案。中国政府对此表示强烈抗议,并称将制裁相关企业。

**19 日** 台“立法院”停会,最后一天“院会”通过了包括年度总预算案等 14 项重要法案。由于选情看好,民进党团并未大砍总预算,2016 年度岁出编列一兆九千余亿元,共删两百二十亿元。随着“立法院长”王金平敲下议事锤,已运转四年的第八届“立法院”正式宣告结束。

**21 日** 台“驻泗水台北经济贸易办事处”起正式对外运作,台陆委会主委夏立言 19 日在雅加达指出:“马英九致力推动两岸关系,两岸关系的改进有助增进台湾的“国际参与”,并有助台印尼关系升温。”

**22 –29 日** 台湾工业总会、商业总会、工商协进会、电电公会、中小企业协会、工业协进会和工业区厂商联合总会等七大工商团体围绕两岸、产业和民生方面的 13 个具体问题,邀请三党“总统”候选人进行问答面谈。蔡英文、宋楚瑜与朱立伦先后亮相。

**22 日** 国台办在京召开鼓励台湾青年来大陆就业创业交流会,并授牌新设 8 个海峡两岸青年创业基地和 1 个海峡两岸青年就业创业示范点。国台办主任张志军出席了会议。

**23 日** “安麒 2 号”客轮由福州港黄岐客运站码头驶向马祖,这是闽台继福州马尾 – 马祖、厦门 – 金门、泉州 – 金门之后的第四条客运航线。再加上 4 条客滚航线,闽台海上客运航线达到 8 条。

经测定后,台湾博物馆认定左镇人距今仅约三千年。台中学教科书记载,台湾发现最早的人骨化石是距今二、三万年的左镇人。此一重大发现,不仅可能推翻教科书内容,还可能改写台湾史前史。

**25 日** 由退役将领组成的新同盟会举行“新同盟会护宪救国动员大会”,包括国民党主席朱立伦、前“行政院长”郝柏村、“立法院副院长”洪秀柱、新党主席郁慕明等蓝营大老出席。

台陆军官校校友总会总会长、退役中将胡筑生在出席“抗战胜利七十周年暨行宪纪念日”退役将领岁末联谊餐会时,对媒体表示有关黄复兴部转投新党纯属胡乱臆测,黄复兴部是情义、道义与理念的结合团体,绝不会分裂投票,一样会坚定支持国民党。

25 日、30 日三党“总统”候选人举办两场电视政见发表会,围绕两岸关系,产业发展,以及房价、教育、食安和“慰安妇”等社会热点进行了政策表述和辩论。

**27 日** “总统”候选人辩论会第一场在公共电视台举行。民进党蔡英文、国民党朱立伦与亲民党宋楚瑜三强争霸,两岸议题成为蔡朱针锋相对的议题。

**28 日** 第六届两岸关系澳门论坛正式开幕,海峡两岸暨香港、澳门地约 150 名专家、学者就“台湾大选与岛内政局”、“政党轮替与两岸关系”、“台海和平与东亚稳定”、“经济一体与文化合作”和“澳台关系与四地融合”等议题展开探讨。

台北故宫博物院南部院区举行开幕典礼,马英九、成龙等以单车骑行方式典礼活动揭开序幕。成龙所捐赠的十二兽首公共艺术 30 日傍晚遭 2 名青年泼漆污损,院方声明要追究相关人员法律责任。

日韩就“慰安妇”达成最终道歉赔偿协议，马英九表示，台将秉持坚定立场，持续与日方交涉，盼能尽速得到回应，还给受害人应有公道与尊严。

**30日** 作为“习马会”共识之一的陆委会与国台办设置首长热线30日开通。陆委会主委夏立言与国台办主任张志军30日上午以专线电话通话，确认两岸事务首长热线正式连线启用。

**31日** “大陆地区人民进入台湾地区许可办法”修正案生效，经“内政部”核定，陆配婚前子女来台配额由目前一年180人，放宽到一年300人。

# 祖国大陆对台重要文献

郑三　辑

# 习近平谈台湾问题

2015年1月17日,朱立伦当选中国国民党主席。当晚,中共中央总书记习近平向中国国民党主席朱立伦发出贺电。

习近平在贺电中表示:“值此先生当选中国国民党主席之际,谨致祝贺。近年来,国共两党和两岸双方共同努力,携手开创两岸关系和平发展之良好局面,两岸同胞获益良多,更对两岸关系发展充满期待。冀望两党秉持民族大义,巩固坚持‘九二共识’、反对‘台独’之共同政治基础,加强交流,增进互信,推动两岸关系和平发展继续前行,造福两岸民众,共成民族复兴之伟业。”

同日,中国国民党主席朱立伦复电,向习近平表示感谢。朱立伦在复电中表示:“一月十七日贺电敬悉,谨申谢忱。贵我两党于过去六年多来,在‘九二共识’的基础下,积极推动各层面的交流合作,已为两岸和平发展开创历史新局,并在贵我两党间建立了良性互动模式,积累互信基础。”“期盼贵我两党在两岸关系未来的发展上,继续扩大交流,创造互利双赢,促进两岸永续的和平与繁荣。”

(新华网2015年1月17日)

2015 年 3 月 4 日，中共中央总书记、国家主席、中央军委主席习近平看望了参加全国政协十二届三次会议的民革、台盟、台联委员，并参加联组会，听取委员们意见和建议。

习近平在认真听取大家发言后发表了重要讲话。他首先表示，民革、台盟作为中国共产党的亲密友党，台联作为台湾同胞的爱国民众团体，长期以来为推动两岸关系发展做了大量工作。大家在发言中提出了一些很好的意见和建议，有关部门要高度重视、认真研究。他代表中共中央，向大家表达诚挚的问候。

习近平指出，2014 年是我国发展进程中很不寻常的一年。面对复杂多变的国际环境和艰巨繁重的国内改革发展稳定任务，中共中央团结带领全国各族人民，坚持稳中求进工作总基调，适应经济发展新常态，全面推进经济建设、政治建设、文化建设、社会建设、生态文明建设以及国防和军队建设，蹄疾步稳推进各项改革，加快推进依法治国，积极开展全方位外交，坚决反对和纠治“四风”问题，坚定不移反对腐败，各项工作取得新的重大进展。

习近平强调，过去的一年，我们坚持对台工作大政方针和决策部署，两岸制度化协商取得新成果，两岸经济融合发展不断深入，各领域交流合作保持良好发展势头，台海局势总体稳定。从根本上说，决定两岸关系走向的关键因素是祖国大陆发展进步。我们要保持自身发展势头，同时采取正确政策措施做好台湾工作。

习近平指出，8 年来，两岸关系走上了和平发展道路，两岸关系发生历史性的深刻变化，展现了合作共赢的前景。和平是宝贵的，和平需要维护。两岸同胞要总结两岸关系和平发展的经验,精心维护两岸关系和平发展成果。

习近平强调,“九二共识”对两岸建立政治互信、开展对话协商、改善和发展两岸关系,发挥了不可替代的重要作用。如果两岸双方的共同政治基础遭到破坏,两岸互信将不复存在,两岸关系就会重新回到动荡不安的老路上去。我们始终把坚持“九二共识”作为同台湾当局和各政党开展交往的基础和条件,核心是认同大陆和台湾同属一个中国。只要做到这一点,台湾任何政党和团体同大陆交往都不会存在障碍。“台独”分裂势力及其活动损害国家主权和领土完整,企图挑起两岸民众和社会对立、割断两岸同胞精神纽带,是两岸关系和平发展的最大障碍,是台海和平稳定的最大威胁,必须坚决反对。两岸同胞要对“台独”势力保持高度警惕。

习近平指出,为两岸同胞谋福祉是我们发展两岸关系的着眼点和落脚点。两岸关系和平发展,要两岸同胞共同推动,靠两岸同胞共同维护,由两岸同胞共同分享。我们坚持为两岸同胞谋福祉的理念不会变,为台湾同胞办实事、办好事的政策措施不会变。我们注重听取台湾各界特别是基层民众意见和建议,愿意了解台湾同胞想法和需求。我们欢迎更多台湾同胞参与到两岸大交流进程中来,成为两岸关系和平发展的支持者、参与者。要继续加强两岸同胞交流往来,实施惠及两岸同胞的政策法律措施,扩大台湾基层民众受益面和获得感。我们愿意让台湾同胞分享大陆发展机遇,愿意为台湾青年提供施展才华、实现抱负的舞台,让两岸关系和平发展为他们的成长、成才、成功注入新动力、拓展新空间。

习近平强调,民族振兴、人民幸福是两岸同胞的共同追求。

中国梦既是国家、民族的梦，也是包括两岸同胞在内的每个中华儿女的梦，同我们每个人对美好生活的向往紧密相连。在中华民族发展史上，两岸同胞从来都是命运相连、荣辱与共的。两岸同胞要携手同心，为实现中华民族伟大复兴贡献智慧和力量。

习近平希望民革、台盟、台联各位委员深刻领会中共中央对台大政方针和决策部署，充分发挥同台湾地区和海外联系广泛的优势，密切同台湾同胞的联系，促进两岸人员往来和经济文化交流，推动两岸同胞携手共圆中国梦。

习近平还希望全国政协委员勇于担当责任、着力提高能力素质、保持良好形象、增强委员意识，懂政协、会协商、善议政，做到建言建在需要时、议政议到点子上、监督监在关键处。要广泛学习各方面知识，扎实开展调查研究，自觉践行社会主义核心价值观，守住道德底线，不碰法律红线，自觉廉洁自律。

中共中央政治局常委、全国政协主席俞正声参加看望和讨论。

（新华网北京 2015 年 3 月 4 日）

2015 年 5 月 4 日，中共中央总书记习近平在北京会见了朱立伦主席率领的中国国民党大陆访问团。

习近平对朱立伦率团来大陆访问表示欢迎。他表示，10 年前，在两岸关系剧烈动荡之时，国共两党为了两岸民众共同命运，冲破历史藩篱，实现和解，共商维护台海和平之道。10 年来，国共两党和两岸同胞共同努力，开辟了两岸关系和平发展的光明前景，给两岸同胞带来了实实在在的好处，得到了两岸同胞的广泛支持和认同，也受到了国际社会的普遍肯定和赞扬。

习近平强调，两岸关系和平发展成果来之不易，经验弥足珍贵。概括地说，就是要坚持走两岸关系和平发展道路，坚持“九二共识”、反对“台独”的政治基础，坚持开展两岸协商谈判、推进各领域交流合作，坚持为两岸民众谋福祉。

习近平指出，两岸同胞同根同源、同文同种，历来是命运与共的。在经济全球化深入发展、两岸联系日益密切的今天，两岸是割舍不断的命运共同体。面对新形势，国共两党和两岸双方要坚定信心、增进互信，维护两岸关系和平发展进程，携手建设两岸命运共同体。习近平就此提出 5 点主张。

第一，坚持“九二共识”、反对“台独”是两岸关系和平发展的政治基础，其核心是认同大陆和台湾同属一个中国。否认“九二共识”，挑战两岸同属一个中国的法理基础，搞“一边一国”、“一中一台”，就会损害民族、国家、人民的根本利益，动摇两岸关系发展的基石，就不可能有和平，也不可能有发展。我们始终把坚持“九二共识”作为同台湾当局和各政党开展交往的基础。国共两党应坚持对两岸关系的正确认识，旗帜鲜明反对一切损害两岸关系政治基础的言行，绝不能让来之不易的台海和平和两岸关系和平发展成果得而复失。为此，双方可以积极探讨构建维护两岸关系和平发展的制度框架。

第二，深化两岸利益融合，共创两岸互利双赢，增进两岸同胞福祉，是推动两岸关系和平发展的宗旨。要充分考虑两岸双方社会的心理感受，努力扩大两岸民众的受益面和获得感，尤其要为两岸基层民众、中小企业、农渔民合作发展、青年创业就业提供更多机会，让两岸同胞参与越多受益越多。我们愿意首先同台湾同胞分享发展机遇，愿意优先对台湾开放，并且对台湾同胞开放的力度要更大一些。我们将继续维护在大陆投资的台资企业的合法权益，为他们的发展创造更好条件。在台湾参与区域经济合作问题上，两岸可以加强研究、务实探讨，在不违背一个中国原则的情况下做出妥善安排。台湾方面表达了加入亚洲基础设施投资银行的意愿，我们持欢迎态度。

第三，两岸交流，归根到底是人与人的交流，最重要的是心灵沟通。两岸同胞要以心相交、尊重差异、增进理解，不断增强民族认同、文化认同、国家认同。中华文化是两岸同胞共同的精神财富，也是两岸同胞血脉相连的精神纽带。两岸同胞要加强文化交流，发挥各自优势，共同传承中华文化优秀传统，建设共同精神家园，实现心灵契合。两岸双方要继续创造条件，扩大同胞直接交往。我们将适时实施进一步便利两岸同胞来往的措施。青年是民族的未来，也是两岸的未来。我们要更多关注两岸青年成长，为他们提供更多机会和舞台，让他们多交流多交心，成为共同打拼的好朋友好伙伴。

第四，国共两党和两岸双方要着眼大局，本着相互尊重的精神，不仅要求同存异，更应努力聚同化异，不断增进政治互信。对两岸间长期存在的政治分歧和难题，国共两党都要勇于面对，汇聚两岸同胞智慧，积极探索解决之道。双方可以在一个中国原则下进行平等协商，做出合情合理安排。关键是要“虑善以动，动惟厥时”。只要秉持同胞情、同理心，两岸一定能找到解决问题的办法来。

第五，中华民族伟大复兴要大家一起来干。只要两岸同胞、全世界的中国人团结起来，心往一处想，劲往一处使，实现中华民族伟大复兴必定是指日可待的。我们真诚希望,国共两党秉持民族大义,承担起为中华民族谋复兴、为两岸人民谋福祉、为台海地区谋和平的神圣责任,团结两岸各党各派和各界人士,努力开创两岸关系新未来,共同致力于实现中华民族伟大复兴,让中华民族巍然屹立于世界先进民族之林。

朱立伦表示,1992 年在海协海基两会共同努力下,达成两岸同属一中的"九二共识",在此基础上,双方进行多次会谈,把两岸对抗纷扰转变为合作交流。2005 年后,国民党把"九二共识"纳入党纲。两岸经贸文化论坛形成的建议也逐步落实到交流合作中。海峡两岸同为中华民族,是命运共同体。两岸和平发展已取得很多成果,希望在"九二共识"基础上,两岸在区域和平、环保、经济整合等方面携手合作,让两岸关系发展成果更多惠及基层民众、中小企业和青年群体,持续推动两岸关系和平发展。

中共中央政治局委员王沪宁、栗战书,国务委员杨洁篪等参加会见。

（新华网 2015 年 5 月 4 日）

2015 年 9 月 1 日,中共中央总书记习近平在人民大会堂会见前来参加中国人民抗日战争暨世界反法西斯战争胜利 70 周年纪念活动的连战等台湾各界代表人士。习近平强调,中国人民抗日战争胜利是近代以来中国抗击外敌入侵的第一次完全胜利,是包括台湾同胞在内的全民族团结奋斗的结果。两岸同胞要牢记历史、缅怀先烈、团结一心、维护胜利成果,携手推动两岸关系和平发展，为实现中华民族伟大复兴共同努力。

习近平指出，1931 年“九一八”事变特别是 1937 年全面抗战爆发后，空前的民族灾难唤起了空前的民族觉醒。在外敌入侵、民族存亡的危急关头，全国人民毅然奋起，同日本军国主义侵略者展开了殊死斗争。国共两党合作建立抗日民族统一战线，全体中华儿女不分党派、民族、阶级、地域，众志成城，同仇敌忾，用鲜血和生命捍卫国家主权和民族尊严。正面战场和敌后战场相互配合、协同作战，都为抗战胜利做出了重要贡献，涌现出一大批气壮山河的抗战英雄。历史将永远铭记为抗日战争胜利英勇献身的先烈们。

习近平强调，台湾同胞始终与祖国同呼吸、共命运，台湾同胞的抗日斗争是全民族抗战的重要组成部分。在日本侵占台湾的半个世纪里，台湾同胞从未停止抗争，数十万台湾同胞为此付出了鲜血和生命。全面抗战爆发后，台湾同胞积极参加和支援大陆人民抗战，不少同胞为国捐躯。抗日战争的胜利，结束了日本对台湾 50 年的殖民统治，台湾回到了祖国怀抱。

习近平表示，透过近代历史风云，两岸同胞深刻体会到，大陆和台湾是不可分割的命运共同体，我们的命运从来都是紧紧连在一起的。国家强大、民族强盛，是包括台湾同胞在内的每一个中国人生存、发展、尊严的保障。我们要铭记历史教训，弘扬抗战精神，珍爱和平，共谋发展，团结一心为实现中华民族伟大复兴而共同奋斗。

习近平强调，2008 年以来，国共两党、两岸双方同两岸同胞一道，在“九二共识”、反对“台独”的基础上，开辟了两岸关系和平发展道路。事实证明，这是一条有利于两岸同胞团结奋斗、实现互利双赢的正确道路。只要两岸同胞沿着这条道路坚定走下去,就一定可以抚平历史造成的心理创伤,为民族复兴凝聚起强大力量、开创出美好未来。

连战表示,两岸人民同为中华民族。我们共同纪念抗战胜利,是为缅怀过去整个民族浴血抵御外侮的悲壮历史,共同策进全世界爱和平、反侵略的美好理想。我们要巩固坚持"九二共识"、反对"台独"这一两岸政治互信的基础,坚定推动互助合作、互利双赢,让台湾各界越来越多体认、投入两岸关系和平发展。

中共中央政治局委员王沪宁、栗战书,国务委员杨洁篪等参加会见。

(新华网 2015 年 9 月 1 日)

2015 年 11 月 7 日,中共中央总书记、国家主席习近平同台湾方面领导人马英九在新加坡会面,就进一步推进两岸关系和平发展交换意见。这是 1949 年以来两岸领导人的首次会面。

习近平指出,今天是一个很特别的日子。两岸领导人见面,翻开了两岸关系历史性的一页。历史将会记住今天。曾几何时,台海阴云密布,两岸军事对峙,同胞隔海相望,亲人音讯断绝,给无数家庭留下了刻骨铭心的伤痛,甚至是无法弥补的遗憾。然而,海峡隔不断兄弟亲情,挡不住同胞对家乡故土的思念和对家人团聚的渴望。同胞亲情的力量,终于在上世纪 80 年代冲开了两岸封锁的大门。2008 年以来,两岸关系走上和平发展道路。过去 7 年,台海局势安定祥和,两岸关系发展成果丰硕。

两岸双方和广大同胞为此付出了大量心血。正因为有了这 7 年的积累，两岸双方才能迈出今天这历史性的一步。

习近平指出，两岸关系 66 年的发展历程表明，不管两岸同胞经历过多少风雨、有过多长时间的隔绝，没有任何力量能把我们分开。当前，两岸关系发展面临方向和道路的抉择。两岸双方应该从两岸关系发展历程中得到启迪，以对民族负责、对历史负责的担当，做出经得起历史检验的正确选择。

习近平强调，我们今天坐在一起，是为了让历史悲剧不再重演，让两岸关系和平发展成果不得而复失，让两岸同胞继续开创和平安宁的生活，让我们的子孙后代共享美好的未来。面对新形势，站在两岸关系发展的新起点上，两岸双方应该胸怀民族整体利益、紧跟时代前进步伐，携手巩固两岸关系和平发展大格局，共同实现中华民族伟大复兴。习近平就此提出 4 点意见。

第一，坚持两岸共同政治基础不动摇。7 年来两岸关系能够实现和平发展，关键在于双方确立了坚持“九二共识”、反对“台独”的共同政治基础。没有这个定海神针，和平发展之舟就会遭遇惊涛骇浪，甚至彻底倾覆。

“九二共识”经过两岸有关方面明确的授权认可，得到两岸民意广泛支持。“九二共识”之所以重要，在于它体现了一个中国原则，明确界定了两岸关系的根本性质。它表明大陆与台湾同属一个中国，两岸关系不是国与国关系，也不是“一中一台”。虽然两岸迄今尚未统一，但中国的主权和领土完整从未分裂。两岸同属一个国家、两岸同胞同属一个民族，这一历史事实和法理基础从未改变，也不可能改变。

希望台湾各党派、各团体能正视“九二共识”。无论哪个党派、团体，无论其过去主张过什么，只要承认“九二共识”的历史事实，认同其核心意涵，我们都愿意同其交往。对任何分裂国家的行为，两岸同胞绝不会答应。在维护国家主权和领土完整这一原则问题上，我们的意志坚如磐石，态度始终如一。

第二，坚持巩固深化两岸关系和平发展。近 30 多年来，两岸关系总体面貌发生了历史性变化。2008 年后，两岸关系走上和平发展道路，处于 1949 年以来最好的时期。要和平不要冲突、要交流不要隔绝、要协商合作不要零和对抗，成为两岸同胞的共同心声。两岸关系已经不再处于以前那种激烈冲突、尖锐对抗的敌对状态。

两岸关系发展历程告诉我们，台海动荡紧张，两岸冲突对抗，民众深受其害；走和平发展之路，谋互利双赢之道，利在两岸当下，功在民族千秋。两岸同胞应该倍加珍惜和平发展成果，彻底化解两岸敌意，坚持走和平发展道路，努力构建稳定的两岸关系和平发展制度框架。

两岸双方应该加强交流对话，增进政治互信，通过平等协商、积极探讨，推动解决两岸之间长期存在的各种难题，同时管控好矛盾和分歧。设立两岸热线，有助于双方及时沟通，避免误判，处理紧急问题。双方两岸事务主管部门负责人可以先建立起来。

60 多年来，两岸走上不同发展道路，实行不同社会制度。道路和制度效果如何，要由历史去检验，让人民来评判。两岸双方应该相互尊重彼此对发展道路和社会制度的选择，避免让这类分歧干扰两岸交流合作，伤害同胞感情。

我们了解台湾同胞对参与国际活动问题的想法和感受，重视并推动解决了许多与之相关的问题。只要不造成“两个中国”、“一中一台”，两岸双方可以通过务实协商作出合情合理的安排。

当前，对两岸关系和平发展的最大现实威胁是“台独”势力及其分裂活动。“台独”煽动两岸同胞敌意和对立，损害国家主权和领土完整，破坏台海和平稳定，阻挠两岸关系发展，只会给两岸同胞带来深重祸害。对此，两岸同胞要团结一致、坚决反对。

第三，坚持为两岸同胞多谋福祉。两岸一家亲，家和万事兴。我们推动两岸关系和平发展，着眼点和落脚点是要增进同胞的亲情和福祉，让两岸同胞过上更加美好的生活。只要是有利于增进两岸同胞的亲情和福祉的事，只要是有利于推动两岸关系和平发展的事，只要是有利于维护中华民族整体利益的事，两岸双方都应该尽最大努力去做，并把好事办好。

我们愿意首先与台湾同胞分享大陆发展机遇。两岸可以加强宏观政策沟通，发挥好各自优势，拓展经济合作空间，做大共同利益蛋糕，增加两岸同胞的受益面和获得感。对货物贸易、两会互设办事机构等问题，双方可以抓紧商谈，争取早日达成一致。我们欢迎台湾同胞积极参与“一带一路”建设，也欢迎台湾以适当方式加入亚投行。

要加强两岸文化和教育交流合作，传承和弘扬中华文化优秀传统，增强同胞精神纽带，为民族未来培养优秀人才。

两岸关系和平发展的根基在基层、希望在青年。现在还有很多台湾乡亲从未来过大陆，我们热诚欢迎他们来大陆走走看看，参与到两岸交流大潮中来。要为两岸青年学习、就业、创业、交流提供更多机遇、创造更好条件,使两岸基层民众尤其是青年一代成为推动两岸关系发展、实现民族振兴的重要力量。

第四,坚持同心实现中华民族伟大复兴。中华民族有延绵5000多年的灿烂文明,但近代以来却屡遭列强欺凌。120年前,台湾惨遭外族侵占,成为全民族的剜心之痛。1945年抗战胜利,台湾光复,才洗刷了半个世纪的民族耻辱。透过历史风云变幻,可以深切体会到,两岸是不可分割的命运共同体。民族强盛,是两岸同胞之福;民族弱乱,是两岸同胞之祸。实现中华民族伟大复兴,与两岸同胞前途命运息息相关。

当前,我们比以往任何时候都更加接近、更有能力实现这个伟大梦想。我们在几十年的时间内走完了世界上很多国家几百年的发展历程。我相信,实现中华民族伟大复兴,台湾同胞定然不会缺席。

今年是全民族抗战胜利70周年,这是付出巨大民族牺牲才赢得的胜利。两岸双方应该支持鼓励两岸史学界携起手来,共享史料、共写史书,共同弘扬抗战精神,共同捍卫民族尊严和荣誉。两岸同胞应牢记历史、缅怀先烈、珍爱和平、团结一心,携手推动两岸关系和平发展。

马英九表示,2008年以来,两岸共同创造和平稳定的台海局势,获得两岸及国际社会普遍赞扬,要善加珍惜。"九二共识"是实现两岸关系和平发展的共同政治基础,两岸要巩固"九二共识",扩大深化交流合作,增进互利双赢,拉近两岸心理距离,对外展现两岸关系可以由海峡两岸和平处理,同心协力,为两岸下一代创造更美好的未来。

双方肯定2008年以来两岸关系和平发展取得的重要成果。

双方认为应该继续坚持“九二共识”,巩固共同政治基础,推动两岸关系和平发展,维护台海和平稳定,加强沟通对话,扩大两岸交流,深化彼此合作,实现互利共赢,造福两岸民众,两岸同胞同属中华民族,都是炎黄子孙,应该携手合作,致力于振兴中华,致力于民族复兴。

会面后,两岸领导人共进晚餐。

王沪宁、栗战书、杨洁篪等参加相关活动。

(新华网 2015 年 11 月 7 日)

# 李克强谈台湾问题

2015年3月5日，国务院总理李克强在做政府工作报告时，介绍了港澳台工作方针。

他表示，我们将坚定不移地贯彻“一国两制”、“港人治港”、“澳人治澳”、高度自治方针，严格依照宪法和基本法办事。全力支持香港、澳门特别行政区行政长官和政府依法施政，发展经济，改善民生，推进民主，促进和谐。加强内地与港澳各领域交流合作，继续发挥香港、澳门在国家改革开放和现代化建设中的特殊作用。我们坚信，有中央政府一以贯之的大力支持，不断提升港澳自身竞争力，香港、澳门就一定能够保持长期繁荣稳定。

我们将坚持对台工作大政方针，巩固两岸坚持“九二共识”、反对“台独”的政治基础，保持两岸关系和平发展正确方向。努力推进两岸协商对话，推动经济互利融合，加强基层和青少年交流。依法保护台湾同胞权益，让更多民众分享两岸关系和平发展成果。我们期待两岸同胞不断增进了解互信，密切骨肉亲情，拉近心理距离，为实现祖国和平统一贡献力量。我们坚信，两岸关系和平发展是不可阻挡、不可逆转的历史潮流。

（新华社2015年3月5日）

2015 年 3 月 15 日，国务院总理李克强在北京表示，在对外开放中，我们会先一步对台湾开放，或者说对台湾开放的力度和深度会更大一些。

十二届全国人大三次会议闭幕后，李克强会见中外记者并回答记者提出的问题。在回答关于两岸经济合作的问题时，他做出上述表示。

李克强说，两岸是一家人，是骨肉同胞。坚持“一个中国”、“九二共识”、反对“台独”，维护两岸关系和平发展，就会给两岸经济合作创造基础，扩大空间。

他认为，对推动两岸经济合作来说，需要两个轮子一起转。一个轮子就是要加强两岸经贸合作的制度化建设，比如说像 ECFA 后续协商。另一个轮子就是扩大相互开放。对大陆来说，尤其是要重视在大陆投资的台湾企业。

“这里请你传递一个带有‘定心丸’的消息。”李克强说，大陆将会继续维护台资企业和台商的合法权益，保持对他们的合理优惠政策。而且在对外开放中，我们会先一步对台湾开放，或者说对台湾开放的力度和深度会更大一些。我们欢迎台商包括年轻人到大陆来创业，并且愿意推动两岸人员交流，拉近两岸民众的心理距离。

（新华社 2015 年 3 月 15 日）

# 俞正声谈台湾问题

2015年对台工作会议1月26日至27日在北京举行。

中共中央政治局常委俞正声出席会议并作重要讲话。俞正声指出，过去一年，以习近平同志为总书记的党中央，高度重视对台工作，准确把握台海局势及其新变化，提出了一系列推动两岸关系和平发展的政策主张，产生广泛积极影响。各地各部门认真贯彻决策部署，积极开展各项工作，克难前行，保持了两岸关系和平发展势头，取得新的进展。中央对此充分肯定。

俞正声强调，对台工作事关国家发展大局。我们要始终坚持从实现“两个一百年”奋斗目标和中华民族伟大复兴中国梦的战略高度，审视和谋划各项工作。要毫不动摇地继续坚持中央对台大政方针，广泛团结台湾同胞，维护台海局势稳定，坚决遏制“台独”分裂活动，坚定推动两岸关系和平发展，为解决台湾问题、实现祖国统一不断积累和创造条件。

会议要求，新的一年，各地各部门要切实按照中央要求，把各项工作落到实处，积极有为，奋发进取，努力保持两岸关系和平发展势头。在坚持“九二共识”、反对“台独”的共同政治基础上，继续增进两岸政治互信、保持良性互动，巩固两岸关系和平发展制度化成果。积极推进两岸经济合作框架协议后续议题等制度化协商，深化协议执行成效，惠及更多民众。推进两岸经济融合发展，促进两岸产业合作总体规划布局，深化两岸金融合作，努力扩大台中小企业、农渔民参与面受益面。支持福建自由贸易园区、平潭综合实验区和昆山深化两岸产业合作试验区对台扩大开放、加强合作。切实帮助大陆台商解决实际困难。采取积极措施促进两岸人员往来，扩大两岸青少年和基层交流，深化两岸各领域交流合作。完善涉台法律法规和工作机制，加强两岸执法司法合作，维护台胞合法权益。

会议强调，各地各部门要高度重视对台工作，增强政治责任感和使命感，加强领导，发挥好协调机制的作用，抓好队伍建设，为推动两岸关系和平发展做出新贡献。

国务委员杨洁篪主持会议。中共中央台办、国务院台办主任张志军做工作报告。中央党政军有关部门和各地有关负责同志出席会议。

（新华社 2015 年 1 月 27 日）

2015 年 5 月 3 日，中共中央政治局常委、全国政协主席俞正声出席第十届两岸经贸文化论坛开幕式并致辞。致辞全文如下：

尊敬的朱立伦主席，

各位嘉宾，各位朋友：

大家上午好！

欢迎大家来到美丽的黄浦江畔，出席第十届两岸经贸文化论坛。首先，我代表中共中央和习近平总书记，对论坛的举办表示热烈的祝贺，对各位嘉宾的到来表示诚挚的欢迎！

十载风雨兼程，十载春华秋实。10 年前，在两岸关系紧张动荡时刻，国共两党为遏制“台独”分裂活动，维护台海和平，增进两岸同胞福祉，毅然决然实现和解，共同迈出历史性的一步。国共两党领导人提出要共同推动两岸关系和平发展，决定建立两党定期沟通平台，两岸经贸文化论坛应时而生。论坛的成功举办，对推动两岸关系实现历史性转折，促进两岸关系和平发展，功不可没。

10 年来，论坛作为国共两党交流对话的重要平台，始终坚持认同“九二共识”、反对“台独”的基本立场，坚持契合民意、注重引领的精神，着眼民族长远利益、体察两岸社情民意，集中探讨解决两岸同胞关心、事关两岸关系和平发展的重大问题，取得丰硕成果，得到了两岸同胞的广泛认同和支持。

10 年来，论坛作为汇聚民意、政策先导的重要平台，始终坚持关注民生、服务民众的宗旨，就两岸经贸、“三通”、旅游、产业、金融、农渔业、文化、教育、科技等攸关两岸同胞切身利益的议题深入研讨，形成了 153 项共同建议，这些建议大多转化为两岸共同或各自的具体政策措施。两岸两会签署的 21 项协议，大陆方面在论坛上宣布的 73 项对台惠民措施，台湾方面采取的便利两岸同胞交流交往的积极举措，给两岸同胞带来了实实在在的好处。

10 年来，论坛作为两岸各界人士互动合作的重要平台，始终坚持代表广泛、开放包容的原则，邀请两岸有关党派团体代表、实务部门人士、业界精英、专家学者共同参与，汇集各界真知灼见，增进同胞间的了解和感情，促进了各领域的交流合作。在论坛示范带动下，“双百”论坛、城市论坛、海峡论坛、紫金山峰会、和平论坛等一系列两岸交流对话平台相继建立，与经贸文化论坛相得益彰，推动形成了两岸全方位交往的可喜局面。

回首 10 年来两岸经贸文化论坛走过的不平凡历程，可以发现，两岸关系之所以发生如此深刻的变化、取得这样显著的成就，离不开两岸同胞的共同努力，离不开国共两党的直接推动，也包含着论坛的重要贡献。在此，我向所有热心参与和支持论坛的朋友们，表示衷心的感谢！我们要坚持成功的实践，不仅要把论坛继续办下去，而且要越办越好。

各位嘉宾、朋友们！

经过 10 年发展，两岸关系站在了新的历史起点上。今天，台海和平之稳定、两岸同胞往来之频繁、经济联系之密切、共同利益之广泛，都是 60 多年来前所未有的，两岸同胞的前途和命运更加紧密地联系在一起。展望未来，两岸关系既展现出更广阔的和平发展空间，同时又面临新的挑战与考验。“台独”分裂势力的阻扰破坏仍然是台海和平稳定最大的威胁。维护两岸关系和平发展大局任重道远。我们要坚定不移走和平发展道路，坚定不移坚持共同政治基础，坚定不移为两岸同胞谋福祉，坚定不移携手实现民族复兴。

面对新形势，论坛要与时俱进，继续契合两岸发展大势，顺应壮大主流民意，为推动两岸关系和平发展做出新的贡献。本届论坛围绕中小企业、青年与基层、经贸科技、文化教育四个议题进行研讨，更贴近基层，符合社会期待。在此，我愿就进一步办好论坛提出以下四点建议。

一、继续坚持两岸关系和平发展正确方向。关键要坚持

“九二共识”、反对“台独”的政治基础。这是论坛的立身之本，也是两岸关系和平发展的基础。基础不牢，地动山摇。没有了这个基础，论坛将无以存身，两岸关系又将回到动荡不安的老路上去。两岸关系发展面临的形势越复杂，论坛越要坚定发出巩固政治基础、继续推动两岸关系和平发展的强大呼声，为巩固两岸关系和平发展成果、推动两岸关系沿着正确方向前行，凝聚强大民意和舆论支持。两岸关系发展不会一帆风顺，论坛要继续汇民智、集群力，为冲破两岸关系发展障碍，推动两岸关系和平发展克难前行、凝心聚力。

二、继续聚焦增进两岸同胞共同福祉。论坛要坚持以民生为重，反映两岸同胞的愿望和诉求。大陆经济发展进入新常态，推出了一系列全面深化改革和促进经济平稳健康发展的政策举措，给两岸经济合作带来新的机遇和空间。论坛可以积极推动开展两岸经济形势和政策交流对话，研究促进两岸产业合理规划布局的政策建议，以利广大台湾同胞首先分享大陆改革发展带来的机遇。还可以针对大陆台资企业遇到的种种新问题，积极研究帮助这些企业转型升级、适应大陆经济发展新常态的有效措施。最近，李克强同志就对在陆台资企业经济政策的稳定性和连续性问题发表了重要讲话，表达了我们对在陆台资企业的关心和支持，欢迎论坛对此提出建议。在促进两岸深化经济合作的同时，要更多关注两岸基层民众的感受，为扩大基层民众的参与面、受益面出主意、想办法，增强他们的获得感。在继续支持大企业良性发展的同时，论坛应在关心、维护、增进中小企业和农渔民的利益方面多下功夫，让他们更多分享两岸关系和平发展成果。

对于台湾各界关心的“一带一路”建设、亚洲基础设施投资银行、区域经济合作等问题，论坛可以深入研讨，探寻可行的参与和合作方式，让两岸携手开拓国际市场的新空间，提升中华民族经济的国际竞争力。

三、继续助力两岸青年实现人生梦想。青年是国家和民族的希望，是两岸的未来，是两岸关系和平发展的生力军。论坛应更多关注增进两岸青年的交流和感情，推动扩大两岸青年交流规模，努力探讨创新符合青年人志趣的交流内容和形式，使交流更富活力与成效。可以汇集两岸有识之士，集中检视和推动优化各自政策环境，研究为在对岸生活、学习、就业、创业的青年提供更好条件的措施，探讨建立两岸青年人才培养合作机制，为两岸青年共同发展、施展才华提供更多机会和舞台。要大力弘扬中华优秀传统文化，让两岸青年在交流中增进相互了解，融洽彼此感情，实现心灵契合，在参与两岸关系和平发展和中华民族伟大复兴进程中实现人生价值。

四、继续推动两岸各界人士广泛参与。论坛是国共两党搭台、各界人士唱戏，是两岸各界的论坛，是两岸同胞的大合唱、交响曲。正是有了四面八方、各行各业的人士参与，论坛才有广泛代表性，才更接地气，始终保持旺盛的活力。论坛可以进一步创新形式，丰富内容，既讨论事关两岸关系发展方向的重大问题，发挥政策先导作用，也就两岸同胞关心的一些具体问题进行专题研讨，为两岸各界开展交流对话创造更好的条件。我们真诚欢迎两岸各党派、各界代表都参与到论坛中来，共同为两岸关系和平发展贡献智慧和力量。

各位嘉宾、朋友们！

两岸同胞同属中华民族。今年对中华民族来说是一个有着重要意义的年份。70年前，全体中华儿女团结一心，众志成城，取得了抗日战争的伟大胜利，台湾回归祖国怀抱。今天，中华民族伟大复兴正展现出光明前景，两岸同胞应当承担起历史赋予的光荣责任和使命，坚定信心、携手同行，共同开创两岸关系美好未来，共同致力于实现中华民族伟大复兴。

祝第十届两岸经贸文化论坛取得圆满成功！

（新华网2015年5月3日）

2015年6月14日，第七届海峡论坛在厦门隆重举行。中共中央政治局常委、全国政协主席俞正声出席论坛开幕式并致辞。

俞正声在致辞中首先受习近平总书记的委托，向参加论坛的两岸同胞特别是来自台湾的乡亲们致以诚挚问候。

俞正声说，本届论坛以“关注青年、服务基层”为主题，充分体现了论坛面向两岸基层民众的方向，彰显了“两岸一家亲”的理念。两岸交流，归根到底是人与人的交流，最重要的是心灵沟通。60多年来两岸关系的发展历程，就是两岸同胞冲破隔绝藩篱、走向交流合作的历程，也是一家人由分离隔阂重新走向交融交心的历程。两岸同胞的交流，增进了彼此理解，拉近了心理距离，为台海摆脱动荡不安，推动两岸关系向前发展提供了强大动力，也拓展了两岸交流领域，丰富了交流内涵，给两岸同胞带来了实实在在的好处。

俞正声指出，“台独”分裂势力及其活动破坏两岸关系发展,是阻扰两岸同胞交流、实现心灵契合的最大障碍。我们将始终如一地支持两岸同胞交流,坚决维护两岸关系和平发展进程,坚决反对“台独”分裂势力的阻扰破坏。继续推动两岸同胞扩大交往,让更多台湾同胞参与到两岸交流的大潮中来。进一步为两岸同胞交流创造更好的条件,包括对台胞来往大陆免予签注,并适时实行卡式台胞证。

俞正声强调,同胞之间的交流关键要从“心”开始,促进心灵契合。心走近了,海峡就是咫尺;心走远了,咫尺也是天涯。希望两岸多举办促进同胞交流的活动,尤其是贴近基层民众生活和情感的各种交流,增加联系理解,交流生活感情,拉近心理距离。对于思想认识的差异,可以相互尊重,逐步聚同化异、增进认同。青年是两岸关系的未来,我们要更多关注两岸青年成长,为两岸青年交流创造更多机会,让两岸青年早接触、多交往,加深了解,增进友谊,成为共同打拼的好朋友好伙伴,成为进一步促进两岸关系和平发展的生力军。

俞正声表示,两岸同胞是一家人,两岸关系的前途掌握在大家手中,两岸关系的未来需要大家共同开创。只要两岸同胞齐心协力,两岸关系和平发展的前景就会更加光明,中华民族伟大复兴的梦想就会早日实现。

中国国民党副主席郝龙斌以及两岸青年代表、台湾基层代表在发言中表示,两岸关系和平发展是大势所趋,也是两岸民众的共同心愿。两岸民众是两岸关系发展的最有力推动者,两岸民众对两岸关系和平发展的期待和追求,必能使两岸关系行稳致远。

开幕式前,俞正声还参观了海峡论坛回顾展,在展板前同两岸残障人士代表亲切交谈，并会见了参加论坛的部分两岸嘉宾和主办单位代表。沈跃跃、马培华、顾秀莲等参加会见并出席论坛开幕式。

（新华网 2015 年 6 月 14 日）

2015 年 7 月 13 日，中共中央政治局常委、全国政协主席俞正声在北京会见了台湾少数民族参访团。

俞正声表示，中华民族是一个多民族组成的大家庭，各民族同胞共同捍卫了中华民族的独立和尊严，共同谱写了中华民族光辉灿烂的历史篇章。今年是中国人民抗日战争胜利 70 周年，也是台湾光复 70 周年。我们永远不能忘记那些为捍卫国家主权和领土完整而牺牲的英烈忠魂，这其中就包括许许多多为反抗日本殖民统治而牺牲的台湾少数民族先烈们。

俞正声高度肯定台湾少数民族为反对“台独”、发展两岸关系所做的贡献。他指出，家和万事兴。两岸是休戚与共的命运共同体。两岸同胞都希望经济发展、社会安宁、生活幸福。只有维护和平稳定的环境，同胞们的美好愿望才能实现。两岸同胞要珍惜并努力维护两岸关系和平发展的成果，巩固坚持“九二共识”、反对“台独”的政治基础，牢牢把握两岸关系发展的正确方向，在推动两岸关系和平发展的进程中共创美好幸福生活，实现两岸各民族同胞的共同发展、共同繁荣

（新华网 2015 年 7 月 13 日）

2015 年 8 月 20 日，中共中央政治局常委、全国政协主席俞正声在北京会见了饶颖奇率领的台湾民意代表交流参访团一行。

俞正声说，政协委员与台湾民意代表互访已进行 12 次，共同建立了一个坦诚友好、务实包容的交流平台，为促进两岸交流、巩固和平发展局面，积极出谋划策、凝聚共识、聚同化异，取得了很好成效。

俞正声强调，巩固深化两岸关系和平发展是两岸同胞的共同心愿，要牢牢把握两岸关系发展的正确方向，巩固坚持“九二共识”、反对“台独”的政治基础；要增进两岸同胞共同福祉，扩大台湾基层民众的受益面和获得感；要加强两岸同胞交流沟通，维护两岸关系和平发展成果。他表示，我们愿意倾听台湾各界人士对两岸交流合作的意见，增进理解和共识，为两岸关系和平发展发挥积极作用。

会见结束后，全国政协委员与台湾民意代表围绕推动两岸关系和平发展等问题进行了座谈。

（新华网 2015 年 8 月 20 日）

2015 年 8 月 31 日，中共中央政治局常委、全国政协主席俞正声会见了来京参加中国人民抗日战争暨世界反法西斯战争胜利 70 周年纪念活动的连战等台湾各界代表人士。

俞正声表示，中国人民抗日战争的伟大胜利，是近代以来中国抗击外敌入侵的第一次完全胜利，也为世界反法西斯战争胜利做出了重要贡献。包括台湾同胞在内的全体中华儿女都为此付出了巨大牺牲。

俞正声指出,在这场波澜壮阔的全民族抗战中,国共两党合作建立民族统一战线,两党领导的抗日军队分别担负正面战场和敌后战场的作战任务,都为抗日战争的最终胜利做出了重要贡献。广大台湾同胞与祖国同呼吸、共命运,他们的抗日斗争是全中国人民抗日斗争不可或缺的一部分。

俞正声强调,两岸同胞要牢记抗日战争的伟大历史,发扬共御外侮、追求统一的民族精神,坚定不移推动两岸关系和平发展,共同捍卫国家主权和领土完整,同心实现中华民族伟大复兴的中国梦。

(新华网 2015 年 8 月 31 日)

# 张志军谈台湾问题

2015年3月13日，国台办主任张志军在人民日报发表署名文章《运用法治方式扎实推进两岸关系和平发展》，全文如下：

党的十八届四中全会决定全面推进依法治国，并就新形势下依法推进祖国统一做出战略部署，展现了以习近平同志为总书记的党中央的恢宏视野和责任担当，对巩固深化两岸关系和平发展、团结台湾同胞同心实现中华民族伟大复兴的中国梦具有重要意义。我们要在全面总结改革开放以来依法推进两岸关系发展成功实践的基础上，深入学习领会习近平同志关于对台工作的一系列重要论述，切实增强尊法学法守法用法的法律意识，更加积极主动、奋发有为地推进对台工作。

**依法推进对台工作的战略意义**

全面推进依法治国的必然要求。全面推进依法治国，关系党执政兴国和国家长治久安，是解决党和国家事业发展中一系列重大问题的根本要求。完成祖国统一，是党和国家的重大历史任务，是宪法赋予的神圣职责，要求我们必须遵循全面推进依法治国的各项部署，按照维护宪法法律权威、维护国家安全稳定和人民根本利益的目标要求，运用法治思维、法治方式和法律手段巩固深化两岸关系和平发展，推进祖国和平统一大业。

两岸关系发展新形势的客观需要。随着两岸关系和平发展的深入，全面推进依法治国在更广范围内关系台湾同胞的切身利益，在更深层次上触动两岸同胞的心灵契合，需要我们自觉运用法治思维、法治方式和法律手段来思考和解决所面临的艰巨挑战，巩固两岸关系和平发展的制度化成果，厚植两岸经济合作的共同利益，保障两岸交流往来的健康秩序，维护台湾同胞的合法权益。

对台工作理念提升创新的重要体现。党中央高度重视涉台法治工作，注重发挥法治的引领和规范作用，不断增强对台方针政策的前瞻性和稳定性。党的十八届四中全会首次在党的纲领性文献中对依法治国与对台工作的内在关系做出科学总结和理论阐释，将改革开放以来涉台法治工作的实践经验上升为理性认识，充分体现政策思维与法治思维的有机结合和高度统一，是对台战略谋划的理念创新，是对台策略运筹的丰富完善。

**运用法律手段开创两岸关系和平发展的成功实践**

长期以来，我们不断推进对台方针政策法制化进程。以宪法为统帅，以反分裂国家法、台湾同胞投资保护法、中国公民往来台湾地区管理办法等为主干的涉台法律规范体系初步形成，成为中国特色社会主义法律体系的重要组成部分。2005 年 3 月 14 日第十届全国人民代表大会第三次会议通过反分裂国家法以来，两岸关系发生了历史性深刻变化。我们依法推进对台工作，维护台海稳定，发展两岸关系，积累了丰富经验，成为党和国家成功运用依法治国方略的生动典范。

挫败“台独”分裂图谋，维护国土安全。法律规定，大陆和台湾同属一个中国。维护国家主权和领土完整是包括台湾同胞在内的全中国人民的共同义务,国家决不允许“台独”分裂势力以任何名义、任何方式把台湾从中国分裂出去。针对陈水扁当局的“台独”挑衅,我们团结广大台湾同胞和海外侨胞,争取国际社会普遍支持,成功挫败通过所谓“宪改”“入联公投”谋求“台独”的分裂行径,实现两岸关系历史性转折,开创了和平发展新局面。

推进两会协商谈判,加强制度建设。法律授权通过海峡两岸有步骤、分阶段的平等协商和谈判实现和平统一。2008 年以来,海协会与台湾海基会在坚持“九二共识”基础上恢复协商,相继签署 21 项协议,对两岸经济合作、人民往来、民生保障等事务做出制度化安排,解决诸多关系两岸同胞切身利益的实际问题,提高两岸交往合作的制度化、规范化水平,为两岸关系和平发展保驾护航。

实现两岸全面“三通”,促进经济融合。我们贯彻鼓励和推动两岸“三通”与经济交流合作的法律要求,全面实现两岸民众期盼已久的直接通邮通航通商,签署实施两岸经济合作框架协议(ECFA)等相关协议,加强两岸经济合作机制化建设,推动两岸经济关系正常化、自由化,形成互利互惠、融合发展的格局。两岸贸易额由 10 年前的 912.3 亿美元增至 2014 年的 1983.1 亿美元,大陆方面累计批准台资项目由 68095 个增至 92336 个,大陆赴台投资从无到有、稳步增长。

形成两岸大交流格局,融洽同胞感情。法律鼓励和推动两岸人员往来和教育、科技、文化、卫生、体育交流,鼓励和推动两岸共同打击犯罪,依法保护台湾同胞权利和利益。两岸人员往来总数由10年前的426.9万人次增至2014年的941.1万人次,大陆赴台人数由近16万人次升至404.6万人次;台湾居民来大陆每年400万人次以上,2014年增至536.6万人次。两岸客运直航由包机发展为定期航班,每周高达840班次,两岸“一日生活圈”形成。两岸共同打击犯罪及司法互助成效显著。

妥善处理涉外事务,增进民族利益。我们贯彻两岸可就台湾在国际上与其地位相适应的活动空间问题进行协商谈判的法律精神,充分照顾台湾民众对外交往需求,在不造成“两个中国”“一中一台”的前提下,妥善解决台湾以适当名义出席世界卫生大会、国际民航大会等问题。两岸加强沟通协调,在涉外领域内耗大幅减少。两岸有关方面务实探讨两岸经济共同发展与区域经济合作进程相衔接的适当方式和可行路径,厚植中华民族共同利益。

破解两岸政治难题,推进政治对话。法律规定,两岸可就发展两岸关系的规划、和平统一的步骤和安排等问题进行协商谈判。我们提出共同探讨国家尚未统一特殊情况下的两岸政治关系、做出合情合理安排的主张。通过双方共同努力,两岸民间政治对话日益活跃,广泛探讨两岸关系中政治、军事、涉外事务问题的解决条件和途径,营造有利于两岸政治协商的融洽氛围。国台办与台湾方面陆委会建立常态化联系沟通机制,两部门负责人成功互访并开启两岸务实沟通对话,对两岸关系和平发展具有积极意义。

**坚定推进两岸关系和平发展的法治举措**

党的十八大以来,以习近平同志为总书记的党中央准确把握两岸关系发展大势,提出“两岸一家亲、共圆中国梦”的理念,以及坚定不移走和平发展道路、坚定不移坚持共同政治基础、坚定不移为两岸同胞谋福祉、坚定不移携手实现民族复兴等一系列新主张新要求。学习贯彻党的十八届四中全会精神，必须紧密结合学习领会习近平同志对台工作重要论述，准确把握当前两岸关系发展形势，切实提高运用法治思维谋划工作、运用法治方式推进工作的能力，维护两岸和平，促进共同发展，造福两岸同胞。

加强制度化协商谈判，巩固扩大两岸关系和平发展成果。要总结两岸关系和平发展的经验，精心维护两岸关系和平发展成果。在“九二共识”的基础上，继续推进国台办与台湾陆委会常态化联系沟通、海协会与台湾海基会制度化协商。充分发挥双方两岸事务主管部门就两岸形势和政策开展沟通对话的作用，保持两岸关系发展的正确方向。积极推进两会协商谈判，不断完善两岸各领域交流合作机制，排除各种阻力和困难。强化两会协议权威，深化协议执行成效，培育两岸关系和平发展新成果。

维护宪法法律权威，绝不容忍“台独”分裂行径。“台独”分裂势力及其活动损害国家主权和领土完整，企图挑起两岸民众和社会对立、割断两岸同胞精神纽带，是两岸关系和平发展的最大障碍，是台海和平稳定的最大威胁。我们要恪守维护国家主权和领土完整的法律职责，清醒认识“台独”分裂活动的现实危害，坚决贯彻宪法和反分裂国家法，增强运用法律手段捍卫一个中国原则、反对“台独”的信心和能力。始终坚持尽最大努力团结最广大台湾同胞共同推动两岸关系和平发展的真诚意愿。对台湾同胞一视同仁，无论是谁、无论有过什么主张，只要真心实意参与到两岸关系和平发展进程中来，我们都欢迎。

完善涉台法律法规，诚意践行“两岸一家亲”理念。坚持以人为本，实施惠及两岸同胞的政策法律措施，保障台湾同胞依法享有和行使法律赋予的权利和便利，切实感受和分享国家法治进步的好处；妥善处理台湾同胞来大陆投资、就业、就学待遇问题，让台湾同胞分享大陆发展机遇，为台湾青年提供施展才华、实现抱负的舞台；加强两岸执法司法合作，保护台湾同胞合法权益；健全参与政治和社会活动机制，鼓励台湾同胞融入国家经济、社会和法治发展进程；注重社会公平，照顾台湾同胞弱势群体，加强听取台湾基层民众意见和建议工作，扩大受益面和获得感。

丰富国家统一实现形式，共圆中华民族伟大复兴的中国梦。实现中华民族伟大复兴，是近代以来包括台湾同胞在内的全体中华儿女为之奋斗的伟大理想。实现祖国完全统一，是中华民族伟大复兴的重要组成部分。两岸长期存在的政治分歧问题终归要逐步解决。我们所追求的国家统一不仅是形式上的统一，更重要的是两岸同胞心灵契合。我们坚信，凝聚两岸中国人的智慧，发掘中华传统法治文化和现代法治文明的有益经验，不断增进两岸维护一个中国框架的共同认知，终将破解两岸政治难题，探索出符合两岸同胞共同利益的国家统一实现形式，开辟中华民族伟大复兴的光明前景。

（人民日报 2015 年 3 月 13 日）

2015 年 4 月 29 日，国台办主任张志军撰文谈“两岸和平发展共同愿景”发布十周年，全文如下：

2005 年 4 月 29 日，是一个在两岸关系发展史上值得纪念的重要日子。

10 年前，“台独”分裂势力倒行逆施，台海局势紧张动荡，两岸关系险象环生。在两岸关系何去何从的重要历史关头，为维护中华民族长远利益和两岸同胞根本利益，稳定台海局势，2005 年 4 月，中共中央总书记胡锦涛邀请中国国民党主席连战率团访问大陆，两党领导人在北京举行会谈并共同发布“两岸和平发展共同愿景”。国共两党迈出的这历史性一步，对两党和两岸关系产生了重大深远影响，改变了两岸关系发展的历史轨迹。

——“共同愿景”提出了两岸关系和平发展的正确方向。“共同愿景”深入体察两岸同胞所愿所想，顺应世界发展大势，旗帜鲜明提出反对“台独”，共同谋求两岸关系和平稳定发展，开创和平双赢的新局面。以积极的作为向两岸同胞展现两岸关系和平发展的希望，向世界表明两岸中国人有能力有智慧妥善处理彼此的矛盾和问题。在“共同愿景”的指引下，国共两党共同团结广大台湾同胞，通过不懈努力，成功挫败“台独”分裂图谋，两岸关系实现历史性转折，走上了和平发展的康庄大道。

——“共同愿景”确立了两党促进两岸关系和平发展的政治基础。“共同愿景”在总结过往两岸关系的经验教训，尊重两岸两会 1992 年达成的共识（即各自口头表述均坚持一个中国原则）这一客观历史事实的基础上，开宗明义提出坚持“九二共识”，共同促进两岸在“九二共识”基础上尽速恢复平等协商。既确认了双方均坚持一个中国的共同立场，又妥处了双方的政治分歧，是发挥政治智慧、照顾各方利益、符合各自规定的成果。

“九二共识”由此成为国共两党的共同政治基础，也为支持两岸关系和平发展的其他岛内政党和社会各界所认同。2008 年，正是在此基础上，两岸两会才得以恢复中断 10 多年的协商谈判，两岸双方才得以建立政治互信，良性互动，开创了两岸关系和平发展新局面。

——“共同愿景”描绘了两岸关系和平发展的美好蓝图。“共同愿景”着眼于增进两岸同胞福祉、实现中华民族光明灿烂前景，提出共同促进恢复两岸协商谈判、促进终止敌对状态、促进两岸经济全面交流合作、促进协商台湾民众关心的参与国际活动问题、建立党对党定期沟通平台等五项重要工作。这些主张集中反映了两岸民众长久以来的期盼，符合两岸关系发展的客观需要。循此思路，在国共两党、两岸双方和两岸同胞的共同努力下，“共同愿景”中的主张大多已经变成现实，结出了累累硕果，成为两岸关系和平发展成果的重要组成部分。

回顾历史，是为了更好地把握未来。回顾 10 年来国共两党推动两岸关系和平发展历程，总结两岸关系发展的经验，重新审视“两岸和平发展共同愿景”的历史价值，对进一步开创两岸关系新未来，实现中华民族伟大复兴，具有重要的启示作用。

首先，坚持两岸关系和平发展的正确道路，是两岸负责任政党的应有作为。10 年前，在两岸关系发展的关键时期，两党本着对国家、对民族、对人民高度负责的态度，秉持“正视现实，开创未来”的精神，义无反顾地担当起开创两岸关系新局面的历史使命。10 年来的实践以不可辩驳的事实充分证明，两岸关系和平发展是一条有利于维护台海地区稳定、有利于增进两岸同胞福祉、有利于促进中华民族伟大复兴的正确道路。当前，两岸关系发展面临新的复杂局面，国共两党作为负责任的政党，要毫不动摇地坚持正确抉择，满腔热情地团结两岸同胞，坚定不移地沿着两岸关系和平发展之路继续前行。在涉及民族根本利益的大是大非问题上，做出正确选择和勇敢决断，才能找到自己的历史定位，才能得到广大人民的拥护。

第二，坚持“九二共识”、反对“台独”的共同政治基础，是保持两岸关系和平发展方向和成果的根本保障。2008 年以来，两岸关系和平发展取得了一系列丰硕的成果，维护了台海局势和平稳定，恢复了两会商谈并签署了 21 项协议，实现了两岸全面直接双向“三通”，形成了两岸全方位交往格局，建立了双方两岸事务主管部门常态化联系沟通机制，减少了两岸在涉外领域的内耗等等，这些成果的取得都是建立在坚持“九二共识”、反对“台独”的基础上。“九二共识”的核心是认同大陆和台湾同属一个中国，方式是求同存异。如果这一基础遭到破坏，两岸互信将不复存在，两岸关系就会重新回到动荡不安的老路上去，两岸关系和平发展成果就会得而复失。

第三，坚持稳步进取、克难前行的务实思路，是推动两岸关系和平发展的有效途径。两岸关系经纬万端，涵盖经济、政治、社会、文化、军事、涉外事务等诸多方面，各领域彼此关联、相互影响。每往前走一步都非易事，都需要有非凡的政治勇气和政治智慧。2005 年，正是由于国共两党不畏非难，毅然决然冲破政治藩篱，才成就了今天的两岸关系和平发展。2008 年以来，我们按照先易后难、循序渐进的务实思路，积极落实“共同愿景”，稳步推进两岸关系发展，其中也触及不少政治问题。我们始终认为，在两岸关系发展进程中，一些政治分歧可以暂时搁置，但不可能完全和长期回避。两岸关系越是向前发展，越是需要国共两党、两岸双方有更大的政治勇气和担当精神，攻坚克难，开拓进取，逐步为破解两岸关系发展中的难题创造有利条件。

第四，坚持不断增进两岸同胞的利益福祉，是推进两岸关系和平发展的根本宗旨。两岸同胞是推动两岸关系和平发展的主力军，也是两岸关系发展成果的受益者。“共同愿景”所强调的“维护两岸同胞利益”“共谋两岸人民福祉”，是我们发展两岸关系的出发点和立足点。台海和平稳定、两岸交流合作惠及广大同胞，也使他们更深切地感悟到两岸关系和平稳定的可贵，更积极地参与到两岸关系和平发展的洪流中来。我们需要更加重视和敏锐把握各阶层各群体的感受和期待，采取有效措施，扩大基层民众的受益面和获得感，为两岸关系和平发展注入更强大的动力。

今年 3 月 4 日，习近平总书记指出，我们应该坚定不移走和平发展道路，坚定不移坚持共同政治基础，坚定不移为两岸同胞谋福祉，坚定不移携手实现民族复兴，充分表达了我们维护两岸关系和平发展的决心和诚意，展现了我们团结台湾同胞实现民族复兴的愿望和期待。当前，实现中华民族伟大复兴展现出无比光明的前景，两岸关系站在新的历史起点上，两岸同胞的前途和命运更加紧密联系在一起。台湾的未来系于两岸关系的发展、系于中华民族的伟大复兴。两岸同胞应当携手同心，共同开创两岸关系新未来，实现中华民族伟大复兴的中国梦。

（人民日报 2015 年 4 月 29 日）

2015 年 5 月 23 日，国务院台湾事务办公室主任张志军在金门与台湾方面陆委会主委夏立言会面，就当前两岸关系形势、政策和推进两岸关系发展中的有关问题充分交换意见，并达成积极共识。

张志军表示，厦门和金门虽一水之隔，却因内战交往隔绝了约半个世纪。厦门金门的这段经历，是两岸关系过去的缩影。让人感到欣慰的是，自 2008 年以来，在两岸同胞的共同努力下，两岸双方在坚持“九二共识”、反对“台独”的共同政治基础上，开辟了两岸关系和平发展新局面。“两门”从炮声隆隆的战场，变为两岸交流合作、共谋发展的前沿。今昔对比，我们双方应下这么一个决心，决不能让两岸关系再遭折腾，更不能走回头路。相信这也是历经风雨沧桑的两岸同胞的共同心愿。

张志军强调，当前，两岸关系处于新的重点节点上，双方都要认真思考两岸关系路应该如何走。我们主张，要坚定不移走和平发展道路，增进政治互信，妥处敏感问题，保持两岸关系和平发展的正确方向和势头。坚定不移坚持共同政治基础，切实维护台海和平稳定，避免和平发展成果得而复失。坚定不移为两岸同胞谋福祉，扩大深化各领域交流合作，把共同利益蛋糕做大。坚定不移携手实现民族复兴，建设两岸命运共同体。双方主管两岸事务的部门，要坚定信心、勇于担当，加强接触对话，巩固共同政治基础，推动两岸关系沿着和平发展道路继续前行，以更多成果造福两岸同胞。

在谈到维护国家主权和领土完整等相关问题时，张志军阐明了大陆的一贯立场。

双方充分交换看法后表示，要把握两岸关系和平发展的正确方向，坚定推动两岸关系和平发展的决心和信心，切实维护台海和平稳定，继续在“九二共识”基础上推动两岸关系取得新进展，让两岸同胞特别是基层民众受益更多：

——两部门加强交流沟通，共同为促进两岸关系和平发展作出努力。

——继续推进两岸制度化协商，尽快就货物贸易协议达成共识，早日举行两会领导人第十一次会谈，并适时签署新的协议。

——推动尽快完成海协会和台湾海基会互设办事机构议题商谈，务实处理彼此关切。

——推动“陆客中转”方案商谈，争取年中达成一致，为尽快实施做好准备，并就进一步便利两岸同胞往来进行磋商，争取取得进展。

——进一步加强两岸经济交流合作，并为此创造有利条件。

——创造条件扩大深化两岸青年和基层民众交流，加强彼此了解，增进同胞感情，共同推进两岸关系和平发展。

——继续加强保护对岸求学学生的合法权益，扩大相互采认学历范围，持续推动两岸大专院校交流合作。

——继续就通缉犯遣返问题保持沟通、深化合作，维护两岸交往秩序和人民合法权益。

——推动两岸有关单位尽快签署福建向金门供用水合同，及早开展工程施工建设。共同开展厦金海域海漂垃圾和生态环境综合治理，查处和打击非法抽采海砂行为。加强两岸渔业交流合作，维护台湾海峡渔业生产秩序。推动出台便利在福建暂住的大陆居民赴金马澎地区旅游的新举措。采取措施促进对台小额贸易的规范健康发展。

——大陆欢迎台湾方面申请加入亚投行。双方就此保持沟通,为台湾方面以适当名义加入亚投行积极探寻可行办法。

（新华网 2015 年 5 月 23 日）

2015 年 8 月 6 日,中共中央台办、国务院台办主任张志军在出席第十二届两岸关系研讨会开幕式时,就两岸关系路应该如何走发表讲话。

张志军说,去年以来,台海局势出现一些新情况,引起了两岸各界的广泛关注。今年 5 月初,习近平总书记指出,当前“两岸关系处于新的重要节点上。两岸关系路应该如何走,是摆在两岸所有政党和社会各界面前的一个重大问题,攸关中华民族和国家未来,攸关亿万民众福祉,需要我们大家认真思考”。围绕这一重大问题,张志军阐述了两岸关系和平发展的意义和前景。

张志军表示,道路决定命运。广大台湾同胞正是从 2008 年之前与之后两岸关系不同道路的境遇对比中,更加清醒认识到“台独”分裂的祸害,更加深刻地感悟到和平发展才是正道。

张志军强调,两岸关系和平发展要行稳致远,最重要的一点,就是要坚持“九二共识”、反对“台独”的共同政治基础。“九二共识”回答了两岸关系性质这一根本性问题,即大陆与台湾同属一个中国,这是“九二共识”的核心意涵。它不是无中生有、凭空谈出来的,而是两岸双方对大陆与台湾同属一个中国这一客观事实和现状的共同确认。两岸同属一中既是历史也是现实,未来也必定如此。坚持这一核心意涵,就会排除“两个中国”、“一中一台”或“台湾独立”的选项。在这一根本性问题上,所有负责任的政党都须做出明确回答。

张志军指出,只要两岸同胞继续沿着和平发展的道路前进,前景必定越来越光明;台海局势将更为安定祥和;和平发展成果将更多惠及两岸同胞;台湾经济社会发展将获得更多机遇和更大空间;在不造成“两个中国”、“一中一台”的前提下,通过两岸协商,台湾参与国际组织活动问题可以得到妥善处理,并做出合情合理安排。

张志军强调,我们必须看到“台独”势力仍在顽固坚持和推行分裂主张,是台海和平稳定的最大威胁,是实现两岸关系和平发展美好前景的最大障碍。我们真诚希望台海和平稳定继续保持,真诚希望两岸关系和平发展美好前景能够实现。但是在维护国家主权和领土完整的重大问题上,我们旗帜鲜明、立场坚定,不会有丝毫动摇。

张志军最后表示,今年是中国人民抗日战争胜利 70 周年,也是台湾光复 70 周年。这是我们全民族的伟大胜利。值得警惕的是,岛内至今仍有人在歪曲历史,美化日本殖民统治,图谋以“台独史观”切割台湾与中国的历史联系,甚至不惜在钓鱼岛问题上出卖民族利益。对此,两岸同胞应团结一致,坚决反对。两岸同胞纪念抗战胜利,就是要发扬民族精神,维护抗战胜利果实,携手推动两岸关系和平发展,同心为实现中华民族伟大复兴而奋斗。

(新华网 2015 年 8 月 6 日)

2015 年 9 月 24 日,国台办主任张志军在海峡两岸纪念刘铭传首任台湾巡抚 130 周年大会上的讲话,全文如下:

尊敬的王学军书记、汪毅夫会长,

尊敬的江丙坤先生、蒋孝严先生、高孔廉先生,

各位来宾、各位朋友:

大家好!

今年是刘铭传首任台湾巡抚 130 周年,是中国人民抗日战争胜利 70 周年,也是台湾光复 70 周年。今天,我们相聚在素有“淮右襟喉、江南唇齿”美誉的古城合肥,隆重举办海峡两岸纪念刘铭传首任台湾巡抚 130 周年大会,围绕“铭记前贤伟业、传承两岸亲情”这一主题,缅怀先贤,畅叙亲情,展望未来,很有意义。首先,我谨代表中共中央台办、国务院台办对活动举办表示热烈祝贺,对各位嘉宾特别是远道而来的台湾同胞致以诚挚问候。

19 世纪末的中国,国家积贫积弱,列强强取豪夺,清政府风雨飘摇,中华民族陷入深重灾难。在中华民族存亡的危急关头,一批批民族精英挺身而出,挺起民族独立的脊梁,挑起维护国家主权和领土完整的重担。刘铭传就是其中的典型代表,后人评价其“有大勋劳于国家”,他为抗击外敌侵台、推动台湾开发建设做出了卓越贡献。

1883 年,中法战争爆发,刘铭传临危受命,率领台湾同胞进行英勇无畏、艰苦卓绝的抗法保台斗争,先后取得淡水、基隆大捷,为中法战争最终胜利做出重大贡献。1885 年,台湾建省,百废待举,刘铭传作为首任巡抚,竭忠尽智,大力改革创新,修铁路、开煤矿、建学堂、办电讯等等,为台湾近代化建设留下浓墨重

彩的一笔。在海峡这一边，大陆同胞与台湾同胞心手相连，休戚与共，始终挂念着台湾的前途命运，积极支持台湾御敌保台斗争和开发建设。这正是刘铭传能够战胜外敌、建设台湾的力量源泉。刘铭传保台建台的背后，展现的是民族意志和民族团结的伟大力量。

1895 年后，台湾同胞在长达 50 年的日本殖民统治下，英勇抗争、不屈不挠，数十万台湾同胞为此献出了鲜血和生命。1945 年，抗战胜利、台湾光复，宝岛万人空巷，热烈庆祝重回祖国怀抱，充分表现了台湾同胞深厚的爱国情怀。

透过近代历史风云变幻，我们可以深刻体会到，大陆和台湾是不可分割的命运共同体。祖国强大、民族兴盛，是包括台湾同胞在内的每个中国人生存、发展、尊严的保障。同样，实现国家富强和中华民族伟大复兴需要两岸同胞团结奋斗。

2008 年以来，在两岸同胞的共同努力下，两岸关系发生了历史性变化，进入和平发展新阶段。七年多来，两岸双方坚持“九二共识”、反对“台独”的政治基础，在致力于振兴中华等方面的共识在扩大、互信在增强；经济合作日益深化，保持较快增长；人员往来持续热络，各领域交流蓬勃开展、精彩纷呈。两岸全方位、宽领域、多层次的大交流局面日益巩固，保持良好发展势头。事实表明，两岸关系和平发展是一条正确的道路，符合中华民族的整体利益，符合两岸同胞的共同期待。

当前，台湾社会深刻变化、政治纷争不休、两岸关系屡遭干扰，处于重要关头。今后的路到底该怎么走，是继续沿着两岸关系和平发展的道路走下去，还是开倒车，走回头路？这需要我们冷静思考，做出正确的选择。事实已经证明，走和平发展的道路，两岸同胞可以同享太平、共同发展；开倒车、走老路，两岸关系就会再次陷入紧张动荡、对抗冲突的境地。以史为鉴，我们应该倍加珍惜两岸关系和平发展成果，继续坚持“九二共识”、反对“台独”的共同政治基础，坚定不移地走和平发展道路。只要牢牢把握这一基础，两岸关系就可乘风破浪，扬帆前行。

各位嘉宾、各位朋友。

“感念建台功，万古叙流芳”，刘铭传的历史功绩和他爱国、创新、自强的民族情怀，是两岸同胞共同的历史记忆，也是两岸同胞宝贵的精神财富。抚今追昔，我们要将刘铭传精神代代相传，让我们的子孙后代了解这段历史，牢记两岸同胞为维护国家统一和实现民族富强做出的不懈努力，自觉传承“两岸一家亲”的血脉亲情，担负起两岸关系和平发展的历史重任，同心实现中华民族的伟大复兴。

最后，在中秋佳节即将来临之际，祝愿海峡两岸各位嘉宾、各位朋友阖家欢乐，幸福美满！

谢谢大家。

（国台办网站 2015 年 9 月 24 日）

2015 年 10 月 14 日，国务院台湾事务办公室主任张志军在广州与台湾方面陆委会主委夏立言会面，就当前两岸关系形势以及两岸关系发展中的有关问题交换意见，达成积极共识。

张志军表示，我们在广州举行工作会面，很有意义。广州凝结着两岸同胞许多共同的历史记忆，记载着林则徐“虎门销烟”的壮举，记载着孙中山先生为了实现“振兴中华”的理想发动的黄花岗起义等抗争足迹,记载着国共两党为了国家的未来和民族的复兴正式开启的第一次合作。一百多年过去了,人民对如何实现民族复兴的道路已做出了正确选择。今天,我们比历史上任何时期都更接近中华民族伟大复兴的目标。发展两岸关系,同实现民族复兴一样,也有一个道路选择问题。不同的道路选择会有不同的结果。

张志军强调,7 年多来,两岸双方坚持“九二共识”,反对“台独”的共同政治基础,两岸关系走上了和平发展康庄大道,取得丰硕成果,积累了宝贵经验。其中,最重要的是坚持共同政治基础。当前,两岸关系处于重要节点。我们应站在推动实现民族复兴高度,顺应历史潮流和民心,把握两岸关系和平发展正确方向,为民族复兴和人民幸福携手努力。

双方共同回顾了 2008 年以来两岸关系和平发展历程,一致认为,两岸在坚持“九二共识”的共同政治基础上,推动两岸关系走上和平发展道路,维护了台海和平稳定,增进了两岸同胞的共同利益,受到两岸民众的广泛支持和国际社会的欢迎。两岸关系和平发展的成果值得倍加珍惜,经验弥足珍贵。新形势下,两岸双方应共同努力,继续坚持共同政治基础,坚持走两岸关系和平发展道路,持续增进两岸同胞福祉。双方应该:

——持续加强两部门沟通,开展多种形式互动,提高两岸事务处理效率,推动两岸关系继续前行。

——在互惠互利基础上,继续推进两岸货物贸易协议商谈,争取年内取得积极成果。

——积极推动两岸环境保护协议商谈。

——继续推进海协会和台湾海基会互设办事机构议题商

谈,朝着尽快完成协商的目标努力。

——积极促成海协会和台湾海基会在今年年底前就 7 年来协商谈判进程及取得的成果进行总结。

——共同营造更为公平、有效的投资环境,增强两岸企业投资合作信心,携手应对全球产业竞争。

——推动服贸、租税、飞安等已签协议尽快生效实施,以增进两岸民生福祉、促进两岸经济共同发展。

——协调有关部门提高投资纠纷案件的协处效率,强化两岸投资企业权益保障。

——继续深化合作,努力提升两岸旅游安全和品质,保持两岸旅游健康有序发展。

——持续加强并深化两岸文化、教育等各领域交流合作,巩固两岸关系和平发展的社会基础。

——采取积极措施,大力加强两岸青年交流,为两岸青年学习、就业、发展营造更好环境。

——就两岸经济共同发展与区域经济合作进程相互促进等问题交换意见,予以推动。

——支持和鼓励两岸有关研究机构和专家学者就共同研究抗战历史加强交流合作,弘扬抗战精神。

（新华网 2015 年 10 月 14 日）

2015 年 11 月 4 日,中共中央台湾工作办公室、国务院台湾事务办公室主任张志军宣布,经两岸有关方面协商,两岸领导人将于 11 月 7 日在新加坡会面,就推进两岸关系和平发展交换意见。

张志军专门就此次重要会面接受记者采访，介绍相关情况。他表示，即将举行的两岸领导人会面将开启两岸领导人直接交流沟通的先河，有利于两岸双方增进互信，巩固共同政治基础，推进两岸关系和平发展，维护台海和平稳定，是两岸关系发展史上具有里程碑意义的大事。

**顺潮流　合民意**

张志军表示，实现两岸领导人会面是我们的一贯主张。我们的态度始终是积极开放的。过去7年多来，两岸双方在坚持"九二共识"、反对"台独"的共同政治基础上建立并增进互信，开辟了两岸关系和平发展道路，取得丰硕成果。两会协商签署了23项协议，解决了关乎两岸同胞切身利益的一系列问题。两岸经济合作持续深化，实现全面直接双向"三通"，给两岸同胞带来了许多实实在在好处。两岸各领域交流蓬勃发展，密切了两岸同胞感情。两岸协商处理有关涉外事务，减少了内耗。受这些成果鼓舞，两岸许多同胞和海外侨胞呼吁两岸领导人举行会面，共商推动两岸关系更大发展之计。

张志军介绍，国台办和台湾方面陆委会在2014年建立联系沟通机制后，一直就两岸关系发展中的重大问题保持沟通，努力促进两岸各领域各层次人员的交流互动，期间曾提到两岸领导人会面问题。前不久，我和陆委会主委夏立言在广州会面时，再次谈到这个话题，就此进行了初步沟通。双方都认为，两岸领导人会面对于两岸关系长远发展具有重要积极意义。此后，双方经过密切协商，就举行两岸领导人会面达成一致。

**一家亲　两岸情**

张志军表示，两岸领导人会面是两岸关系发展史上具有里程碑意义的大事,两岸双方共同迈出这一步非常不容易。1949年以来,两岸关系历经风雨,跌宕起伏。从激烈军事冲突,到长期尖锐政治对峙,直到上个世纪八十年代末才打破相互隔绝的坚冰,两岸同胞开始交流往来。本世纪的前几年,由于“台独”分裂势力的挑衅,两岸关系一度濒临危机。在两岸关系紧张动荡的时候,是很难想象两岸领导人能够面对面坐在一起的。两岸领导人会面得以实现,来自于两岸双方和两岸同胞的共同努力,得益于两岸关系和平发展累积的丰硕成果。

张志军强调,此次会面双方以两岸领导人身份和名义举行、见面时互称“先生”,是经双方商定的。这是在两岸政治分歧尚未彻底解决的情况下根据一个中国原则做出的务实安排,体现了搁置争议、相互尊重的精神。综合考虑各种因素,这次两岸领导人会面安排在新加坡举行。

张志军介绍,两岸领导人此次会面,将就推进两岸关系和平发展交换意见,探讨深化两岸各领域交流合作、增进两岸民众福祉等重大问题,以维护和进一步推动两岸关系和平发展。会面结束后,两岸领导人还将共进晚餐。

**新期盼　新前景**

张志军指出,当前两岸关系再度处于重要节点,面临向何处去的问题。两岸同胞期望台海保持和平稳定,两岸关系继续和平发展并结出更多惠民硕果。两岸领导人在这个时候举行会面,是两岸双方顺应两岸同胞心愿和时代潮流共同采取的一项重大举措,将开启两岸领导人直接交流沟通的先河。

张志军说,1993 年 4 月,在海协会和台湾海基会 1992 年达成两岸各自以口头方式表述海峡两岸均坚持一个中国原则的共识基础上，第一次“汪辜会谈”在新加坡举行，建立了在一个中国原则基础上推进两岸制度化协商的机制，有力推动了两岸关系发展。2014 年 2 月，国台办和陆委会在“九二共识”基础上建立两部门常态化联系沟通机制，开辟了新的两岸沟通管道，妥善处理和解决了两岸交往中的许多问题。

张志军强调指出，两岸领导人实现会面是两岸关系发展史上具有里程碑意义的大事，将两岸交流互动提升到新高度，开辟两岸关系发展新空间。这将有利于两岸双方加强沟通、增进互信、管控矛盾分歧，巩固共同政治基础，推进两岸关系和平发展，维护台海和平稳定，也有利于地区和平稳定。相信一定会得到两岸各界和国际社会的广泛支持。

（新华网 2015 年 11 月 4 日）

2015 年 11 月 7 日，中共中央总书记、国家主席习近平于同台湾方面领导人马英九在新加坡会面，就进一步推进两岸关系和平发展交换意见。中共中央台办、国务院台办主任张志军在会面结束后举行的记者会上表示，这次会面对当前和未来的两岸关系发展有六点重要意义。

第一，这是 1949 年以来两岸领导人的首次会面，翻开了两岸关系历史性的一页，对两岸关系未来发展开辟了新的空间，具有里程碑意义。

第二，双方对两岸关系 66 年来发展历程的回顾，尤其是 2008 年以来两岸关系和平发展取得的重要成果的肯定，表明两岸走上这条和平发展的道路是一条正确的道路，两岸双方要坚定不移地走下去。

第三,会面是对体现一个中国原则的"九二共识"作为共同政治基础的再确认,对两岸关系未来稳定发展具有重要意义。

第四,两岸交往互动层次的提升,有利于促进两岸沟通对话,扩大交流,深化合作,实现互利共赢,造福两岸同胞。

第五,这次会面也向世人表明,两岸中国人完全有能力、有智慧解决好自己的问题。

第六,会面有利于激发两岸同胞携手合作,同心协力,致力于中华民族伟大复兴的热情。

(新华社 2015 年 11 月 7 日)

2015 年 12 月 31 日,国台办主任张志军发表 2016 年新年贺词,全文如下:

保持方向　维护成果——2016 年新年贺词

时光荏苒,日月如梭。值此 2016 年到来之际,我谨代表中共中央台湾工作办公室、国务院台湾事务办公室,向台湾乡亲致以新年的祝福和诚挚的问候!

2015 年,两岸关系稳步推进,继续沿着和平发展道路前行,取得重要进展,增进了两岸同胞福祉。

过去的一年,是两岸政治交往取得历史性突破的重要一年。中共中央总书记、国家主席习近平与台湾地区领导人马英九跨越 66 年时空的首次会面,开创了两岸领导人直接对话沟通的先河,迈出了两岸高层互动往来的关键一步,开辟了两岸关系新的前景,载入两岸关系史册。两岸在一个中国原则基础上,建立和不断加强高层沟通，增进政治互信，进一步推动两岸关系和平发展，充分表明两岸中国人完全有能力、有智慧解决好自己的问题。

过去的一年，是两岸同胞携手共进的重要一年。两岸同胞共同纪念中国人民抗日战争胜利和台湾光复 70 周年，回顾历史，缅怀先烈，更加深刻体会到大陆和台湾是不可分割的命运共同体，进一步坚定了弘扬抗战精神、共谋和平发展、同心致力民族复兴的信念。

过去的一年，是两岸交流合作取得丰硕成果的重要一年。我们积极支持大陆台商发展，实施台湾居民往来大陆免签注并推出卡式台胞证，新增 11 个赴台个人游试点城市和 6 个两岸航点，进一步便利两岸同胞往来。启动两岸青年创业就业考察交流活动，设立海峡两岸青年创业基地，进一步放宽台湾居民申请设立个体工商户条件，为台湾基层民众，特别是台湾青年提供更多发展机遇。两岸人员往来更加密切，大陆居民赴台旅游人数再创新高。两岸贸易往来保持平稳发展。

过去的一年，是两岸交往机制化继续推进的一年。两会协商取得积极成果。国台办和陆委会负责人之间建立热线。今年 5 月，我到金门参访，推进大陆向金门供水等民生项目，亲身见证昔日炮声隆隆的战场，已成为两岸交流合作、共谋发展的前沿，深切体会到台海和平稳定之可贵，更加坚定了继续走和平发展之路的信念和决心。

展望 2016 年，台海局势出现复杂变化，两岸关系面临新挑战。我衷心希望，两岸关系继续保持和平发展势头，和平发展成果不会得而复失。

新的一年里，我们要坚持“九二共识”这一共同政治基础，努力保持两岸关系和平发展正确方向。两岸同胞要高度警惕并共同反对任何“台独”分裂和破坏台海和平稳定的行为。在维护国家主权和领土完整的重大问题上，我们意志坚如磐石，态度始终如一。

新的一年里，我们要悉心呵护两岸关系和平发展成果。7年多来，两岸关系和平发展给两岸同胞创造了和平安宁的环境，带来了实实在在的好处。我们不要等到路灯熄灭后才感受到它带来的光明，不要等到和平发展成果失去的时候才感受到它的可贵。

新的一年里，我们要一如既往地为两岸同胞谋福祉。大陆“十三五”规划为深化两岸经济合作和各领域交流合作带来了重大机遇。我们愿意首先与台湾同胞分享大陆发展机遇。我们会继续为两岸同胞办好事办实事，为两岸同胞特别是基层和青年朋友交往提供更多便利，依法维护台湾同胞合法权益。

两岸关系和平发展利在当下，功在千秋。我们真诚祝愿台海保持和平繁荣，两岸关系行稳致远，两岸同胞共享和平发展红利，携手为实现民族复兴的美好前景而努力奋斗。

（国台办网站 2015 年 12 月 31 日）

2016 年 1 月 6 日，国台办主任张志军在两岸及香港记者新年联谊活动上的讲话如下：

大家好！很高兴今天晚上在这里请两岸媒体朋友们聚一下。向大家一年的辛劳表示感谢。

岁末年初,我们都会对两岸关系作一个盘点。盘点2015年两岸关系发展,大家都有这么一个感觉,去年在两岸双方的共同努力下,两岸关系稳中有进,取得了令人振奋的重要进展。许多媒体在年底“两岸关系十大新闻”的评选中,都一致认为去年最大的新闻就是11月7日在新加坡举行的两岸领导人会面。这是两岸领导人66年以来的第一次会面,是两岸关系发展史上具有里程碑意义的大事。双方就如何在“九二共识”共同政治基础上推进两岸关系交换意见,为两岸关系翻开了历史性的一页,开创了新的前景和空间,引领两岸关系未来的发展,意义重大。

在政治层面,两岸还有其他重要的事件,比如国台办和台湾陆委会双方负责人进行了两次正式会面,一次在金门,一次在广州。11月7日之前,为筹备两岸领导人会面,双方又在新加坡见面,充分交换意见。国台办和陆委会通过这三次会面,为推动两岸关系各个领域的交流合作,特别是准备“习马会”发挥了重要作用。

去年,海协会和台湾海基会举行了第十一次商谈,签了2项协议,即《海峡两岸民航飞行安全与适航合作协议》和《海峡两岸避免双重课税及加强税务合作协议》,使两岸之间签署的协议达到了23个。两岸之间架起了23座交流合作的通道,直接造福两岸民众。

经济领域,我看了一下数字。尽管全年的数字还没有出来,但可以说两岸经贸关系是在稳步往前发展,1到11月,两岸贸易额超过1700亿美元,估计全年约1900亿美元。两岸产业、金融和中小企业交流合作迈出新步。台湾来大陆投资的企业项目,去年增长了22%以上。由此可见,大陆对台湾经贸合作之门打得更开，提供了更多的机遇。

在人文社会交流领域，2014 年两岸人员交往是 941 万，去年 1 到 11 月份已达 910 万，同比增长 7%，全年可望达到 1000 万左右。这说明两岸之间人员交往非常活络，呈持续增长的势头。

两岸的文化、教育、科技、体育、宗教等各个领域的交流非常活跃，去年两岸间互派的学生约 4 万 5 千人。可以说，去年这一年在双方的共同努力下，两岸在各个领域交流合作取得了新的进展，达到了新的高度，两岸民众都为两岸关系的这种发展感到高兴，很提气。

通过这一年的发展，我们对两岸关系都会有新的感受。首先更加坚信两岸关系和平发展道路是一条正确的道路，只要沿着这条道路走下去，两岸关系必将迎来更加光明的前景，台海将继续保持和平稳定，两岸的民众也能够从中得到更多福祉。

第二，更加坚信“九二共识”共同政治基础的重要性。正是由于有坚实的共同政治基础，两岸关系才得以从 2008 年以来发展得如此迅速，能够为两岸民众带来这么多的好处，它是两岸关系的“定海神针”，必须坚定不移地坚持下去，两岸关系和平发展的“海峡号”巨轮才能平稳地向前开进。

第三，更加坚信两岸中国人有智慧、有能力解决两岸之间的问题。66 年以来，两岸关系跌宕起伏，但我们毕竟一同携手走过来，把两岸关系推到了新的高点，向全世界表明我们两岸中国人的智慧、意愿和能力。特别是在当今世界，一些国家和地区还是冲突不断、乱象纷呈的情况下，我们两岸中国人应该有这样的智慧和决心，把我们的两岸关系搞好，造福两岸民众，共同打造命运共同体,实现民族复兴,为世界的和平稳定和发展做出我们的贡献。

我祝大家在新的一年里身体健康,家庭幸福,事业有成,谢谢!

最后让我们共同举杯,为我们共同迈进新的一年,干杯!

(国台办网站2016年1月6日)

# 2014 年两岸协议和共同倡议

## 《海峡两岸气象合作协议》和《海峡两岸地震监测合作协议》生效

2015 年 6 月 24 日，从海峡两岸关系协会获悉，海协会与台湾海基会 23 日换函通报，双方已完成《海峡两岸气象合作协议》和《海峡两岸地震监测合作协议》实施的相关准备。根据协议生效条款的相关规定，两项协议于 2015 年 6 月 24 日生效。

海协会负责人表示，两项协议生效后，两岸将建立业务化的气象、地震工作交流机制，推进和深化相关领域交流合作，致力于提高两岸对灾害的分析预警和防御能力，保障两岸同胞福祉及生命财产安全。

该两项协议于 2014 年 2 月 27 日两会第十次会谈签署。

（新华网 2015 年 6 月 24 日）

## 福建向金门供水项目合同正式签订

2015年7月20日,经过二十年的技术研讨和协商磋商,福建向金门供水项目合同在金门正式签署,成为两岸民生交流的一项创举。

(新华网2015年7月20日)

## 《海峡两岸避免双重课税及加强税务合作协议》

2015年8月25日,海协会会长陈德铭与海基会董事长林中森在福州签署了《海峡两岸避免双重课税及加强税务合作协议》。全文如下:

为促进海峡两岸经济合作,海峡两岸关系协会与财团法人海峡交流基金会就避免双重课税及加强税务合作事宜,经平等协商,达成协议如下:

一、适用范围

双方同意本协议适用于海峡两岸一方或双方居民(居住者)及对其所得征收的所有税收。

二、税款征收

双方同意对一方居民(居住者)来源于另一方的所得按下列规定课税。

(一)营业利润

一方居民(居住者)企业在另一方营业取得的利润,在未构成常设机构的情况下,另一方予以免税或不予课税。一方如对关联企业间交易进行转让定价(移转定价)调整,另一方应作合理对应调整。

(二)海运及空运收入

一方海、空运输企业在另一方经营取得的收入及利润,另一方予以免税或不予课税(包括营业税、增值税或类似税收)。

(三)投资所得及财产收益

一方居民(居住者)从另一方取得的股息(股利)、利息及特许权使用费(权利金),另一方可以课税,但可相互给予优惠税率。

一方居民(居住者)从另一方取得的财产转让收益及不动产使用收益,另一方可以课税。

(四)个人劳务所得

一方居民(居住者)以独立身份或以受雇形式在另一方从事个人劳务活动取得的所得,另一方可以课税。

(五)其他所得

本协议上述未列举的其他所得按各自规定办理。

三、消除双重课税方法

双方同意当一方居民(居住者)在另一方取得所得并依本协议规定在另一方缴税时,该一方应依有关规定消除双重课税。

四、非歧视待遇

双方同意一方居民(居住者)在相同情况下,在另一方负担的税收或有关条件,应与另一方居民(居住者)可能负担的税收或有关条件一致。

五、相互协商

双方同意建立两岸税务联系机制，由双方税务主管部门协商解决因解释或实施本协议时所发生的困难或疑义，以及消除双重课税等事宜。

六、资讯交换

双方同意相互交换为实施本协议或为课征本协议所含税种（税目）相关且必要的资讯，并负保密义务。所交换的资讯不可用于任何其他用途。

七、协助征税

双方同意在各自有关规定均可以进行协助征税时，双方税务主管部门将进一步协商确定具体协助征收方式。

八、文书格式

基于本协议所进行的业务联系，应使用双方商定的文书格式。

九、业务交流

双方同意通过人员互访、培训或工作会议等形式，加强两岸税务方面的交流与合作。

十、联系主体

（一）本协议议定事项，由双方税务主管部门指定的联络人相互联系实施。

（二）本协议其他相关事宜，由海峡两岸关系协会与财团法人海峡交流基金会联系。

十一、协议履行与变更

（一）双方应遵守协议。协议附件与本协议具有同等效力。

（二）协议变更，应经双方协商同意，并以书面形式确认。

十二、未尽事宜

本协议如有未尽事宜,双方得以适当方式另行商定。

十三、生效

本协议签署后,双方应各自完成相关程序并以书面通知另一方。本协议自双方均收到对方通知后次日起生效。

本协议之规定适用于:

(一)源泉(就源)扣缴税款:本协议生效之次年一月一日(含当日)以后实际给付金额。

(二)其他税款:本协议生效之次年一月一日(含当日)以后开始之课税年度之所得。

(三)资讯交换:本协议生效之次年一月一日(含当日)以后开始之课税年度之资讯。

本协议于八月二十五日签署,一式四份,双方各执两份。本协议的附件构成本协议的一部分。四份文本中对应表述的不同用语所含意义相同,四份文本具有同等效力。

附件:海峡两岸避免双重课税及加强税务合作具体安排

海峡两岸关系协会　　财团法人海峡交流基金会

会长　陈德铭　　董事长　林中森

附件

## 海峡两岸避免双重课税及加强税务合作具体安排

为实施本协议,双方议定具体安排如下:

一、适用范围

(一)适用对象

1. 本协议所称居民(居住者),按各自税务规定对居民(居住者)的定义处理。但不包括仅就该一方所得而负有该一方纳税义务的人。

2. 虽有前述规定,依第三方法律设立的任何实体,其实际管理机构(处所)在协议一方者,视为该一方的居民(居住者)。

3. 前述实际管理机构(处所),指企业实际做出其整体营业所必需的重大管理及经营决策的机构(处所)。所称实际管理机构(处所)在协议一方,指企业同时符合下列规定者:

(1)做出重大经营管理、财务管理及人事管理决策的人为该一方居住的个人或总机构在该一方的企业,或做出该等决策的机构(处所)在该一方。

(2)财务报表、会计账簿记录、董事会议记录(董事会议事录)或股东会议记录(股东会议事录)的制作或储存机构(处所)在该一方。

(3)实际执行主要经营活动的机构(处所)在该一方。

4. 个人同为双方居民(居住者)时,其身份按永久住所、主要利益中心所在地、经常居所依序决定。对居民(居住者)个人身份的决定如有疑义,或个人以外的人同为双方居民(居住者)时,由双方税务主管部门商定。

(二)适用现行税种(税目)

大陆方面为个人所得税及企业所得税。

台湾方面为营利事业所得税、综合所得税及所得基本税额。

二、常设机构及营业利润

（一）常设机构

1. 本协议所称常设机构，指企业从事全部或部分营业的固定营业场所。包括：管理处、分支机构、办事处、工厂、工作场所、矿场、油井或气井、采石场或任何其他天然资源开采场所。

2. 建筑工地、建筑（营建）或安装工程或与其有关的监督管理活动，以存续期间超过十二个月者，构成常设机构。

3. 一方企业直接或通过雇员或雇用的其他人员，在另一方为同一个项目（计划案）或相关联的项目（计划案）提供的劳务（服务），包括咨询劳务（服务），仅以在有关纳税年度开始或结束的任何十二个月连续或累计超过一百八十三天者，构成常设机构。

4. 常设机构不包括下列情形：

（1）专为储存、展示或交付（运送）属于该企业的货物或商品的目的而使用的设施。

（2）专为储存、展示或交付（运送）的目的，或专为供其他企业加工的目的，而储备属于该企业的货物或商品。

（3）专为该企业采购货物或商品或搜集资讯的目的，或专为该企业从事广告、资讯提供、科学研究或具有准备或辅助性质的类似活动，所设置的固定营业场所。

（4）专为从事以上活动的结合所设置的固定营业场所。但以该结合的固定营业场所整体活动具有准备或辅助性质者为限。

5. 代表一方企业的人（具有独立身份的代理人除外），有权以该企业的名义在另一方签订契约，并经常行使该权力，其为该企业所从事的任何活动，视为该企业在另一方有常设机构。但其经由固定营业场所仅从事前述常设机构不包括情形的活动，该固定营业场所不视为常设机构。

6. 一方企业仅通过经纪人、一般佣金代理人或其他具有独立身份的代理人，以常规的经营方式（以通常的营业方式），在另一方从事营业者，不得视为在另一方有常设机构。

7. 一方居民（居住者）公司，控制或受控于另一方居民（居住者）公司或在另一方从事营业的公司（不论其是否通过常设机构或其他方式），此项事实不使任何一方公司构成另一方公司的常设机构。

（二）营业利润

1. 一方居民（居住者）企业如经由其在另一方的常设机构从事营业，另一方可就该企业的利润课税，但以归属于该常设机构的利润为限。

2. 一方居民（居住者）企业通过其在另一方的常设机构从事营业，双方在归属该常设机构的利润时，应将该常设机构视为在相同或类似条件下从事相同或类似活动的独立企业，并以完全独立的方式与该常设机构所属的企业从事交易所应获得的利润相同。

3. 计算常设机构的利润时，应准予减除为该常设机构营业目的而发生的费用，包括行政及一般管理费用，不论该费用在何处发生。

4. 如果一方惯例依企业总利润按比例分配予所属各单位利润的方法，计算确定应归属于常设机构的利润，前述规定不得排除该一方的分配惯例。但采用该分配方法所得到的结果，应与前述规定的原则一致。

5. 常设机构仅为该企业采购货物或商品，不得对该常设机构归属利润。

6. 前述有关常设机构利润的归属，除有正当且充分的理由外，每年应采用相同方法确定。

7. 利润中如包括本协议营业利润以外的所得项目，各该所得项目的规定不受本规定影响。

三、关联企业

（一）本协议所称关联企业，指企业间有下列情况之一：

1. 一方企业直接或间接参与另一方企业的管理、控制或资本。

2. 同一人直接或间接参与一方企业及另一方企业的管理、控制或资本。

（二）关联企业间商业或财务关系方面所设定的条件不同于独立企业，以致本应归属而未归属于其中一企业的利润，可以计入该企业的利润，据以课税。

（三）一方已对前述本应归属而未归属于该企业的利润课税时，另一方如认为该项调整符合独立交易（常规交易）原则，应对该部分利润所课征的税额作适当调整。在确定此项调整时，应考虑（考量）本协议其他相关规定，如有必要，双方税务主管部门应相互协商。

四、海运及空运收入

（一）本协议所称海运及空运收入，指以船舶或航空器经营海、空运输业务的收入及利润，并包括下列项目：

1. 以计时、计程或光船方式出租船舶或航空器。

2. 使用、维护或出租运送货物或商品的货柜（包括货柜运输的拖车及相关设备)。

前述使用、维护或出租应以船舶或航空器经营海、空运输业务的附带活动为限。

(二)参与联营或其他经营机构取得的收入及利润,属于本协议规定的海运及空运收入及利润范围,但以归属于参与上述经营的比例所取得的收入及利润为限。

五、投资所得

(一)股息(股利)

1. 股息(股利)受益所有人如为一方居民(居住者),在受益所有人为公司且直接持有给付股息(股利)的公司百分之二十五以上资本的情况下,另一方所课征税额不超过股息(股利)总额的百分之五;在其他情况下,所课征税额不超过股息(股利)总额的百分之十。本规定不影响对该公司用以发放股息(股利)的利润的课税。

2. 本协议所称股息(股利),指以股份或非债权关系参与利润分配的其他权利所取得的所得,以及按照分配利润的公司是其居民(居住者)一方的税务规定,视同股份所得同样课税的其他公司权利取得的所得。

3. 一方居民(居住者)公司从另一方取得利润或所得,其所给付的股息(股利)或其未分配利润(未分配盈余),即使全部或部分来自另一方的利润或所得,另一方不得对该给付的股息(股利)或未分配利润(未分配盈余)课税。但给付予另一方居民(居住者)的股息(股利),或据以给付股息(股利)的股份与另一方常设机构或固定处所有实际关联者除外。

(二)利息

1. 利息受益所有人如为一方居民(居住者),另一方所课征税额不超过利息总额的百分之七。

2. 下列范围的利息,利息来源地一方应予免税:

(1)给付予另一方的公共服务部门或另一方公共服务部门完全所有的金融机构的利息,或给付予该等部门或机构为促进出口(外销)所提供、担保(保证)或保险的贷款利息。

(2)经双方税务主管部门确认为促进出口(外销)目的的金融机构所提供、担保(保证)或保险的贷款利息。

3. 本协议所称利息,指从各种债权所取得(孳生)的所得,不论有无抵押担保及是否有权参与债务人利润的分配,尤指债券或信用债券的所得,包括附属于该等债券的溢价收入及奖金。但延迟给付的违约金,非本协议所称利息。

4. 利息给付人与受益所有人间,或上述二者与其他人间有特殊关系,所给付的利息数额,超过给付人与受益所有人在无特殊关系时所同意的数额,本协议有关利息的规定仅适用于后者的数额。在此情况下,对该超过给付数额的部分,应按各方规定课税,但应考虑(考量)本协议其他相关规定。

(三)特许权使用费(权利金)

1. 特许权使用费(权利金)受益所有人如为一方居民(居住者),另一方所课征税额不超过特许权使用费(权利金)总额的百分之七。

2. 本协议所称特许权使用费(权利金),指使用或有权使用文学、艺术或科学作品(包括电影影片、供广播或电视使用的影片、磁带、录音带)的著作权、专利权、商标权,设计或模型、计划、秘密配方或制造程序,或有关工业、商业、科学经验的资讯,所给付的各种款项。其不包括因使用或有权使用任何工业、商业或科学设备所给付的款项。

3. 特许权使用费(权利金)给付人与受益所有人间,或上述二者与其他人间有特殊关系,所给付的特许权使用费(权利金)数额,超过给付人与受益所有人在无特殊关系时所同意的数额,本协议有关特许权使用费(权利金)的规定仅适用于后者的数额。在此情况下,对该超过给付数额的部分,应按各方规定课税,但应考虑(考量)本协议其他相关规定。

(四)股息(股利)、利息、特许权使用费(权利金)的受益所有人如为一方居民(居住者),经由其所得来源的另一方的常设机构从事营业或固定处所从事独立个人劳务(执行业务),且与该所得给付有关的股份、债务、权利或财产与该常设机构或固定处所有实际关联时,应适用有关营业利润或独立个人劳务(执行业务)的规定。

(五)由一方居民(居住者)所给付的利息及特许权使用费(权利金),视为源自该一方。利息及特许权使用费(权利金)给付人如在一方有常设机构或固定处所,而与利息及特许权使用费(权利金)给付有关的债务及权利与该常设机构或固定处所有关联,且该利息及特许权使用费(权利金)由该常设机构或固定处所负担,不论该利息及特许权使用费(权利金)给付人是否为该一方居民(居住者),该利息及特许权使用费(权利金)视为源自该常设机构或固定处所所在的一方。

六、财产收益

(一)一方居民(居住者)使用或转让位于另一方的不动产所产生的所得(包括农业或林业所得),另一方可以课税。

（二）一方企业转让其在另一方常设机构营业资产中的动产而取得的收益，或一方居民（居住者）转让其在另一方从事独立个人劳务（执行业务）的固定处所的动产而取得的收益，包括转让该常设机构（单独或连同整个企业）或固定处所而取得的收益，另一方可以课税。

（三）转让经营海、空运输业务的船舶或航空器，或附属于该等船舶或航空器营运的动产而取得的收益，仅由转让人为其居民（居住者）的一方课税。

（四）一方居民（居住者）转让股份，且该股份的百分之五十以上价值直接或间接来自另一方的不动产，其取得的收益，另一方可以课税。

（五）除前述转让股份规定外，一方居民（居住者）转让其在另一方居民（居住者）公司资本中的股份或其他权利取得的收益，仅由转让人为其居民（居住者）的一方课税。但是如果转让人为其居民（居住者）的一方对来自于另一方的该项收益免税，且该转让人在转让行为前的十二个月内，曾经直接或间接持有该另一方公司至少百分之二十五资本，另一方可以课税。

（六）转让上述财产以外的其他财产所取得的收益，仅由该转让人为其居民（居住者）的一方课税。

七、个人劳务所得

（一）独立个人劳务（执行业务）

1. 一方居民（居住者）在另一方因从事独立个人劳务（执行业务）或其他具有独立性质活动所取得的所得，有下列情况之一，另一方可以课税：

（1）该居民（居住者）为执行活动而在另一方有固定处所。

但另一方仅就归属于该固定处所的所得课税。

(2)该居民(居住者)在有关纳税年度开始或结束的任何十二个月期间,在另一方连续或累计居留一百八十三天以上。但另一方仅就该居民(居住者)在另一方执行该等活动而取得的所得课税。

2. 本协议所称独立个人劳务(执行业务),指具有独立性质的科学、文学、艺术、教育或教学等活动,及医师、律师、工程师、建筑师、牙医师及会计师等独立性质的活动。

(二)受雇劳务

一方居民(居住者)因受雇而在另一方提供劳务所取得的报酬,同时符合下列三个条件时,仅由该一方课税:

1. 该居民(居住者)在有关纳税年度开始或结束的任何十二个月期间,在另一方连续或累计居留不超过一百八十三天。

2. 该项报酬非由为另一方居民(居住者)的雇主所给付或代表雇主给付。

3. 该项报酬非由该雇主在另一方的常设机构或固定处所负担。

(三)董事报酬

一方居民(居住者)因担任另一方居民(居住者)公司董事职务而取得报酬及其他类似给付,另一方可以课税。

(四)表演人及运动员

1. 一方居民(居住者)为表演人,如音乐家或戏剧、电影、广播、电视演艺人员,或为运动员,在另一方从事个人活动而取得的所得,另一方可以课税,不受有关独立个人劳务(执行业务)及受雇劳务规定的限制。

2. 表演人或运动员从事个人活动的所得,如不归属于该表演人或运动员本人而归属于其他人,活动举行地的一方可以课税,不受有关营业利润、独立个人劳务(执行业务)及受雇劳务规定的限制。

3. 表演人或运动员在一方从事活动所取得的所得,如该活动完全或主要由双方或任一方的公共服务部门所资助,或基于公益慈善目的所举办,该一方应予免税。

(五)养老金

因过去雇佣关系,源自一方而给付予另一方居民(居住者)的养老金或其他类似给付,及依一方社会保险制度规定给付予另一方居民(居住者)的养老金或其他给付,仅由该一方课税。

(六)公共服务

一方公共服务部门给付予其派驻另一方为该等部门提供劳务的一方人民的报酬,仅由派驻方课税。但为一方公共服务部门所经营的事业提供劳务而取得的薪津、工资或其他类似报酬及养老金,不适用本规定。

(七)学生

学生专为教育或训练目的而在一方停留,且在停留该一方时或之前为另一方的居民(居住者),其为生活、教育或训练目的而取得的所得,该一方应予免税。

八、其他所得

其他所得的所得人如为一方居民(居住者),经由其所得来源的另一方的常设机构从事营业或固定处所从事独立个人劳务(执行业务),且与该所得给付有关的权利或财产与该常设机构或固定处所有实际关联时,应适用有关营业利润或独立个人劳务(执行业务)的规定。

九、消除双重课税方法

(一)在大陆

1. 大陆居民(居住者)从台湾取得的所得,按照本协议规定在台湾缴纳的税额,允许在对该居民(居住者)征收的大陆税收中抵免。但抵免额不应超过对该项所得按照大陆税务规定计算的税额。

2. 从台湾取得的所得是台湾居民(居住者)公司给付予大陆居民(居住者)公司的股息(股利),而大陆居民(居住者)公司直接或间接持有给付股息(股利)的公司股份不少于百分之十的,该项抵免应考虑给付该股息(股利)公司就该项所得缴纳的台湾税收。

(二)在台湾

台湾居民(居住者)取得来自大陆的所得,依本协议规定在大陆就该所得缴纳的税额,应准予扣抵大陆对该居民(居住者)所课征的税额(如系股息(股利),不包括用以发放该股息(股利)的利润所缴纳的税额)。但扣抵数额不得超过台湾依其税务规定对该所得课征的税额。

十、非歧视待遇

(一)一方的居民(居住者)在另一方所负担的税收或相关要求,不应较另一方的居民(居住者)在相同情况下,负担不同或较重的任何税收或相关要求。

(二)一方企业在另一方设有常设机构,另一方对该常设机构不应课征较从事相同活动的另一方企业不利的税收。

(三)一方企业给付予另一方居民(居住者)的利息、特许权使用费（权利金）及其他款项，在计算该企业应课税利润时，应与在相同情况下给付该一方居民（居住者）同样准予扣除（减除）。

（四）一方企业的资本全部或部分由一个或一个以上的另一方居民（居住者）直接或间接持有或控制者，该企业不应较该一方其他类似企业负担不同或较重的任何税收或相关要求。

（五）非歧视待遇规定不应解释为一方给予其居民（居住者）的税收优惠或抵免税规定，应同样给予另一方的居民（居住者）。

（六）前述规定仅适用于本协议适用的税种（税目）。

十一、相互协商

（一）任何人如认为一方或双方的行为，导致或将导致对其不符合本协议规定的课税时，可以不论各自救济规定，向其为居民（居住者）一方的税务主管部门提出申诉。此项申诉应于首次接获不符合本协议规定的课税通知起三年内提出。

（二）一方税务主管部门如认为该申诉合理，且其本身无法获致适当的解决，应致力与另一方税务主管部门相互协商解决，以避免发生不符合本协议规定的课税。达成的协商决定应予执行，不受各自规定的期间限制。

十二、资讯交换

（一）一方依本协议所取得的任何资讯，应比照该一方依有关规定取得的资讯作密件处理，且仅能提供给与本协议规定税种（税目）的核定、征收、执行、行政救济有关人员或部门。上述人员或部门应仅为前述税务目的而使用该资讯，包括不得将该资讯用于刑事案件。

（二）前述规定不得解释为一方有下列义务：

1. 执行与一方或另一方有关规定或行政惯例不一致的行政措施。

2. 提供依一方或另一方有关规定或正常行政程序无法获得的资讯。

3. 提供可能泄露任何贸易、营业、工业、商业、专业秘密或贸易过程的资讯，或有违公共政策的资讯。

4. 执行自动或自发性资讯交换。

十三、其他规定

（一）一方居民（居住者）或与该居民（居住者）有关的人，以取得本协议的利益为主要目的或主要目的之一者，该居民（居住者）不可以享受本协议规定的减税或免税。

（二）本协议不应被解释为排除一方执行其关于防止规避税负的规定及措施。如上述规定导致双重课税时，双方税务主管部门应相互协商，以避免双重课税。

（新华网 2015 年 8 月 25 日）

# 《海峡两岸民航飞行安全与适航合作协议》

2015 年 8 月 25 日，海协会会长陈德铭与海基会董事长林中森在福州签署了《海峡两岸民航飞行安全与适航合作协议》。全文如下：

为保障海峡两岸民用航空飞行安全与维护公众利益，促进民

用航空发展,海峡两岸关系协会与财团法人海峡交流基金会就两岸民航飞行安全与适航合作事宜,经平等协商,达成协议如下:

一、合作原则与目标

双方同意本着保障飞行安全与平等互惠原则,在专业务实的基础上,加强飞行安全与适航业务交流与合作,共同推动建立两岸飞行安全与适航监管机制,增进两岸民用航空发展。

二、合作范围

双方同意开展海峡两岸民用航空飞行安全与适航领域的交流与合作,采取包括但不限于以下措施:

(一)规范领域

参照航空惯例加强合作,建立两岸飞行标准与适航业务交流合作平台,积极推动飞行标准与适航管理合作。

(二)监管机制

建立两岸飞行标准与适航监督管理合作机制,确保飞行标准与适航有效监管。

(三)证照管理

就两岸航空机构、航空产品及航空人员等证照管理有关事宜,做出具体安排。

(四)专业认可

就飞行标准与适航有关专业认可事项,做出具体安排。

(五)信息交换与通报

加强上述合作领域相关信息交换与通报。

(六)其他合作事项

三、合作形式

双方同意就前述交流与合作领域采取如下措施:

（一）成立专业工作小组，共同商定具体实施计划，并可根据需要形成相关领域的合作文件。

（二）以技术合作、专家会议、信息交流、人员互访及业务培训等方式，开展两岸飞行标准与适航的交流与合作。

（三）指定专业工作小组联络人负责相关领域业务的日常联络及工作方案的实施。

四、相互协助

双方同意对执行本协议的相关活动提供必要的协助和便利。

五、通报事项

双方同意建立联系与通报机制，及时通报意外事件信息，相互提供一切及时和必要的协助，共同保障航空运输及旅客人身财产安全。

六、紧急事件处理

双方同意建立意外突发事件协调处理机制，及时通报，快速核查，紧急磋商，并相互提供协助。

七、文书格式

双方同意信息交换、通报、查询及业务联系，使用商定的文书格式。

八、联系主体

（一）本协议议定事项，由双方业务主管部门指定的联络人相互联系实施。

（二）本协议其他相关事宜，由海峡两岸关系协会与财团法人海峡交流基金会联系。

九、协议履行及变更

双方应遵守协议。

协议变更，应经双方协商同意，并以书面方式确认。

十、争议解决

因适用本协议所生争议，双方应尽速协商解决。除另有约定外，协商应于请求提出后 30 个工作日内举行。

十一、未尽事宜

本协议如有未尽事宜，双方得以适当方式另行商定。

十二、签署生效

本协议签署后，双方应各自完成有关程序并以书面通知对方，本协议自双方均收到对方通知后次日起生效。

本协议于八月二十五日签署，一式四份，双方各执两份。四份文本中对应表述的不同用语所含意义相同，四份文本具有同等效力。

海峡两岸关系协会　　财团法人海峡交流基金会
会长　陈德铭　　董事长　林中森

（新华网 2015 年 8 月 25 日）

## 北京、上海、江苏等 6 省市将成为学生赴台就读“专升本”试点省份

2015 年 12 月 28 日从教育部获悉，经两岸有关方面协商决定，自 2016 年起，将新增北京、上海、江苏、浙江、辽宁和湖北等 6 省市为陆生赴台就读“专升本”试点省份。

据介绍，广东和福建两省已于2013年成为试点省份，加上此次确定的6省市，该项试点省市将达到8个，专升本招生名额将由目前的1000名增加至1500名。

教育部表示，届时，大陆67所高职院校的应届毕业生均可以报考，具体报考流程将由两岸对口单位协商后对考生公布。

（新华网2015年12月28日）

## 国台办宣布两岸热线今天正式启用

2015年12月30日，国务院台办发言人马晓光在例行新闻发布会上宣布，设立两岸热线是11月7日两岸领导人在新加坡会面时达成的重要共识。会面结束以来，国台办与陆委会就设立热线相关安排保持密切沟通，今天正式启用，国台办主任张志军与陆委会主委夏立言刚才首次通过两岸热线进行通话。

马晓光表示，双方肯定过去一年在坚持“九二共识”的政治基础上，两部门保持沟通，良性互动，推动两岸关系和平发展取得积极成果，特别是近段时间认真落实两岸领导人会面达成的重要共识，成果持续显现。我们希望未来两部门在“九二共识”的共同政治基础上，努力维护和推动两岸关系和平发展，为两岸民众多办好事、多谋福祉。张志军主任与夏立言主委还互致了新年问候。

（国台办网站2015年12月30日）

# 《海峡两岸民航飞行安全与适航合作协议》生效

2015 年 12 月 31 日从海峡两岸关系协会获悉,海协会与台湾海基会 30 日换函通报,双方已完成《海峡两岸民航飞行安全与适航合作协议》实施的相关准备。根据协议生效条款的相关规定,该协议于 2015 年 12 月 31 日生效。

海协会表示,这项协议生效后,将对两岸民航建立相关业务交流合作平台、完善飞行安全管理、降低民航企业经营成本发挥积极作用。

《海峡两岸民航飞行安全与适航合作协议》于今年 8 月 25 日两会第十一次会谈签署。

(新华网 2015 年 12 月 31 日)

# 统计资料

宁 溪 辑

# 2015 年台湾重要经济指标统计表

| | |
|---|---|
| 经济增长率(%) | 0.85 |
| "国民生产毛额"(GNP)(亿美元) | 5393 |
| 人均"国民生产毛额"(美元) | 22317 |
| 工业生产增长率(%) | -0.95 |
| 农业增长率(%) | -3.09 |
| 服务业增长率(%) | 0.39 |
| 民间消费增长率(%) | 1.36 |
| 民间投资增长率(%) | 1.26 |
| 侨外商投资金额(亿美元) | 47.97 |
| 台当局核准的对外投资金额(亿美元) | 107.45 |
| 年底新台币对美元汇价 | 33.07 |
| 年底外汇存底(亿美元) | 4260.3 |
| 货币供给额 M1B 日均值(新台币亿元) | 146800 |
| 上市公司数(家) | 874 |
| 上市股票总面值(新台币千万元) | 684929 |
| 上市股票总市值(新台币千万元) | 2450364 |
| 股市成交值(新台币千万元) | 2019149 |
| 失业率(%) | 3.78 |
| 消费者物价上涨率(%) | -0.31 |

| | | |
|---|---|---|
| 对外贸易总额(百万美元) | 522970 | |
| 其中出口 | 285421 | |
| 进口 | 237549 | |
| 贸易顺差 | 47872 | |
| 出口贸易结构(百万美元,%) | 285421 | 100.0 |
| 出口农产品 | 857 | 0.3 |
| 农产加工品 | 3039 | 1.1 |
| 工业品 | 281525 | 98.6 |
| 进口贸易结构(百万美元,%) | 237549 | 100.0 |
| 进口机器设备 | 38115 | 16.0 |
| 农工原料 | 163233 | 68.7 |
| 消费品 | 31649 | 13.3 |
| 美台贸易总值(百万美元) | 63749 | |
| 其中台湾对美出口 | 34550 | |
| 台湾从美进口 | 29199 | |
| 台湾出超 | 5351 | |
| 港台贸易总值(百万美元) | 40627 | |
| 其中台湾对香港出口 | 39159 | |
| 台湾从香港进口 | 1468 | |
| 台湾出超 | 37691 | |
| 日台贸易总值(百万美元) | 58477 | |
| 其中台湾对日出口 | 19602 | |
| 台湾从日进口 | 38875 | |
| 台湾入超 | -19273 | |
| 台湾对欧洲贸易总值(百万美元) | 54474 | |

| | |
|---|---|
| 其中台湾对欧洲出口 | 25971 |
| 台湾从欧洲进口 | 28503 |
| 台湾出超 | -2532 |
| 两岸贸易总值(百万美元) | 188560 |
| 其中台湾对大陆出口 | 143655 |
| 台湾从大陆进口 | 44904 |
| 大陆贸易逆差 | 98751 |
| 大陆批准台资项目(项) | 2962 |
| 实际利用台资(亿美元) | 15.4 |
| 台湾当局核准陆资投资金额(亿美元) | 2.44 |

## 1974—2015 年台湾经济增长率

单位:%

| 项目<br>年度 | 经济增长率 | 项目<br>年度 | 经济增长率 |
|---|---|---|---|
| 1974 | 1.86 | 1995 | 6.38 |
| 1975 | 5.43 | 1996 | 5.54 |
| 1976 | 13.49 | 1997 | 5.48 |
| 1977 | 10.88 | 1998 | 3.47 |
| 1978 | 13.45 | 1999 | 5.97 |
| 1979 | 8.01 | 2000 | 6.42 |
| 1980 | 7.32 | 2001 | -1.26 |
| 1981 | 6.46 | 2002 | 5.57 |
| 1982 | 3.97 | 2003 | 4.12 |
| 1983 | 8.32 | 2004 | 6.51 |
| 1984 | 9.32 | 2005 | 5.42 |
| 1985 | 4.07 | 2006 | 5.62 |
| 1986 | 11.00 | 2007 | 6.52 |
| 1987 | 10.68 | 2008 | 0.70 |
| 1988 | 5.57 | 2009 | -1.57 |
| 1989 | 10.28 | 2010 | 10.63 |
| 1990 | 6.87 | 2011 | 3.80 |
| 1991 | 7.88 | 2012 | 2.06 |
| 1992 | 7.56 | 2013 | 2.20 |
| 1993 | 6.73 | 2014 | 3.92 |
| 1994 | 7.59 | 2015 | 0.75 |

## 1974—2015年台湾人口统计表

单位:万人、%

| 项目<br>年度 | 总数 | 增长率 | 项目<br>年度 | 总数 | 增长率 |
|---|---|---|---|---|---|
| 1974 | 1585 | 1.8 | 1995 | 2136 | 0.85 |
| 1975 | 1615 | 1.9 | 1996 | 2153 | 0.79 |
| 1976 | 1651 | 2.2 | 1997 | 2174 | 0.10 |
| 1977 | 1681 | 1.8 | 1998 | 2193 | 0.85 |
| 1978 | 1714 | 1.9 | 1999 | 2209 | 0.75 |
| 1979 | 1748 | 2.0 | 2000 | 2228 | 0.83 |
| 1980 | 1781 | 1.9 | 2001 | 2241 | 0.58 |
| 1981 | 1814 | 1.9 | 2002 | 2252 | 0.51 |
| 1982 | 1846 | 1.8 | 2003 | 2260 | 0.37 |
| 1983 | 1873 | 1.5 | 2004 | 2269 | 0.37 |
| 1984 | 1901 | 1.5 | 2005 | 2277 | 0.36 |
| 1985 | 1926 | 1.3 | 2006 | 2288 | 0.47 |
| 1986 | 1945 | 1.0 | 2007 | 2296 | 0.36 |
| 1987 | 1967 | 1.1 | 2008 | 2304 | 0.34 |
| 1988 | 1990 | 1.2 | 2009 | 2311 | 0.31 |
| 1989 | 2010 | 1.0 | 2010 | 2316 | 0.18 |
| 1990 | 2035 | 1.2 | 2011 | 2323 | 0.27 |
| 1991 | 2061 | 1.0 | 2012 | 2332 | 0.39 |
| 1992 | 2080 | 0.96 | 2013 | 2337 | 0.25 |
| 1993 | 2010 | 0.93 | 2014 | 2343 | 0.26 |
| 1994 | 2118 | 0.87 | 2015 | 2349 | 0.25 |

# 1974—2015 年台湾工业增长率

单位:%

| 项目<br>年度 | 工业增长率 | 项目<br>年度 | 工业增长率 |
|---|---|---|---|
| 1974 | -4.5 | 1995 | 4.7 |
| 1975 | 9.5 | 1996 | 4.0 |
| 1976 | 23.3 | 1997 | 5.4 |
| 1977 | 13.3 | 1998 | 2.6 |
| 1978 | 22.5 | 1999 | 5.4 |
| 1979 | 6.4 | 2000 | 7.07 |
| 1980 | 6.8 | 2001 | -7.05 |
| 1981 | 3.5 | 2002 | 10.54 |
| 1982 | -0.9 | 2003 | 9.06 |
| 1983 | 12.7 | 2004 | 10.01 |
| 1984 | 11.8 | 2005 | 7.63 |
| 1985 | 3.0 | 2006 | 6.96 |
| 1986 | 14.4 | 2007 | 11.07 |
| 1987 | 12.3 | 2008 | -0.37 |
| 1988 | 3.7 | 2009 | -2.86 |
| 1989 | 3.5 | 2010 | 20.83 |
| 1990 | 0.1 | 2011 | 5.98 |
| 1991 | 5.9 | 2012 | 3.29 |
| 1992 | 5.8 | 2013 | 1.67 |
| 1993 | 3.2 | 2014 | 6.96 |
| 1994 | 6.0 | 2015 | -0.95 |

## 1974—2015 年台湾农业增长率

单位:%

| 年度＼项目 | 农业增长率 | 年度＼项目 | 农业增长率 |
|---|---|---|---|
| 1974 | -0.4 | 1995 | 2.7 |
| 1975 | -1.4 | 1996 | -0.3 |
| 1976 | 12.7 | 1997 | -1.9 |
| 1977 | 5.5 | 1998 | -6.3 |
| 1978 | 0.3 | 1999 | 2.7 |
| 1979 | 7.9 | 2000 | 1.82 |
| 1980 | 1.1 | 2001 | -4.79 |
| 1981 | -1.4 | 2002 | 8.02 |
| 1982 | 1.8 | 2003 | -1.13 |
| 1983 | 4.0 | 2004 | -5.12 |
| 1984 | 3.1 | 2005 | -3.91 |
| 1985 | 2.1 | 2006 | 12.37 |
| 1986 | 0.0 | 2007 | -0.02 |
| 1987 | 6.3 | 2008 | 0.02 |
| 1988 | 0.6 | 2009 | -2.60 |
| 1989 | -1.0 | 2010 | 2.25 |
| 1990 | 1.9 | 2011 | 4.52 |
| 1991 | 1.5 | 2012 | -3.20 |
| 1992 | -2.5 | 2013 | 1.35 |
| 1993 | 4.7 | 2014 | 0.52 |
| 1994 | -4.4 | 2015 | -3.09 |

## 1974—2015 年台湾服务业增长率

单位:%

| 年度 | 服务业增长率 | 年度 | 服务业增长率 |
|---|---|---|---|
| 1974 | 41.5 | 1995 | 7.5 |
| 1975 | 10.4 | 1996 | 7.6 |
| 1976 | 15.1 | 1997 | 7.5 |
| 1977 | 15.6 | 1998 | 5.8 |
| 1978 | 15.8 | 1999 | 6.0 |
| 1979 | 21.2 | 2000 | 6.47 |
| 1980 | 31.2 | 2001 | 0.58 |
| 1981 | 22.9 | 2002 | 3.09 |
| 1982 | 9.7 | 2003 | 2.93 |
| 1983 | 8.5 | 2004 | 5.18 |
| 1984 | 9.9 | 2005 | 4.05 |
| 1985 | 6.7 | 2006 | 4.54 |
| 1986 | 10.5 | 2007 | 4.62 |
| 1987 | 13.4 | 2008 | 0.41 |
| 1988 | 11.7 | 2009 | -1.02 |
| 1989 | 12.4 | 2010 | 6.28 |
| 1990 | 9.3 | 2011 | 3.07 |
| 1991 | 8.8 | 2012 | 1.27 |
| 1992 | 9.5 | 2013 | 2.29 |
| 1993 | 8.9 | 2014 | 2.92 |
| 1994 | 8.6 | 2015 | 0.39 |

## 1974—2015年新台币兑美元汇率

| 年度＼项目 | 1美元折合新台币元 | 年度＼项目 | 1美元折合新台币元 |
|---|---|---|---|
| 1974 | 38.05 | 1995 | 27.27 |
| 1975 | 38.05 | 1996 | 27.49 |
| 1976 | 38.05 | 1997 | 32.64 |
| 1977 | 38.05 | 1998 | 32.22 |
| 1978 | 36.00 | 1999 | 31.40 |
| 1979 | 36.03 | 2000 | 32.99 |
| 1980 | 36.01 | 2001 | 33.80 |
| 1981 | 37.84 | 2002 | 34.58 |
| 1982 | 39.91 | 2003 | 34.42 |
| 1983 | 40.27 | 2004 | 33.42 |
| 1984 | 39.47 | 2005 | 32.17 |
| 1985 | 39.85 | 2006 | 32.53 |
| 1986 | 35.50 | 2007 | 32.84 |
| 1987 | 28.55 | 2008 | 31.52 |
| 1988 | 28.17 | 2009 | 32.05 |
| 1989 | 26.16 | 2010 | 31.64 |
| 1990 | 27.11 | 2011 | 29.46 |
| 1991 | 25.75 | 2012 | 29.61 |
| 1992 | 25.40 | 2013 | 29.77 |
| 1993 | 26.63 | 2014 | 30.37 |
| 1994 | 26.24 | 2015 | 31.90 |

## 1971—2015 年台湾三大产业比重表

单位：百万元新台币、%

| 项目<br>年度 | GDP | 农　业<br>所占比重 | 工　业<br>所占比重 | 服务业<br>所占比重 |
|---|---|---|---|---|
| 1971 | 1133818 | 14.9 | 36.7 | 48.4 |
| 1972 | 1282919 | 14.2 | 40.3 | 45.5 |
| 1973 | 1434647 | 14.1 | 43.8 | 42.1 |
| 1974 | 1461291 | 14.5 | 41.2 | 44.3 |
| 1975 | 1540571 | 14.9 | 39.1 | 46.0 |
| 1976 | 1747790 | 13.4 | 42.7 | 43.9 |
| 1977 | 1938019 | 12.5 | 43.4 | 44.1 |
| 1978 | 2199476 | 11.3 | 44.9 | 43.8 |
| 1979 | 2375737 | 10.4 | 45.1 | 44.5 |
| 1980 | 2549742 | 9.2 | 44.7 | 46.1 |
| 1981 | 2714355 | 7.10 | 42.91 | 49.99 |
| 1982 | 2822229 | 7.54 | 41.83 | 50.63 |
| 1983 | 3057050 | 7.12 | 42.83 | 50.05 |
| 1984 | 3341961 | 6.17 | 43.81 | 50.02 |
| 1985 | 3477891 | 5.63 | 43.81 | 50.57 |
| 1986 | 3860608 | 5.41 | 44.81 | 49.78 |
| 1987 | 4272887 | 5.18 | 44.49 | 50.34 |
| 1988 | 4510963 | 4.90 | 42.28 | 52.83 |
| 1989 | 4974759 | 4.75 | 39.58 | 55.67 |
| 1990 | 5316579 | 4.04 | 38.39 | 57.58 |
| 1991 | 5735769 | 3.65 | 38.02 | 58.33 |
| 1992 | 6169225 | 3.45 | 36.90 | 59.65 |

（续表）

| 项目<br>年度 | GDP | 农　业<br>所占比重 | 工　业<br>所占比重 | 服务业<br>所占比重 |
|---|---|---|---|---|
| 1993 | 6584559 | 3. 49 | 35. 90 | 60. 61 |
| 1994 | 7084404 | 3. 36 | 34. 20 | 62. 43 |
| 1995 | 7536283 | 3. 33 | 32. 78 | 63. 89 |
| 1996 | 7953510 | 3. 05 | 32. 42 | 64. 53 |
| 1997 | 8389017 | 2. 42 | 31. 88 | 65. 70 |
| 1998 | 8679815 | 2. 36 | 31. 22 | 66. 42 |
| 1999 | 9198098 | 2. 43 | 29. 90 | 67. 66 |
| 2000 | 10351260 | 1. 98 | 31. 28 | 66. 74 |
| 2001 | 10158219 | 1. 86 | 29. 37 | 68. 78 |
| 2002 | 10680883 | 1. 82 | 31. 12 | 67. 11 |
| 2003 | 10965866 | 1. 77 | 32. 11 | 66. 22 |
| 2004 | 11649645 | 1. 66 | 32. 73 | 65. 64 |
| 2005 | 12092254 | 1. 63 | 32. 28 | 66. 11 |
| 2006 | 12640803 | 1. 61 | 32. 38 | 66. 06 |
| 2007 | 13407062 | 1. 45 | 32. 96 | 65. 59 |
| 2008 | 13150950 | 1. 55 | 31. 30 | 67. 15 |
| 2009 | 12961656 | 1. 68 | 31. 50 | 66. 82 |
| 2010 | 14119213 | 1. 60 | 33. 78 | 64. 63 |
| 2011 | 14312200 | 1. 72 | 33. 02 | 65. 27 |
| 2012 | 14686917 | 1. 67 | 32. 75 | 65. 58 |
| 2013 | 15230739 | 1. 69 | 33. 46 | 64. 85 |
| 2014 | 16097400 | 1. 81 | 34. 55 | 63. 64 |
| 2015 | 16706206 | 1. 80 | 35. 41 | 62. 79 |

## 1970—2015 年台湾进出口贸易统计表

单位:百万美元

| 项目<br>年度 | 进出口总额 | 出口 | 进口 | 顺差(+)<br>或逆差(-) |
|---|---|---|---|---|
| 1970 | 3005 | 1481 | 1524 | -43 |
| 1971 | 3904 | 2060 | 1844 | +216 |
| 1972 | 5502 | 2988 | 2514 | +474 |
| 1973 | 8275 | 4483 | 3792 | +691 |
| 1974 | 12605 | 5639 | 6966 | -1327 |
| 1975 | 11261 | 5039 | 5952 | -643 |
| 1976 | 15765 | 8166 | 7599 | +567 |
| 1977 | 17872 | 9361 | 8511 | +850 |
| 1978 | 23714 | 12687 | 11027 | +1660 |
| 1979 | 30877 | 16103 | 14774 | +1329 |
| 1980 | 39544 | 19811 | 19733 | +78 |
| 1981 | 43811 | 22611 | 21200 | +1411 |
| 1982 | 41092 | 22204 | 18888 | +3316 |
| 1983 | 45410 | 25123 | 20287 | +4836 |
| 1984 | 52415 | 30456 | 21959 | +8497 |
| 1985 | 50828 | 30726 | 20102 | +10624 |
| 1986 | 64043 | 39862 | 24181 | +15680 |
| 1987 | 88662 | 53679 | 34983 | +18695 |
| 1988 | 110340 | 60667 | 49673 | +10995 |
| 1989 | 118569 | 66304 | 52265 | +14039 |
| 1990 | 121930 | 67214 | 54716 | +12498 |
| 1991 | 139705 | 76563 | 63142 | +13421 |

（续表）

| 年度 \ 项目 | 进出口总额 | 出口 | 进口 | 顺差（+）或逆差（-） |
|---|---|---|---|---|
| 1992 | 154475 | 82122 | 72352 | +9770 |
| 1993 | 163349 | 85957 | 77393 | +8564 |
| 1994 | 179998 | 94300 | 85698 | +8602 |
| 1995 | 217354 | 113342 | 104012 | +9330 |
| 1996 | 218312 | 117581 | 102922 | +14659 |
| 1997 | 239126 | 124170 | 114955 | +9215 |
| 1998 | 217825 | 112595 | 105230 | +7366 |
| 1999 | 234929 | 123733 | 111196 | +12537 |
| 2000 | 292682 | 151950 | 140732 | +11218 |
| 2001 | 234285 | 126314 | 107971 | +18344 |
| 2002 | 248562 | 135317 | 113245 | +22072 |
| 2003 | 278611 | 150600 | 128010 | +22590 |
| 2004 | 351128 | 182370 | 168758 | +13613 |
| 2005 | 381046 | 198432 | 182614 | +15817 |
| 2006 | 426715 | 224017 | 202698 | +21319 |
| 2007 | 465929 | 246677 | 219252 | +27425 |
| 2008 | 496077 | 255629 | 240448 | +15181 |
| 2009 | 378046 | 203675 | 174371 | +29304 |
| 2010 | 525837 | 274601 | 251236 | +23365 |
| 2011 | 589695 | 308257 | 281438 | +26819 |
| 2012 | 571654 | 301181 | 270473 | +30708 |
| 2013 | 575338 | 305441 | 269897 | +35544 |
| 2014 | 601942 | 320092 | 281850 | +38242 |
| 2015 | 522970 | 285421 | 237549 | +47872 |

## 1998—2015 年海峡两岸间贸易金额之各种统计表

单位：百万美元

| 年度 | 大陆海关统计 | | | 台湾统计 | | |
|---|---|---|---|---|---|---|
| | 出口 | 进口 | 总额 | 出口 | 进口 | 总额 |
| 1998 | 16630. 0 | 3870. 0 | 20500. 0 | 18380. 1 | 4113. 9 | 25750. 2 |
| 1999 | 19530. 0 | 3950. 0 | 23480. 0 | 21221. 3 | 4528. 9 | 25750. 2 |
| 2000 | 20830. 0 | 4170. 0 | 25000. 0 | 26144. 0 | 6229. 3 | 32373. 3 |
| 2001 | 27340. 4 | 5000. 0 | 32340. 4 | 25607. 4 | 5903. 0 | 31510. 4 |
| 2002 | 44670. 0 | 6590. 0 | 51260 | 31528. 8 | 7968. 6 | 39497. 4 |
| 2003 | 49362. 3 | 9004. 7 | 58367. 0 | 38292. 7 | 11017. 9 | 49310. 6 |
| 2004 | 64778. 6 | 13545. 2 | 78323. 8 | 48930. 4 | 16792. 3 | 65722. 7 |
| 2005 | 74690. 0 | 16550. 0 | 91230. 0 | 56271. 5 | 20093. 7 | 76365. 2 |
| 2006 | 87110. 0 | 20740. 0 | 107850. 0 | 63332. 4 | 24783. 1 | 88115. 5 |
| 2007 | 101020. 0 | 23460. 0 | 124480. 0 | 74245. 9 | 28015. 0 | 102260. 9 |
| 2008 | 103340 | 25880 | 129220 | 73977. 8 | 31391. 3 | 105369. 1 |
| 2009 | 85722. 9 | 20505. 3 | 106228. 2 | 54248. 6 | 24423. 5 | 78672. 1 |
| 2010 | 115693. 9 | 29676. 6 | 145370. 5 | 76935. 1 | 35946. 0 | 112881. 1 |
| 2011 | 124919. 9 | 35111. 9 | 160031. 8 | 83960. 0 | 43596. 5 | 127556. 5 |
| 2012 | 132183. 9 | 36779. 1 | 168963. 0 | 80714. 3 | 40908. 2 | 121622. 5 |
| 2013 | 156636. 9 | 34667. 8 | 197280. 5 | 81788. 2 | 42589. 3 | 124377. 5 |
| 2014 | 152029. 5 | 46284. 8 | 189314. 3 | 82119. 8 | 48040. 0 | 130159. 8 |
| 2015 | 143655. 2 | 44904. 9 | 188560. 1 | 73421. 2 | 45302. 8 | 118724. 0 |

注：表中“出口”系指台湾对祖国大陆出口金额，“进口”系指台湾自祖国大陆进口金额。

## 1970—2015 年台湾对美国贸易统计表

单位：千美元

| 年度 \ 项目 | 进口 | 出口 | 贸易差额 |
| --- | --- | --- | --- |
| 1970 | 363839 | 564174 | 200335 |
| 1971 | 408159 | 859200 | 451041 |
| 1972 | 543424 | 1251317 | 707893 |
| 1973 | 952533 | 1677106 | 724573 |
| 1974 | 1679905 | 2036638 | 356733 |
| 1975 | 1652129 | 1822737 | 170608 |
| 1976 | 1797540 | 3038699 | 1241159 |
| 1977 | 1963852 | 3636250 | 1672398 |
| 1978 | 2376063 | 5010378 | 2634315 |
| 1979 | 3380797 | 6562243 | 2271446 |
| 1980 | 4673486 | 6760300 | 2086814 |
| 1981 | 4765671 | 8163099 | 3397428 |
| 1982 | 4563255 | 8758912 | 4195657 |
| 1983 | 4646433 | 11333713 | 6687280 |
| 1984 | 5041650 | 14867717 | 9826067 |
| 1985 | 4746273 | 14773373 | 10027100 |
| 1986 | 5415800 | 19005995 | 13590195 |
| 1987 | 7629488 | 23660225 | 16030737 |
| 1988 | 13002029 | 23430965 | 10428936 |
| 1989 | 12002305 | 24036081 | 12033776 |
| 1990 | 12611479 | 21745734 | 9134255 |
| 1991 | 14113461 | 22320726 | 8207265 |

（续表）

| 年度＼项目 | 进口 | 出口 | 贸易差额 |
|---|---|---|---|
| 1992 | 15770446 | 23571245 | 7800799 |
| 1993 | 16722113 | 23587604 | 6865491 |
| 1994 | 18042050 | 24336456 | 6294406 |
| 1995 | 20770791 | 26407092 | 5636301 |
| 1996 | 19971400 | 26866054 | 6894654 |
| 1997 | 23233346 | 29551445 | 6318099 |
| 1998 | 19678052 | 29376087 | 9698035 |
| 1999 | 19692069 | 30901285 | 11209217 |
| 2000 | 25125345 | 34814299 | 9688954 |
| 2001 | 18406871 | 28135945 | 9729074 |
| 2002 | 18255347 | 27364876 | 9109529 |
| 2003 | 16995023 | 26553388 | 9558365 |
| 2004 | 21780114 | 28750632 | 6970518 |
| 2005 | 21170843 | 29113853 | 7943010 |
| 2006 | 22664494 | 32360688 | 9696194 |
| 2007 | 26508055 | 32077102 | 5569047 |
| 2008 | 26326558 | 30790956 | 4464398 |
| 2009 | 18153900 | 23552856 | 5398956 |
| 2010 | 25379359 | 31466029 | 6086670 |
| 2011 | 25758792 | 36364294 | 10605502 |
| 2012 | 23603823 | 32976155 | 9372332 |
| 2013 | 25201256 | 32564305 | 7363409 |
| 2014 | 27422549 | 34866523 | 7443974 |
| 2015 | 29198623 | 34550205 | 5351581 |

# 1970—2015年台湾对日本贸易统计表

单位：千美元

| 年度 \ 项目 | 进口 | 出口 | 贸易差额 |
|---|---|---|---|
| 1970 | 652783 | 215625 | -437158 |
| 1971 | 827023 | 245029 | -581994 |
| 1972 | 1046002 | 376738 | -669264 |
| 1973 | 1427697 | 823784 | -603913 |
| 1974 | 2214948 | 844005 | -1370943 |
| 1975 | 1812220 | 694235 | -1117985 |
| 1976 | 2451499 | 1094754 | -1356745 |
| 1977 | 2624984 | 1120070 | -1504914 |
| 1978 | 3678051 | 1570253 | -2107798 |
| 1979 | 4561431 | 2248576 | -2312855 |
| 1980 | 5353230 | 2173440 | -3179790 |
| 1981 | 5928616 | 2478736 | -3449880 |
| 1982 | 4780204 | 2377837 | -2492367 |
| 1983 | 5586683 | 2477068 | -3109615 |
| 1984 | 6441861 | 3186462 | -3255399 |
| 1985 | 5548847 | 3450945 | -2087902 |
| 1986 | 8254741 | 4559135 | -3695606 |
| 1987 | 11840527 | 6978195 | -4862332 |
| 1988 | 14824174 | 8762068 | -6062106 |
| 1989 | 16030749 | 9064794 | -6965955 |
| 1990 | 15998194 | 8337672 | -7660522 |
| 1991 | 18858017 | 9188848 | -9669169 |

（续表）

| 项目<br>年度 | 进口 | 出口 | 贸易差额 |
|---|---|---|---|
| 1992 | 21764535 | 8893510 | －12871025 |
| 1993 | 23185567 | 8977037 | －14208530 |
| 1994 | 24785267 | 10220940 | －14564327 |
| 1995 | 30265386 | 13156516 | －17108870 |
| 1996 | 27492379 | 13658547 | －13733832 |
| 1997 | 29020988 | 11690800 | －17330188 |
| 1998 | 27000146 | 9323801 | －17676345 |
| 1999 | 30590096 | 11900082 | －18690014 |
| 2000 | 38556955 | 16599056 | －21957899 |
| 2001 | 25932814 | 13024580 | －12908234 |
| 2002 | 27362758 | 12367773 | －14994985 |
| 2003 | 32718847 | 12429627 | －20289220 |
| 2004 | 43715711 | 13807650 | －29908061 |
| 2005 | 46053319 | 15110778 | －30942541 |
| 2006 | 46284409 | 16300328 | －29984081 |
| 2007 | 45936862 | 15933592 | －30003270 |
| 2008 | 46508013 | 17555991 | －28952022 |
| 2009 | 36220017 | 14502259 | －21717758 |
| 2010 | 51917431 | 18005979 | －33911452 |
| 2011 | 52199740 | 18228117 | －33971623 |
| 2012 | 47573642 | 18988778 | －28584864 |
| 2013 | 43161752 | 19222455 | －23939327 |
| 2014 | 41693439 | 19904097 | －21789342 |
| 2015 | 38874786 | 19601802 | －19272984 |

## 1970—2015 年台湾对香港贸易统计表

单位：千美元

| 年度＼项目 | 进口 | 出口 | 贸易差额 |
|---|---|---|---|
| 1970 | 27262 | 135877 | 108615 |
| 1971 | 39191 | 160071 | 120880 |
| 1972 | 59689 | 229105 | 169416 |
| 1973 | 99542 | 295976 | 196434 |
| 1974 | 117031 | 338334 | 221303 |
| 1975 | 74795 | 363020 | 288225 |
| 1976 | 101409 | 610369 | 508960 |
| 1977 | 203303 | 638439 | 438136 |
| 1978 | 152708 | 857705 | 705997 |
| 1979 | 205361 | 1140352 | 934991 |
| 1980 | 249921 | 1550610 | 1300689 |
| 1981 | 308911 | 1896957 | 1588046 |
| 1982 | 307393 | 1565344 | 1257951 |
| 1983 | 298892 | 1643628 | 1344736 |
| 1984 | 370361 | 2087134 | 1716773 |
| 1985 | 319677 | 2539718 | 2220041 |
| 1986 | 387655 | 2921125 | 2533470 |
| 1987 | 753784 | 4117621 | 3363837 |
| 1988 | 1921692 | 5579666 | 3657974 |
| 1989 | 2205180 | 7042255 | 4837075 |
| 1990 | 1445841 | 8556174 | 7110333 |
| 1991 | 1946712 | 12430578 | 10483766 |

（续表）

| 项目<br>年度 | 进口 | 出口 | 贸易差额 |
|---|---|---|---|
| 1992 | 1781286 | 15414757 | 13633471 |
| 1993 | 1728642 | 18454148 | 16725506 |
| 1994 | 1532864 | 21258881 | 19726017 |
| 1995 | 1842757 | 26105550 | 24262793 |
| 1996 | 1704562 | 26787296 | 25082734 |
| 1997 | 1995844 | 28687724 | 26691880 |
| 1998 | 1951691 | 24819324 | 22867633 |
| 1999 | 2091880 | 26011642 | 23919762 |
| 2000 | 2185325 | 31335627 | 29150302 |
| 2001 | 2050054 | 28715536 | 26665482 |
| 2002 | 1914647 | 32958992 | 31044345 |
| 2003 | 1917039 | 30867642 | 28950603 |
| 2004 | 2309053 | 32895544 | 30586491 |
| 2005 | 2109729 | 34035551 | 31925822 |
| 2006 | 1880644 | 37381238 | 35500594 |
| 2007 | 1824902 | 37979705 | 36154803 |
| 2008 | 1492771 | 32689899 | 31197128 |
| 2009 | 1122556 | 29445233 | 28322677 |
| 2010 | 1627623 | 37807122 | 36179499 |
| 2011 | 1675452 | 40084464 | 38409012 |
| 2012 | 2658825 | 37932192 | 35273367 |
| 2013 | 1658862 | 39433377 | 37774515 |
| 2014 | 1684933 | 42532749 | 40847816 |
| 2015 | 1468311 | 39158920 | 37690589 |